Vicens Vives
Educación Secundaria

Aula3D

XH 4.1

XEOGRAFÍA E HISTORIA

HISTORIA

M. García Sebastián
Catedrática de Xeografía e Historia de IES

C. Gatell Arimont
Catedrática de Xeografía e Historia de IES

S. Riesco Roche
Profesor de Xeografía e Historia de IES

As actividades do libro están clasificadas segundo os procesos cognitivos que traballan:

- **Coñecer:** estas actividades son imprescindibles para que os alumnos e alumnas traballen directamente o contido.
- **Aplicar:** estas actividades relacionan o contido traballado cos coñecementos previos do alumno e alumna e co contorno, isto é, que traballan co contexto.
- **Razoar:** estas actividades teñen como obxectivo que o alumno ou alumna reflexione, explique e razoe os porqués das súas respostas.

As actividades co símbolo ✓ están deseñadas para avaliar o nivel de logro dos estándares de aprendizaxe.

Ademais, as actividades poden incluír competencias clave, que se indican cos seguintes símbolos:

Competencias clave

- Comunicación lingüística
- Competencia matemática e competencias básicas en ciencias e tecnoloxía
- Aprender a aprender
- Conciencia e expresións culturais
- Sentido de iniciativa e espírito emprendedor
- Competencias sociais e cívicas (neste libro non se indican estas competencias porque son as propias da área)
- Competencia dixital

- As actividades contidas neste libro han de realizarse nun caderno á parte.
- Os espazos incluídos nas actividades son simplemente indicativos e a súa finalidade é didáctica.

Como é este libro?

INTRODUCIÓN

Título e pregunta inicial que constitúe o fío condutor do tema.

Introdución onde se presenta o contido do tema.

Actividades destinadas a repasar os coñecementos previos e a formar unha opinión xeral sobre o tema.

Imaxes motivadoras que ilustran algúns dos aspectos máis relevantes do tema.

Eixe cronolóxico cos feitos máis destacados da época.

Mapa histórico para localizar espacialmente o contido.

CONTIDOS DO TEMA

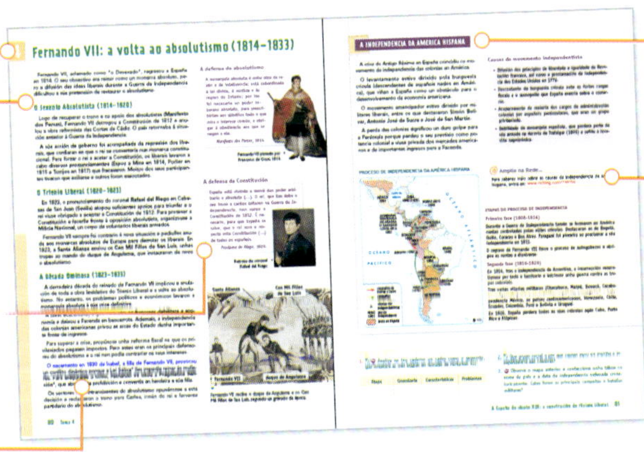

Páxinas estruturadas en apartados e subapartados que recollen contidos esenciais do tema.

Grandes documentos que amplían ou complementan contidos destacados do apartado.

A través de Tiching accédese a Internet para ampliar os contidos.

Textos históricos para traballar con fontes primarias.

Conceptos con asterisco (*) que se definen no glosario final.

Debuxos con recreacións que axudan a comprender e a analizar os edificios históricos e as formas de vida do pasado.

Fotos, mapas, esquemas, debuxos, gráficos... que ilustran o contido.

Actividades que avalían os estándares de aprendizaxe e as competencias clave.

Como é este libro?

PÁXINAS MONOGRÁFICAS

Páxinas nas que o contido se formula mediante un problema para resolver ou unha situación para debater. Están estruturadas en bloques, que inclúen documentos de tipoloxía diversa, e conteñen actividades para traballar os estándares de aprendizaxe e as competencias.

PREGUNTA CLAVE

Páxinas que inician o tema cunha pregunta motivadora para fixar a atención e o interese do alumnado.

DESCUBRE

Páxinas que afondan nun determinado contido do tema.

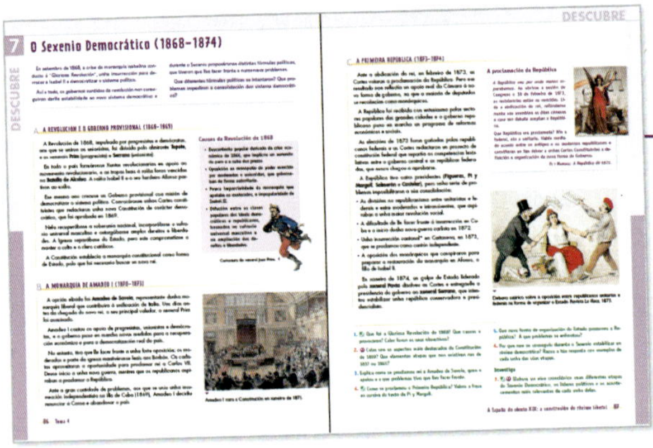

PROTAGONISTAS DA HISTORIA

Páxinas relacionadas coa vida cotiá e a sociedade, en que un personaxe ou un colectivo da época é o protagonista dun determinado acontecemento.

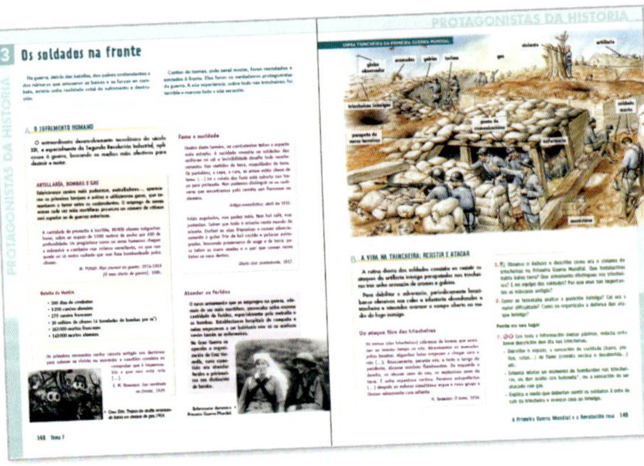

PASADO E PRESENTE

Páxinas que presentan procesos políticos, sociais, económicos ou culturais do pasado, que teñen a súa continuidade ou relación con feitos da actualidade.

ARTE E SOCIEDADE

Páxinas concibidas desde a perspectiva da arte como reflexo da sociedade dun determinado contexto histórico.

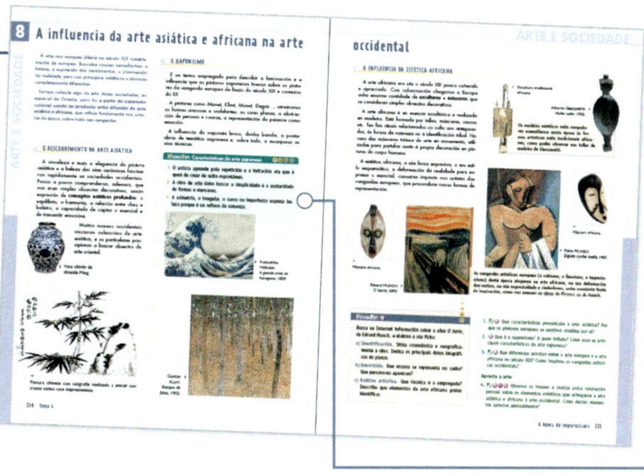

Nos *MemoArt* descríbense os grandes trazos artísticos de cada época.

SÍNTESE

Mapa conceptual para completar os principais contidos do tema.

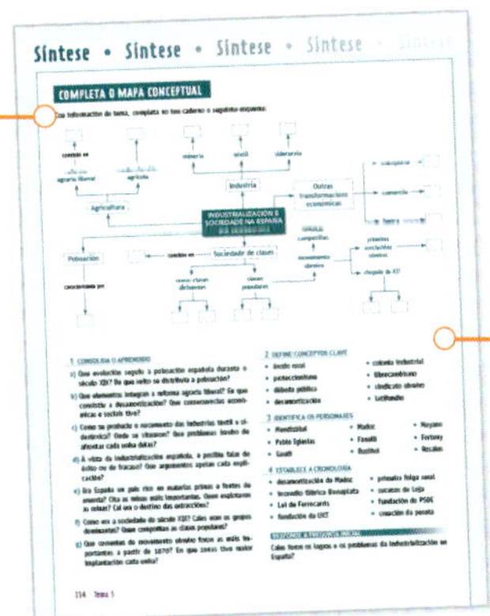

Actividades para consolidar o aprendido e repasar o vocabulario, a cronoloxía, os feitos e os personaxes máis importantes do tema.

OBRADOIRO DE HISTORIA

APRENDE A...

Actividade que lles presta especial atención aos aspectos procedementals (procura de información, análise, interpretación etc.).

Actividades de razoamento histórico.

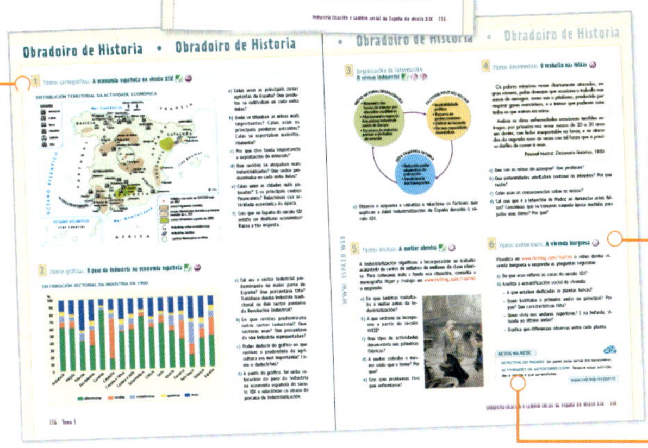

Actividades de espazo e tempo, fontes documentais, fontes materiais, causalidade histórica, cambio e continuidade, pasado e presente, empatía, relato e interpretación, a arte no seu contexto etc.

Espazo web: Actividades relacionadas co tema que remiten a páxinas web sobre as que hai que traballar.

Retos na Rede: recursos en liña para traballar contidos relacionados co tema e proxectos baseados nun reto.

Exercicios de autocorrección en liña para afianzar os contidos do currículo.

Historia

1 O SÉCULO XVIII: A CRISE DO ANTIGO RÉXIME

Por que as ideas da Ilustración e o desenvolvemento económico do século XVIII fixeron entrar en crise o Antigo Réxime?

EUROPA E EUA

- 1689 Declaración de Dereitos en Inglaterra
- 1713 Tratado de Utrecht
- 1751 Publicación da *Enciclopedia*
- 1762 *O contrato social*, de Rousseau
- 1773 Revolta do té
- 1776 Independencia dos EUA
- 1787 Constitución dos EUA

1680 · 1710 · 1720 · 1730 · 1740 · 1750 · 1760 · 1770 · 1780 · 1790

ESPAÑA

- 1700 Inicio da dinastía dos Borbón
- 1707 Decretos de Nova Planta 1716
- 1701 Guerra de Sucesión española 1714
- 1719-20 Primeiras manufacturas reais
- 1738 Inicio da construción do Palacio Real de Madrid
- 1778 Liberdade dos portos para comerciar con América
- 1794 *Informe sobre a Lei Agraria*, de Jovellanos

FILIPE V · FERNANDO VI · CARLOS III · CARLOS

Luis PARET: *Carlos III comendo ante a súa corte*, 1775.

O século XVIII foi un período de transición. Dunha banda, mantivéronse as características do Antigo Réxime; a monarquía absoluta, a sociedade estamental e unha economía señorial agraria.

No entanto, o intenso impulso demográfico e económico, o crecemento da burguesía, os exemplos da Revolución inglesa e da independencia americana e as ideas da Ilustración fixeron entrar en crise o Antigo Réxime.

En España, o século XVIII significou a entronización dunha nova dinastía, os Borbón, que implantaron o modelo absolutista francés. Pero a mediados de século, a difusión das ideas ilustradas influíu no monarca Carlos III, que aplicou algúns dos principios reformistas do Despotismo Ilustrado.

Que sabemos?

- Que caracterizaba a sociedade do Antigo Réxime?
- Que sistemas políticos se reflicten no mapa? Podes establecer algunha diferenza entre eles?
- Sabes o que foi a Ilustración? Lembras o nome dalgún pensador ilustrado?
- Fíxate no eixe cronolóxico. Que dinastía empezou a reinar en España no século XVIII? De onde procedía?

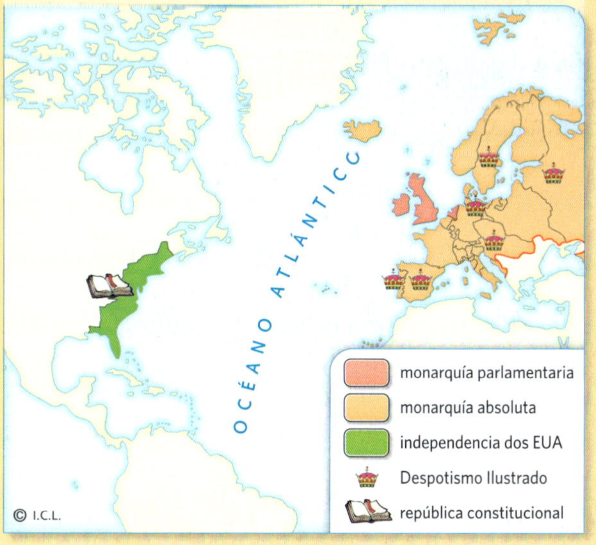

PREGUNTA CLAVE

1 Por que o Antigo Réxime entrou en crise no

O Antigo Réxime era o sistema económico, social e político, herdeiro do feudalismo medieval, que se achaba vixente na Europa do século XVIII.

O sistema de goberno era o absolutismo monárquico, a sociedade era estamental e fundamentada sobre os privilexios dunha minoría (nobreza e clero), e a agricultura constituía a base dunha poboación maioritariamente campesiña.

O desenvolvemento das actividades manufactureiras e comerciais, sobre todo do comercio marítimo a longa distancia, xerara novas fontes de riqueza, que beneficiaban a burguesía, a clase social en ascenso.

Pero o desenvolvemento das novas actividades económicas da burguesía víase obstaculizado polo mantemento dunhas estruturas económicas e sociais caducas. Ademais, a burguesía aspiraba ao recoñecemento político e social que o mantemento do Antigo Réxime lle negaba.

O século XVIII foi de tránsito entre o vello mundo aristocrático en declive e o novo mundo burgués que emerxía con forza. Esta pugna marcou a fin dunha época e a xeración do mundo contemporáneo.

Que papel desempeñaron a burguesía e as súas novas ideas na creba do Antigo Réxime?

A UNHA ECONOMÍA AGRÍCOLA E SEÑORIAL

A economía do Antigo Réxime era basicamente **rural** e máis do 80% da poboación dedicábase a tarefas agrícolas. A propiedade da terra era vinculada, isto é, non se podía comprar nin vender, e estaba concentrada en mans da nobreza e da Igrexa.

No campo seguía vixente o **réxime señorial**, herdado do feudalismo. Os señores vivían das rendas e impostos que os campesiños lles debían pagar, e ademais tiñan a facultade de ditar ordes e de impartir xustiza. Os campesiños tamén estaban obrigados a pagarlle o décimo (10% da colleita) á Igrexa.

A agricultura utilizaba métodos moi tradicionais, con escasas melloras técnicas e unha baixa produtividade, que a duras penas podía alimentar a poboación. A meirande parte da produción dedicábase ao autoconsumo, os intercambios eran escasos e o comercio víase dificultado pola insuficiencia de sistemas de transporte.

Malia o predominio agrícola, a burguesía desempeñaba actividades artesanais e manufactureiras que no século XVIII se viron fortemente estimuladas polo desenvolvemento do **comercio ultramarino**.

Gravado francés do século XVIII que reflicte a dureza da vida do campesiñado nesa época.

@ Amplía na Rede...

Para saberes máis sobre a sociedade estamental, entra en: www.tiching.com/749697

B UNHA SOCIEDADE FUNDAMENTADA SOBRE OS PRIVILEXIOS

A sociedade estaba dividida, segundo o dereito tradicional, en tres ordes ou estamentos: o **clero**, a **nobreza** e a **xente do común**, **estado raso** (ou terceiro estado), que abranguía grupos tan diversos como o campesiñado, a burguesía e as clases populares das cidades.

A característica principal da sociedade estamental era a súa **desigualdade civil**. A nobreza e o clero eran os privilexiados, que gozaban de dereitos e privilexios, acaparaban todos os cargos do exército, da Igrexa e da administración e estaban exentos de pagar impostos. O resto da sociedade non gozaba de privilexios e debía aturar todas as cargas fiscais do Estado.

Gravado do século XVIII que representa as desigualdades da sociedade estamental.

século XVIII?

C UNHA MONARQUÍA DE DEREITO DIVINO

A forma predominante de goberno en toda Europa era a **monarquía absoluta** de dereito divino. A autoridade do rei proviña de Deus e no seu nome exercía o poder sobre os seus súbditos. O rei Luís XIV de Francia, coñecido como o "Rei Sol", foi o prototipo de monarca absoluto.

O rei concentraba todos os poderes: ditaba leis, nomeaba os maxistrados e ministros, administraba xustiza, comandaba o exército e dirixía a política exterior. Non se sometía a ningún control e non compartía a soberanía con ninguén.

No entanto, o poder do rei estaba limitado pola lei divina e polas leis fundamentais do reino, que o monarca debía aceptar no momento da súa coroación.

OS ESTADOS EUROPEOS NO SÉCULO XVIII

D OS FACTORES IMPULSORES DO CAMBIO

O **crecemento económico** do século XVIII e as aspiracións de cambio do **Terceiro Estado**, impulsadas pola **burguesía**, racharon as bases do Antigo Réxime.

A burguesía aspiraba a participar no goberno, criticaba os privilexios e reclamaba que o recoñecemento social fose resultado dos méritos de cada individuo e non da familia na que cadaquén nacera.

Os campesiños opoñíanse ao réxime señorial e rexeitaban os fortes impostos que pesaban sobre eles e que os sumían na miseria. Nas cidades, as **clases populares** empobreceron como consecuencia de que os prezos subían máis que os seus salarios.

Neste contexto, un grupo de pensadores, os **ilustrados**, minou os fundamentos ideolóxicos do Antigo Réxime e propuxo **novos modelos sociais e políticos** para organizar a sociedade.

A finais do século XVIII, a meirande parte da sociedade desexaba acabar co predominio dos privilexiados e cunha monarquía que só gobernaba para eles. Iniciárase o camiño das revolucións que lle poñerían fin ao Antigo Réxime.

Nicolas-Bernard Lépicié: *A familia Leroy*, 1766. Algúns burgueses do século XVIII converteranse nunha clase enriquecida.

1. Completa no teu caderno o seguinte mapa mental para resumir as principais características do Antigo Réxime:

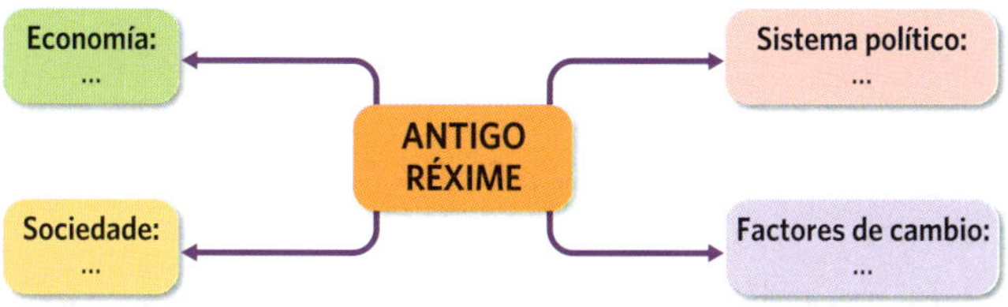

2. Observa o mapa. Que sistema político predominaba en Europa no século XVIII? Cales eran os grandes imperios e Estados?

Argumenta a resposta

3. Por que a finais do século XVIII entrou en crise o Antigo Réxime? Que papel desempeñou a burguesía neste proceso de cambio?

2 Crecemento económico e desenvolvemento burgués

Despois das longas guerras do século XVII, iniciouse un período de paz, que favoreceu o desenvolvemento das actividades económicas durante o século XVIII.

O aumento demográfico

Europa pasou de 100 a 200 millóns de habitantes entre 1650 e 1800. Este notable **crecemento** da poboación foi debido ao aumento da produción agrícola, á mellora xeral da economía e á diminución das grandes epidemias, que orixinaron un descenso da mortalidade e un progresivo aumento da natalidade.

O maior número de persoas supuxo un estímulo para o incremento da produción (a máis consumidores, máis demanda) e foi unha das causas da reactivación da economía.

O CRECEMENTO DEMOGRÁFICO

País	Cara a 1700	Cara a 1800
Gran Bretaña	9 400 000	16 000 000
Francia	19 000 000	27 000 000
España	6 000 000	11 000 000
Italia	13 000 000	18 000 000
Alemaña	12 000 000	23 000 000
Rusia	14 000 000	36 000 000

1. Que evolución tivo a poboación no século XVIII? A que se debeu? Cales eran os países máis poboados?

O desenvolvemento agrícola e manufactureiro

O aumento da demanda estimulou o **arado** de novas terras para aumentar a produción agrícola así como a introdución de **novos cultivos** (pataca, millo...) e **técnicas**. Todo iso iniciou o camiño cara á revolución agrícola de finais do século XVIII.

Para aumentar a produción artesanal e escapar do ríxido control que exercían os gremios, que regulaban a produción e os beneficios, introducíronse novos sistemas de produción:

- O **traballo a domicilio**, que consistía en facilitarlles a materia prima e os instrumentos de traballo a familias campesiñas para que elaborasen produtos nos seus pequenos obradoiros.
- As **manufacturas**, que eran instalacións que concentraban un elevado número de traballadores para elaborar determinados artigos, normalmente de luxo. Estes establecementos podían estar impulsados polo Estado ou ser de iniciativa privada.

A produción vendíase nos mercados urbanos en expansión, pero sobre todo nos mercados internacionais por medio do **comercio colonial**, que se desenvolvía a través da navegación.

Un tecelán a domicilio de finais do século XVIII. O promotor do traballo era un artesán-comerciante que lles encargaba o traballo a familias campesiñas, pagaba por peza e comercializaba o produto.

O auxe do capital e da burguesía

A suba de prezos que se produciu no século XVIII como consecuencia do aumento da demanda, empobreceu a nobreza que vivía das rendas agrarias. Pola contra, enriqueceu a burguesía, que impulsaba os negocios que daban maiores ganancias.

O desenvolvemento das novas formas produtivas e a expansión do comercio causaron a perda da importancia económica das rendas da agricultura para lles dar protagonismo á produción de bens, ao comercio e ao diñeiro, é dicir, á riqueza mobiliaria (**capitais**).

Como contrapartida, provocaron a crise do Antigo Réxime, un sistema económico e social baseado na propiedade territorial como fonte de riqueza e de privilexios sociais.

Eloxio da burguesía

En Francia, un nobre é considerado moi superior a un negociante.

Eu non sei, con todo, quen lle é máis útil a un Estado: o señor ben engalanado, que sabe con precisión a que hora se ergue o rei, e que se dá aires de grandeza, ou un negociante que enriquece o seu país, dá ordes no Cairo e contribúe á felicidade do mundo.

VOLTAIRE: *Cartas filosóficas*, 1734.

2. Que reflexión fai Voltaire sobre o papel social da nobreza e da burguesía?

EN QUE CONSISTÍA O COMERCIO TRIANGULAR?

O **comercio colonial**, é dicir, o comercio marítimo cos territorios extraeuropeos, tivo un grande auxe no século XVIII. Os comerciantes europeos (Gran Bretaña, Holanda, Francia, España e Portugal) intercambiaban **produtos manufacturados** de Europa por **materias primas**. Algúns produtos coloniais, como o azucre, o café, o tabaco, o algodón e o cacao fixéronse de uso habitual en Europa.

A base deste comercio era o chamado **comercio triangular** que tiña no **tráfico de escravos** de raza negra un elemento esencial. Os escravos eran apresados en África, trasladados a América en condicións penosas e vendidos alí para traballar de maneira infrahumana nas plantacións agrícolas. O destino dos escravos era, sobre todo, a zona do Caribe, Brasil e as colonias inglesas de Norteamérica.

Os beneficios obtidos co comercio colonial eran moi altos e esta rendibilidade favoreceu a proliferación de mercadores, banqueiros e prestamistas, así como un maior desenvolvemento dos **bancos** e das **compañías comerciais**.

Venda de escravos en Santo Domingo (República Dominicana), segundo un gravado de 1826.

@ Amplía na Rede...

Para saberes máis sobre o comercio triangular, entra en:
www.tiching.com/749698

AS GRANDES RUTAS COMERCIAIS

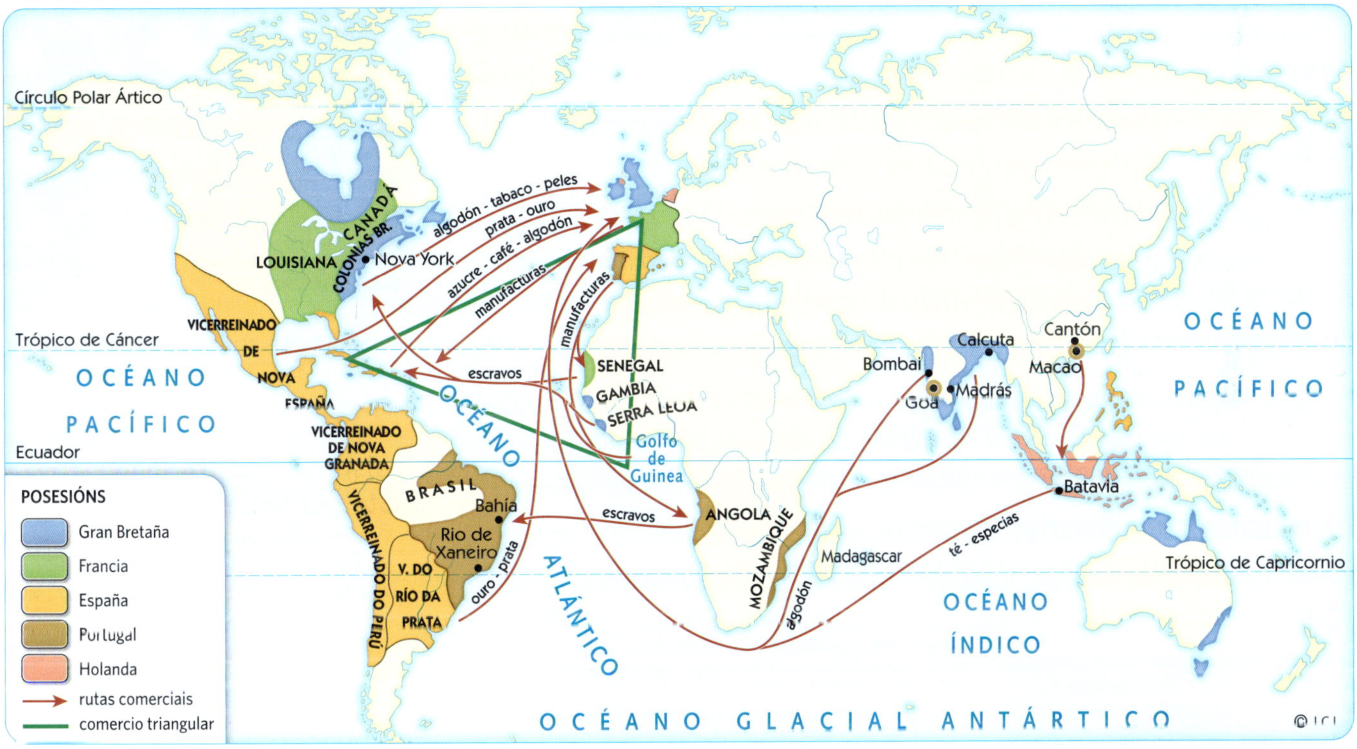

3. Explica en que consistía o traballo a domicilio e as manufacturas. Por que os produtores querían saltar o control dos gremios?

4. ¿Que grupo social se viu beneficiado coas actividades económicas do século XVIII? Cal resultou prexudicado?

5. Observa o mapa e explica cales eran as grandes rutas comerciais marítimas e os produtos que se intercambiaban. Por que se lle denomina comercio triangular?

6. Que eran as compañías comerciais? Por que o desenvolvemento do comercio a longa distancia provocou o desenvolvemento das actividades bancarias?

7. Explica en que consistía o comercio de escravos, onde eran recollidos e cal era o seu destino. Podes establecer algunha relación entre o consumo en Europa de produtos como o café, o azucre, o algodón e o tráfico de escravos?

3 Os sistemas parlamentarios: Gran Bretaña

DESCUBRE

No século XVIII, Gran Bretaña limitara o poder do rei e reforzara o do Parlamento, e os Estados Unidos de América constituían unha república fundamentada sobre unha Constitución e sobre o recoñecemento dos dereitos dos cidadáns.

A monarquía parlamentaria británica e a república americana constituíron un modelo para os pensadores da Ilustración e inspiraron as revolucións que lle puxeron fin ao absolutismo en Europa.

A A MONARQUÍA PARLAMENTARIA EN INGLATERRA

Desde a Idade Media, en Inglaterra, o poder real estaba limitado polas dúas cámaras do Parlamento: a dos nobres e os clérigos (**Lores**) e a dos burgueses representantes das cidades (**Comúns**). Os monarcas necesitaban a súa autorización para aprobar os impostos ou para declarar a guerra.

As revolucións do século XVIII

No século XVII, a dinastía **Estuardo**, pretendeu gobernar sen o Parlamento e procedeu a deter ou axustizar os seus opoñentes. Estes feitos enfrontaron os defensores do Parlamento e os da monarquía. O conflito tivo dúas etapas:

- En 1649, o rei Carlos I foi axustizado e proclamouse unha República, que quedou nas mans de **Oliver Cromwell**.

  En 1660, restableceuse a monarquía e o novo rei, Carlos II, tivo que aceptar o control do Parlamento. En 1679 aprobouse o ***Habeas corpus***, un texto que garantía as liberdades individuais e lle impedía ao rei toda detención arbitraria.

- En 1689, a política absolutista de Xacobe II e a súa fe católica provocaron unha segunda revolución. O Parlamento ofreceulle a coroa ao príncipe holandés **Guillerme de Orange**, protestante e disposto a xurar a Declaración de Dereitos (***Bill of Rights***), que limitaba os poderes do monarca e sometía algunhas das súas decisións ao Parlamento.

A monarquía con dereitos limitados

Ao longo do século XVIII, toda unha serie de medidas precisaron as atribucións do Parlamento ante o monarca e asentaron o principio da **separación de poderes**. A elaboración das leis quedaba nas mans do Parlamento e o poder xudicial era independente do Goberno, aínda que o monarca dirixía o executivo e conservaba moitas das súas atribucións.

Así e todo, só unha minoría (grandes propietarios agrarios, burgueses etc.) tiña dereito a votar, os habitantes das colonias non estaban representados no Parlamento e a escravitude continuaba sendo comunmente aceptada.

A Cámara dos Lores do Parlamento británico, a comezos do século XVIII.

Execución de Carlos I de Inglaterra en 1649.

O sistema político inglés visto por Voltaire

A Cámara dos Comúns é verdadeiramente a nación porque cada un dos seus membros é un deputado que representa o pobo (...).

A lexislación inglesa outorgoulle a cada individuo todos os dereitos de que é despoxado en case todas as monarquías. Eses dereitos son: a enteira liberdade das persoas e dos seus bens, poder dirixirse á nación a través da súa propia pluma e publicar o que pensa, non poder ser xulgado se non é nos termos precisos que marca a lei e poder profesar en paz a relixión que queira. Alí podedes estar tranquilos de que (...) tan só seredes detidos e xulgados seguindo a lei.

VOLTAIRE: *Dicionario filosófico*, 1764.

e Estados Unidos

B A INDEPENDENCIA DOS ESTADOS UNIDOS

As trece colonias británicas, establecidas na costa leste de América do Norte, protagonizaron no século XVIII a primeira insurrección colonial contra unha metrópole, e constituíron o primeiro exemplo de goberno fundado sobre os principios de igualdade e liberdade.

Os colonos americanos estaban descontentos cunha metrópole que non lles permitía enviar representantes ao Parlamento e lles impoñía un monopolio comercial así como fortes impostos.

A decisión británica de lle outorgar o monopolio da venda de té a unha compañía inglesa provocou en Boston, en 1773, a revolta do té, que iniciou o conflito armado. O rei Xurxo III enviou o exército a sufocar a rebelión.

Para reforzar a súa posición fronte a Gran Bretaña, delegados das trece colonias, reunidos en Filadelfia, redactaron a **Declaración de Independencia dos Estados Unidos de América** (4 de xullo de 1776), que expresaba o deber dos gobernantes de respectar os dereitos inalienables do pobo.

A guerra contra a metrópole foi longa, e tras a derrota de Yorktown, Gran Bretaña recoñeceu a independencia (1783) e **George Washington** foi proclamado primeiro presidente dos Estados Unidos.

AS 13 COLONIAS AMERICANAS

A constitución americana

Os novos Estados Unidos de América redactaron unha constitución escrita (1787), que aseguraba a separación de poderes (executivo, lexislativo e xudicial), establecía un goberno republicano, encabezado por un presidente elixido polos cidadáns e con amplos poderes, e unha estrutura federal do Estado.

A Constitución completábase cunha **Declaración de Dereitos** que garantía a liberdade de relixión, de prensa, de expresión, de reunión, e o dereito a ser xulgado por un xurado. Así mesmo, ninguén podía ser privado da súa vida, da súa liberdade ou da súa propiedade, sen un procedemento xudicial adecuado.

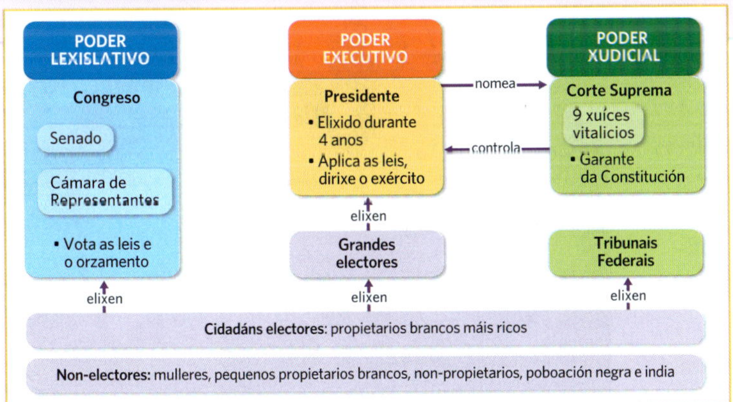

Esta Constitución segue vixente na actualidade e foise completando e actualizando a través do engadido de emendas.

1. Como conseguiu o Parlamento inglés limitar o poder do monarca? Explica por que o *Habeas corpus* e o *Bill of Rights* lles garanten dereitos aos cidadáns e impiden a arbitrariedade.
2. Observa o mapa e enumera as 13 colonias inglesas en Norteamérica. Que causas motivaron o seu desexo de independencia? Explica o proceso mediante o que se levou a cabo.
3. Fíxate no esquema do sistema político dos Estados Unidos, explica as súas características e as diferenzas fundamentais coa monarquía absoluta.

Investiga

4. Le en www.tiching.com/749699 o documento da Declaración de independencia dos Estados Unidos:
   - Con que argumentos xustifican os seus redactores esta Declaración?
   - Que pasos din que conseguiron antes de declarar a independencia?
5. @ Consulta na Internet e pescuda cando foi abolida a escravitude nos Estados Unidos e cando lograron as mulleres, os indios e os negros o dereito de sufraxio.

4 A Ilustración contra o Antigo Réxime

Durante o século XVIII, un grupo de pensadores, coñecidos como a Ilustración, puxeron en cuestión as bases sobre as que se asentaba o Antigo Réxime e propuxeron unha nova forma de organización da sociedade.

A nova burguesía en ascenso fixo súas estas ideas e converteunas nun programa revolucionario para derrocar o absolutismo.

Quentin DE LA TOUR: *Émilie du Châtelet*, primeira metade do século XVIII.

Algunhas mulleres contribuíron á Ilustración organizando salóns onde os intelectuais debatían as novas ideas ou realizando elas mesmas traballos científicos.

Os pensadores ilustrados

Os ilustrados propugnaban unha fe absoluta na **razón** (intelixencia humana) como único medio para entender e explicar o mundo. Así, os novos filósofos enfrontáronse á concepción medieval baseada na tradición e no teocentrismo relixioso.

Aínda que a meirande parte dos ilustrados eran **deístas**, é dicir, crían nunha relixión natural que admitía a idea de Deus, rexeitaban a superioridade de calquera relixión sobre as outras e condenaban a intolerancia relixiosa. **Voltaire** foi o gran defensor da **liberdade de conciencia** e da **tolerancia** como base das relacións humanas.

Os ilustrados tiñan unha **concepción optimista** da **natureza**, á que consideraban unha fonte de xustiza e bondade, e do **ser humano**, que nacía para ser feliz. Confiaban na idea de **progreso** e crían que a razón e mais a vontade humana podían transformar a sociedade.

A tolerancia

A discordia é o gran mal do xénero humano e a tolerancia é o seu único remedio. Non hai ninguén que poida discrepar desta verdade (...).

Na América inglesa (...) estableceuse a enteira liberdade de conciencia, e a pesar de que todos cren en Deus, todas as relixións son ben recibidas, e grazas a iso, a poboación aumenta e o comercio florece.

VOLTAIRE: *Dicionario filosófico*, 1764.

1. Que son a tolerancia e a liberdade de conciencia? Por que as defende Voltaire?

O Despotismo Ilustrado

A influencia do pensamento ilustrado alcanzou as cortes europeas, e algúns soberanos, sen renunciaren á súa autoridade, intentaron levar a cabo experiencias reformistas que unían a concepción absolutista da monarquía coas ideas de progreso da Ilustración.

En distintos países de Europa apareceron monarcas ilustrados, entre os que destacaron Federico II de Prusia, María Tareixa de Austria, a tsarina Catarina de Rusia, Gustavo de Suecia e Carlos III de España.

Todos eles promoveron a racionalización da administración, o fomento da educación e a modernización económica. Neste sentido impulsaron programas de desenvolvemento agrícola e industrial, facilitaron a liberdade de comercio e promoveron as manufacturas e as compañías comerciais.

A frase "Todo para o pobo, pero sen o pobo" define o carácter reformista do Despotismo Ilustrado e a vontade dos monarcas de actuaren a prol do pobo, pero sen renunciaren a ningún dos seus privilexios.

Adolph VON MENZEL: *Voltaire na corte de Federico II de Prusia*, 1850.

QUE NOVAS IDEAS PROPUXERON OS ILUSTRADOS?

As ideas da Ilustración foron propagadas por un grupo de pensadores, principalmente franceses entre os que destacan Montesquieu, Voltaire, Diderot, Rousseau e D'Alembert.

Todos eles contribuíron a crear un novo modelo de organización política e social, que foi a base do liberalismo político e das revolucións liberal-burguesas do século XIX.

A NIVEL SOCIAL

- Opuxéronse á **sociedade estamental** e proclamaron que ninguén podía herdar nin gozar de prestixio ou privilexios no nome dos seus antepasados.
- Defenderon a mobilidade social, a igualdade de orixe e o mérito segundo a valía de cada persoa.

Crítica da sociedade estamental segundo un gravado do século XVIII.

A NIVEL ECONÓMICO

- Opuxéronse aos mercantilistas que crían no comercio e na acumulación de metais preciosos como principais fontes de riqueza dun país e defenderon que a agricultura e as actividades produtivas eran as que lles permitían vivir aos seus habitantes (**fisiocracia**).
- Loitaron contra toda regulamentación por parte do Estado e defenderon a libre iniciativa, a propiedade privada e a liberdade económica (**liberalismo económico**).

A NIVEL POLÍTICO

- Criticaron o despotismo e a arbitrariedade do absolutismo.
- **Montesquieu** propuxo a **división de poderes** (lexislativo, executivo e xudicial), con especial énfase na independencia do poder xudicial.
- **Rousseau** expuxo a necesidade dun **contrato social** entre gobernantes e gobernados (**Constitución**). Tamén definiu o principio de **soberanía nacional**, polo cal o poder emana do libre consentimento de todos os cidadáns, expresado mediante o voto.
- **Voltaire** defendeu a necesidade dun **parlamento** que limitase o poder do rei, e dun **sistema fiscal** que non recaese exclusivamente sobre o pobo.

O SISTEMA POLÍTICO LIBERAL

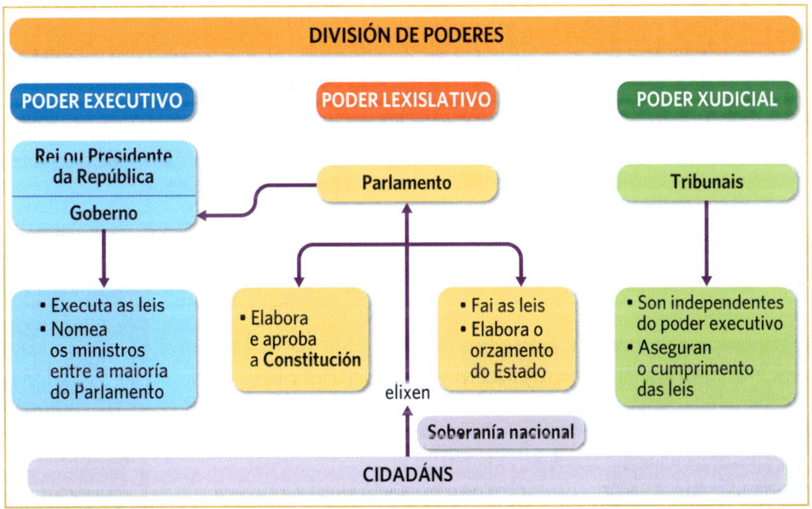

A soberanía nacional

Só a vontade xeral pode dirixir as forzas do Estado (...), o pobo sometido á lei debe ser o protagonista. O poder lexislativo pertence ao pobo e tan só del pode emerxer. (...) Toda lei que non fose ratificada polo pobo é nula. (...) Para asegurar as leis, cómpre un goberno, pero o goberno é tan só o representante do pobo soberano. (...)

Jean-Jacques Rousseau: *O contrato social*, 1762.

2. Que foi a Ilustración? Cal era o seu obxectivo? Cita algúns dos seus principais representantes.
3. Explica o que significa que os ilustrados eran optimistas e crían na idea do progreso humano. Estás de acordo con esta visión? Argumenta a túa resposta.
4. Que foi o Despotismo Ilustrado? Que actuacións levaron a cabo os seus monarcas?
5. Que aspectos do Antigo Réxime foron máis criticados polos filósofos ilustrados do século XVIII a nivel social, económico e político? Que alternativas de cambio propoñían?
6. Observa o esquema do sistema político liberal e explica con detalle en que consiste. Define os conceptos de división de poderes, constitución e soberanía nacional.

5 A *Enciclopedia* difunde os novos coñecementos

O século XVII foi o da gran revolución científica, en que homes de ciencia como Kepler, Descartes, Pascal, Torricelli, Galileo ou Newton fixeron progresar o coñecemento científico e iniciaron a ciencia moderna.

O interese polas ciencias e as letras proseguiu no século XVIII e producíronse novos avances, que tiveron as súas aplicacións técnicas. A Ilustración estimulou os contactos entre científicos de toda Europa e a *Enciclopedia* axudou á difusión dos coñecementos entre un público instruído.

Que pretenderon os ilustrados coa creación da *Enciclopedia*? Que coñecementos e ideas se difundiron nela?

A O PROGRESO DA CIENCIA E DA TÉCNICA

No século XVIII, mentres continuaban os progresos científicos do século anterior, os monarcas e as elites culturais interesáronse cada vez máis polas ciencias e polas súas aplicacións prácticas.

Impúxose a idea de que a ciencia e a técnica debían traballar conxuntamente para conseguir un progreso que beneficiase a toda a sociedade e estimulase o progreso do país.

Esta unión produciu grandes adiantos en medicina, transportes, construción de fortificacións, mellora dos camiños e pontes, sistemas de enerxía etc., que non quedaron encerrados nun laboratorio, senón que melloraron a vida cotiá das persoas.

Baseándose en experimentos sobre a forza do vapor de auga, Newcomen e Watt inventaron a **máquina de vapor**, que foi a orixe da Revolución Industrial en Inglaterra.

A elevación dun globo aerostático en Francia, en 1783, levantou grande expectación entre un público moi interesado polos avances da ciencia.

B A DIFUSIÓN DO SABER

O século XVIII foi unha época de gran circulación das ideas e dos saberes. A correspondencia entre ilustrados e científicos estimulou a difusión de coñecementos e as viaxes permitiron intercambiar e debater as ideas.

Nas principais cidades de Europa, sobre todo en París e Londres, creáronse **universidades** e **academias científicas**. Tamén proliferaron os **cafés** e os **salóns** privados, onde se reunían as xentes de ciencias e letras para presentaren as súas novidades científicas.

Os progresos na **alfabetización** permitiron unha maior difusión da prensa escrita e os editores aumentaron a tiraxe dos seus libros. A cultura escrita alcanzou unha difusión como nunca o fixera.

Algúns burgueses ilustrados posuían gabinetes científicos coma este, pertencente a un banqueiro francés da primeira metade do século XVIII.

C A ELABORACIÓN DA *ENCICLOPEDIA*

Na segunda metade do século XVIII, filósofos e científicos colaboraron na elaboración da ***Enciclopedia***. Promovida por Diderot e d'Alambert, foi editada entre 1751 e 1772 e constaba de 20 volumes. A obra tivo unha gran difusión e alcanzou un elevado número de subscritores en Francia e tamén noutros países de Europa.

O seu obxectivo era reunir os **coñecementos** da súa época para poñelos á disposición de todos os lectores. Tamén pretendían expoñer as **ideas críticas** dos filósofos da Ilustración sobre a sociedade estamental, o absolutismo, e o funcionamento da economía, que habían de ser sutilmente presentadas para evitar a **censura real**.

Unha das contribucións máis interesantes da *Enciclopedia* foron as súas láminas de debuxos, como a da ilustración, que amosa como se traballaba o metal.

Diderot define a *Enciclopedia*

Esta palabra significa "encadeamento de coñecementos". (...) O obxectivo da *Enciclopedia* é unir todos os coñecementos dispersos sobre a superficie da terra (...), para mostrárllelos aos homes que viven connosco e transmitírllelos aos que virán despois (...) para que estando mellor instruídos, sexan tamén máis virtuosos e felices (...)

É necesario recompilar todo o coñecemento humano, criticar os fanatismos relixiosos e políticos e facer unha apoloxía da razón humana e da liberdade de espírito.

É necesario examinalo todo, removelo todo sen ningunha excepción e sen contemplacións (...).

Se se ten en conta a inmensa cantidade de materias que hai tras a Enciclopedia, percíbese que non pode ser obra dun só home (...).

Artigo da Enciclopedia, 1751.

A monarquía contra a *Enciclopedia*

A Súa Maxestade atopou que nestes volumes están escritos xuízos tendentes a destruír a autoridade real, a impulsar un espírito de independencia e revolta, e baixo unhas palabras escuras e confusas, enxalzar erros fundamentais e fomentar a corrupción dos costumes, e da incredulidade relixiosa.

Prohibición da Enciclopedia *por Luís XV*, 1752.

1. Cal é a diferenza entre ciencia e técnica? Que froitos deu a súa unión no século XVIII?
2. Como colaborou o novo ambiente da Ilustración en promover e difundir os saberes da época? Que papel desempeñaron as academias, os salóns e os cafés?
3. Cales eran os obxectivos da *Enciclopedia* segundo o texto de Diderot? A quen estaba destinada? Por que debía ser unha obra colectiva?
4. Le a prohibición de Luís XV: Como foi recibida a *Enciclopedia* pola monarquía? Que diferentes razóns daba o rei para prohibila?
5. Explica que representou a *Enciclopedia* na difusión dos saberes científico e técnico e tamén das novas ideas políticas da Ilustración.

Relaciona onte e hoxe

6. Actualmente podemos consultar enciclopedias na Internet. Cal é a enciclopedia máis coñecida da Rede? Sabes como se elabora? Cales son as súas vantaxes e inconvenientes? Para que a utilizamos?
7. Consulta estas dúas páxinas: www.tiching.com/749747 e www.tiching.com/749748 e responde:
   - Que importancia ten no mundo actual a capacidade de poder acceder doadamente á Internet?
   - Que significa a expresión "fenda dixital"?
   - Que esforzos se fan na actualidade para que o conxunto da poboación mundial poida acceder á información dixital?
   - ¿Como reflicte o caso da India a globalización da tecnoloxía dixital?

6 A monarquía borbónica en España

Unha nova dinastía goberna España

En 1700 morreu Carlos II, o derradeiro rei da casa de Austria. A designación do príncipe francés Filipe de Borbón como herdeiro ao trono provocou un conflito armado: a **Guerra de Sucesión**.

A vitoria dos partidarios de Filipe V supuxo o seu recoñecemento como rei de España e a entronización en España da dinastía Borbón. Ademais, a unión de Francia e España baixo unha mesma familia implicou unha alianza internacional, os chamados "**Pactos de familia**", que orientaron a política exterior española ao longo do século XVIII.

Os reinados de Filipe V e Fernando VI caracterizáronse pola implantación en España do modelo absolutista francés. O seu sucesor, Carlos III, estivo moi influído polo Despotismo Ilustrado e intentou levar a cabo un plan modernizador da economía española, e Carlos IV, atemorizado polos sucesos da Revolución francesa, paralizou o proceso reformista e intentou evitar o contaxio revolucionario.

O Palacio Real de Madrid é de estilo barroco-rococó e foi mandado construír por Filipe V en 1738.

@ Para saberes máis sobre o Palacio Real, entra en: www.tiching.com/749749

A uniformización territorial

Ao rematar a Guerra de Sucesión, iniciouse a **unificación** dos antigos reinos de Aragón e Castela, impondo unhas leis únicas, unha administración idéntica e a homoxeneización de todas as súas institucións.

Entre 1707 e 1716 promulgáronse os **Decretos de Nova Planta**, que anulaban os foros e institucións dos distintos territorios da Coroa de Aragón (Aragón, Cataluña, Valencia e Mallorca) e impoñíaselles o sistema administrativo castelán.

O territorio dividiuse en **provincias**, gobernadas por un **capitán xeral** con poder militar e administrativo. En cada provincia creáronse **audiencias** para a administración de xustiza e implantáronse **corrixidores** para o goberno dos municipios e **intendentes** para a recadación de impostos.

OS REIS DE ESPAÑA NO SÉCULO XVIII

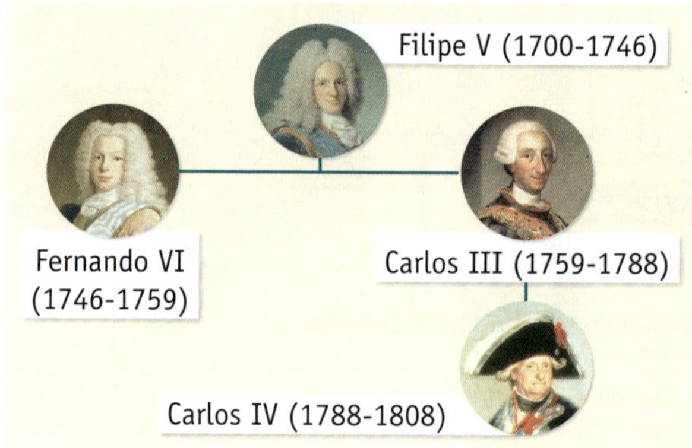

A reorganización administrativa

Os primeiros monarcas Borbón reformaron a estrutura do Estado co obxectivo de implantar o absolutismo e centralizar o poder.

O rei concentraba todos os poderes, e para axudarse nas tarefas de goberno, nomeaba directamente **secretarios**, que se reunían no **Gabinete**, antecedente do Consello de Ministros. Os antigos Consellos foron abolidos, menos o de Castela, que tiña funcións consultivas e actuaba como Tribunal Supremo de Xustiza.

As **Cortes** desapareceron, agás as castelás (aínda que quedaron practicamente anuladas), e o labor lexislativo realizábase a través dunhas institucións controladas polo monarca.

AS INSTITUCIÓNS DA MONARQUÍA BORBÓNICA

A QUEN ENFRONTOU A GUERRA DE SUCESIÓN?

A guerra de Sucesión (1701-1714) foi un conflito interior de España, que tivo tamén unha clara dimensión internacional. A súa causa foi o enfrontamento entre dous candidatos ao trono: Filipe de Borbón e Carlos de Austria.

1. OS CONTENDENTES

- Castela e Francia apoiaron a **Filipe V.**
- Algunhas potencias europeas (Gran Bretaña, Holanda, Portugal e o Imperio austríaco) apoiaron a candidatura do archiduque **Carlos de Austria** porque temían que o novo rei fortalecese os Borbón en Europa.

  A maioría de territorios da Coroa de Aragón defenderon o candidato austríaco, que lles garantía o mantemento dos seus foros e institucións.

2. DESENVOLVEMENTO DO CONFLITO

- O desenlace militar foi favorable ás tropas filipistas que, tras a vitoria de **Almansa** (1707), iniciaron a ocupación de Valencia e Aragón.
- Un acontecemento internacional resultou clave para o desenlace: en 1711, Carlos de Habsburgo herdou o **Imperio alemán** e desinteresouse da súa aspiración a reinar en España. Os seus aliados europeos pasaron nese momento a ver con prevención a posible unión de España e Austria baixo un mesmo monarca.
- O conflito internacional finalizou co **Tratado de Utrecht** (1713) que recoñeceu a Filipe V como rei a cambio da cesión dunha serie de territorios en Europa e España.
- A guerra continuou en **Cataluña** ata 1714, cando as tropas filipistas entraron en Barcelona, e en **Mallorca** ata 1715, cando foi tomada a cidade de Palma.

O TRATADO DE UTRECHT

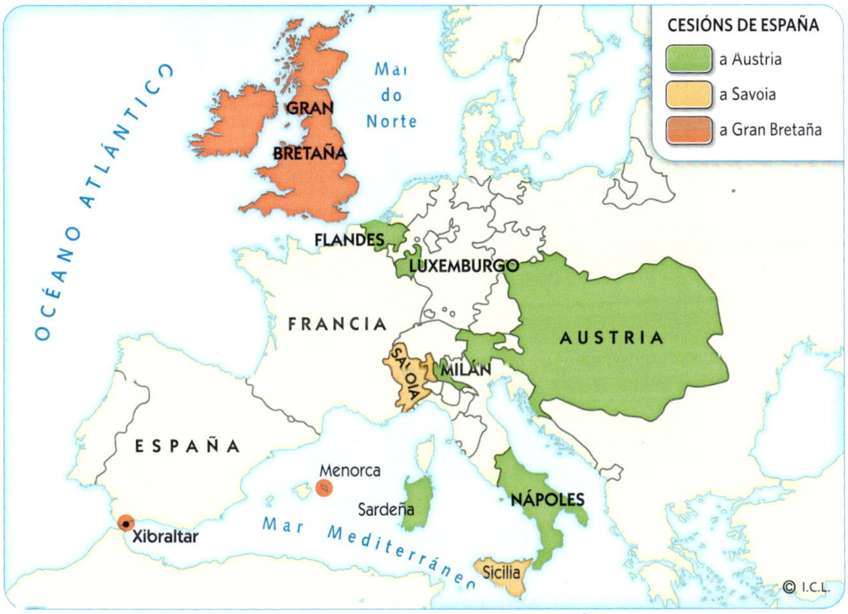

España cedeulle a Austria Milanesado, Nápoles, Flandres, Luxemburgo e Sardeña, e á casa de Savoia, Sicilia. Gran Bretaña obtivo Xibraltar e Menorca, que estivo ocupada ata 1802.

Decreto de Nova Planta

Xulguei conveniente (...) abolir e derrogar (...) os referidos foros, privilexios, práctica e costume ata aquí observados nos referidos reinos de Aragón e Valencia, sendo a miña vontade que aqueles se reduzan ás leis de Castela e ao uso, práctica e forma de goberno que se ten e se tivo nela e nos seus tribunais, sen diferenza ningunha en nada; podendo obter por esta razón os meus fidelísimos vasalos, os casteláns, oficios e empregos en Aragón e Valencia, da mesma maneira que os aragoneses e valencianos han poder en diante gozar deles en Castela sen ningunha distinción.

Real Decreto de Filipe V,
29 de xullo de 1707.

1. Que establece o decreto e con que intención se promulgou?

2. Que foi a guerra de Sucesión? Explica as súas causas, os seus contendentes, o seu desenvolvemento e as súas consecuencias.
3. Que foi o Tratado de Utrecht? Observa o mapa e sinala que perdas territoriais implicou para a monarquía española. Quen foron os seus beneficiarios? Que interese podía ter Gran Bretaña no estreito de Xibraltar e en Menorca?
4. Que características tiña o sistema político introducido en España por Filipe V? Observa o esquema e describe como quedou organizada a monarquía.
5. En que consistiu a uniformización territorial do reino? Que foron os Decretos de Nova Planta? A quen se lles aplicaron?

7 Jovellanos, un ilustrado español

No século XVIII xurdiu en España un grupo de pensadores ilustrados preocupados por modernizar a sociedade e a economía españolas. Entre eles destacou Gaspar Melchor de Jovellanos (1744-1811).

Nos seus escritos criticou os privilexios do Antigo Réxime, fustrigou a nobreza ociosa, opúxose aos prexuízos da Igrexa e xustificou a necesidade dunha reforma agraria.

Jovellanos estivo en contacto e polemizou con outros ilustrados da época como o Conde de Floridablanca, o Conde de Campomanes, Pablo de Olavide, o Marqués de la Ensenada e o Conde de Aranda.

As súas ideas influíron na corte, sobre todo na época de Carlos III, que impulsou un proxecto de modernización económica e social (Despotismo Ilustrado).

A A CUESTIÓN AGRARIA EN ESPAÑA

Ao iniciarse o século XVIII, España continuaba a ser unha **sociedade rural**, cunha agricultura de escasos rendementos, tecnicamente atrasada, e coa maior parte das terras amortizadas (ou vinculadas) en mans dos privilexiados.

Os ilustrados fixáronse como principais obxectivos o **crecemento económico**, a **reforma da sociedade**, a **mellora da ensinanza** e a **modernización da cultura**. Para difundiren as novas ideas e fomentar a agricultura, a manufactura e o comercio crearon as **Sociedades Económicas de Amigos do País**.

O obxectivo das reformas propostas polos ilustrados era a creación das condicións necesarias para unha mellor distribución das terras e un aumento da produción e dos intercambios. Todo iso estimularía o crecemento demográfico e a mellora do nivel de vida da poboación.

AS TERRAS DA NOBREZA E DA IGREXA

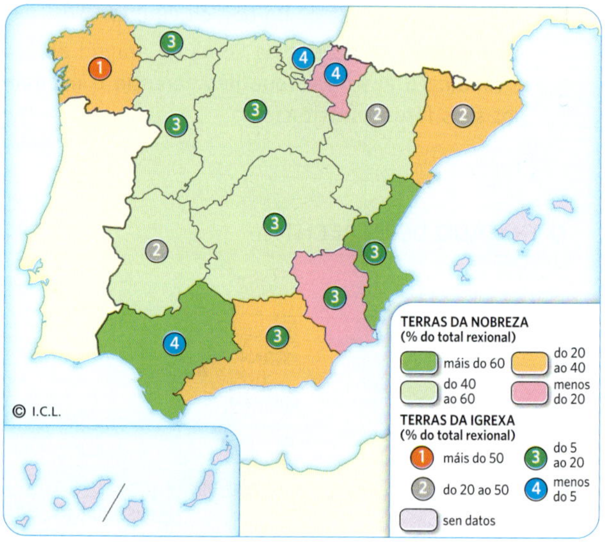

A necesidade dunha reforma agraria

Jovellanos defendeu que a modernización económica de España debía iniciarse cunha reforma agraria que liberalizase a propiedade da terra. Para iso propuxo:

- Suprimir as terras amortizadas e as comunais, para que puidesen venderse e ser cultivadas de maneira máis eficaz (propiedade privada).
- Poñer en cultivo as terras comunais e os baldíos.
- Disolver a Mesta e cercar as leiras.
- Mellorar os contratos de arrendamentos dos campesiños.
- Limitar os morgados.

Estas medidas debían ir acompañadas dunha reforma da ensinanza, para facela máis práctica, e do investimento do Estado en obras públicas.

Retrato de Jovellanos por Francisco de Goya, 1798.

A cuestión agraria

Non hai dúbida de que, como dixen, un dos maiores males que padecemos é a desigual repartición das terras e que as máis delas están en poucas mans. (...)

Que a demasiada extensión das terras de labranza fai que estas se cultiven mal e non todas, pois o mesmo terreo que, posto en moitas mans, se sementaría todos os anos, (...) reducido a un só, queda na maior parte inculto.

Pablo DE OLAVIDE: *Informe sobre a Lei agraria*, 1768.

Dígnese a Vosa Alteza a derrogar as bárbaras leis que condenan a perpetua esterilidade de tantas terras comúns; (...) as que preferindo as ovellas aos homes, coidaron máis das las que os visten que dos grans que os alimentan; as que estancando a propiedade privada nas eternas mans de poucas familias poderosas encarecen a propiedade libre e os seus produtos, e afastan dela os capitais e a industria da nación (...)

Gaspar M. DE JOVELLANOS: *Informe sobre a Lei Agraria*, 1794.

B O REFORMISMO ILUSTRADO

O monarca Carlos III (1759-1788), sen renunciar ao seu poder e sen menoscabar os privilexios nobiliarios, escolleu como conselleiros algúns ilustrados (Aranda, Floridablanca e Campomanes) e acometeu unha serie de **reformas** características do Despotismo Ilustrado.

Pero a ausencia en España de amplos grupos burgueses, o conservadorismo dos medios intelectuais e o enorme peso da Igrexa dificultaron a expansión das ideas da Ilustración e a consolidación do proceso reformista.

AS REFORMAS DE CARLOS III

- Decretar honestos todos os oficios.
- Limitar os privilexios da Mesta e colonizar novas terras.
- Fomentar a libre circulación de mercadorías e establecer a libre venda de grans.
- Permitir o libre comercio con América para todos os portos españois.
- Apoiar a produción de bens e liberalizar o proceso de fabricación.
- Establecer aranceis para limitar a competencia exterior.
- Impoñer a autoridade real sobre a Igrexa (expulsión dos xesuítas).
- Crear escolas de ensino primario e reformar as universidades.

Carlos III asina o decreto de liberdade de comercio con América (1778).

@ Amplía na Rede...

Para saberes máis sobre o Despotismo Ilustrado de Carlos III, entra en: www.tiching.com/749750

C O CRECEMENTO DO SÉCULO XVIII

En España, o século XVIII foi un período de incremento demográfico e expansión económica. A **poboación aumentou** en tres millóns de habitantes e o seu crecemento fixo aumentar a demanda e estimulou a produción de bens.

Unha serie de melloras agrícolas como a extensión do espazo cultivado, a introdución de novos cultivos, a expansión do regadío así como o aumento da viticultura, permitiron o incremento da **produción agrícola**.

A **protección das manufacturas** estimulou o aumento da produción e a **liberalización do comercio** permitiu a expansión do comercio de Ultramar a partir das compañías comerciais.

Con todo, non se solucionou o principal obstáculo para o desenvolvemento industrial: a **escasa demanda** como consecuencia da pobreza do campesiñado. Por esta razón, os ilustrados insistiron na necesidade da **reforma agraria**.

O CRECEMENTO DA POBOACIÓN ESPAÑOLA NO SÉCULO XVIII

Ano	Poboación	Taxa de crecemento (%)
1717	7 500 000	–
1768	9 309 000	0,42
1787	10 410 000	0,59
1797	10 541 000	0,13

1. Cal era a situación económica e social de España ao iniciarse o século XVIII? Cales eran os seus principais problemas?
2. Quen foron os ilustrados españois? Podes citar algúns? Cales eran os seus obxectivos e as súas propostas? Que dificultades atoparon?
3. Por que se considera Carlos III como un déspota ilustrado? Que reformas levou a cabo? Cales foron os seus resultados?

Ponte no seu lugar

4. Imaxina que es Jovellanos e que o Consello de Castela che solicitou o teu punto de vista sobre as reformas que necesita o agro español para mellorar a agricultura:
   - Escribe un pequeno informe no que enumeres as reformas que propós e os beneficios que se derivarán de cada unha delas.
   - Lembra o que era a Mesta e razoa por que Jovellanos puxo tanto empeño na conveniencia de suprimir esta institución.

8 Galicia no século XVIII

O reino de Galicia, como integrante da Coroa de Castela, deulle o seu apoio a Filipe V durante a Guerra de Sucesión e, agás polo episodio naval de Rande, librouse das súas batallas. No entanto, si que viviu a centralización e as reformas administrativas que acompañaron a implantación da monarquía borbónica e sufriu especialmente o retroceso da lingua galega.

Unha economía agraria

Innovacións técnicas en agricultura

A Galicia do século XVIII era, como a meirande parte da Europa desa época, eminentemente **rural** e **agraria**, pero a galega érao de xeito moi acusado. Proba diso é que a maior parte dos habitantes se espallaba polo campo en **aldeas** ou en **pequenas vilas**. As cidades máis importantes apenas sumaban entre todas o 5% do total de habitantes de Galicia; Santiago era, con moito, a urbe maior, e aínda así non chegaba aos 20000 habitantes.

No século XVIII, Galicia era unha das zonas máis evolucionadas de España en materia de técnicas produtivas. Isto debíase a que os galegos **introduciron novos cultivos**: no litoral atlántico desenvolveron o sistema de rotacións, con cultivos de millo, liño, trigo e nabos; e nas terras do interior, aínda que seguían a producir unha colleita cada dous anos, polo xeral de centeo, introduciron a pataca.

No entanto, ás familias campesiñas, despois de lles pagaren as rendas (foros) aos propietarios, apenas lles quedaba o xusto para sobreviviren. De aquí que unha parte buscase fontes complementarias de ingresos, como a industria doméstica.

Unha industria incipiente

Ao longo do século XVIII desenvolvéronse as **industrias rurais**, principalmente do tecido de **lenzos de liño**. Nunha primeira etapa, o liño utilizado era galego, pero desde mediados de século chegaba a través dos portos galegos desde o Báltico e transformábase principalmente na área de Mondoñedo.

En canto á industria propiamente dita, aínda que non estivo moi desenvolvida, establecéronse manufacturas impulsadas pola iniciativa privada. As máis coñecidas son os da **mantelaría** da Coruña, que no ano 1786 ocupaba 800 persoas (delas 600 fiandeiras a domicilio); a **fundición** de Sargadelos, que tiña uns 400 obreiros e producía potes e municións; e unha fábrica de **louza**, situada no mesmo complexo industrial de Sargadelos. Nesta época, ademais, déuselle un impulso á industria de **conservas de sardiñas**.

O comercio marítimo

A actividade comercial máis destacable de Galicia foi o **comercio marítimo a longa distancia**. En 1764, o porto da Coruña é autorizado a comerciar coas colonias americanas a través dos buques correo da Coroa. A partir de 1778, a apertura comercial amplíase a barcos privados e a novos portos (Vigo en 1783, Ferrol en 1787).

Gravado inglés da batalla de Rande, que tivo lugar en Vigo en outubro de 1702, no marco da Guerra de Sucesión.

@ Amplía na Rede...

Para saberes máis sobre o desenvolvemento da batalla de Rande visualiza o vídeo en www.tiching.com/749990 e le a noticia sobre os restos submarinos que se atoparon en www.tiching.com/749993

Durante o século XVIII, Galicia foi a maior produtora de téxtiles de liño de España. A produción vendíase en Castela e mais no País Vasco, aínda que seguía a ser un sistema artesanal e non un verdadeiro proceso industrial.

O tecido realizábase en teares manuais propiedade das familias campesiñas e constituía unha actividade que axudaba ás súas economías.

A sociedade señorial

Na distribución por grupos sociais non houbo en Galicia grandes cambios con relación aos séculos anteriores.

A **nobreza** e mais o **clero** ocupaban os máis altos chanzos políticos, económicos e sociais. A súa principal fonte de riqueza proviña dos contratos de foro aos campesiños. Entre os non-privilexiados salientaban os **campesiños**, a gran maioría da poboación, e os **pequenos burgueses**.

O movemento ilustrado

Durante o século XVIII, moitos intelectuais amosaron a súa preocupación polos problemas de Galicia e procuraron a reforma da sociedade. Son os ilustrados galegos.

A figura máis sobranceira foi o **padre Benito Feixoo**, monxe bieito que escribiu *Teatro universal* e *Cartas eruditas e curiosas*, que conteñen numerosos ensaios sobre Medicina, Ciencias Naturais, Xeografía e Historia etc.

A obra de Feixoo continuouna o seu discípulo, o **padre Sarmiento**. Os seus traballos están máis relacionados co estudo de problemas propiamente galegos, como eran a emigración e mais o atraso da agricultura.

Outros ilustrados foron **José Andrés Cornide**, autor dunha *Historia* que describe polo miúdo os peixes das costas galegas, e **Lucas Labrada**, quen redactou unha *Descrición económica do Reino de Galicia* onde amosaba a súa preocupación "pola industria e o progreso do Reino".

En canto ás institucións, as máis coñecidas foron a **Academia de Agricultura do Reino de Galicia**, formada por nobres e fidalgos pouco conectados coa realidade, e as **Sociedades Económicas de Amigos do País de Santiago e Lugo**, que se centraron no perfeccionamento da industria do liño.

O Foro

O **foro** é o contrato agrario máis característico de Galicia. Naceu a finais do século XII e mantívose ata comezos do século XX, no que foi abolido.

Mediante este contrato de arrendamento da terra os grandes propietarios nobres, fidalgos, bispos ou abades cedíanlle terras a unha familia de campesiños a cambio dunha renda fixa ou proporcional, normalmente unha parte da colleita, e da prestación dalgúns servizos.

Mentres que noutros lugares os contratos de arrendamento de terras tiñan unha duración de entre tres anos e a vida do arrendatario, os foros tiñan unha longa duración: a vida de tres reis ou a vida de tres campesiños (foreiros); mesmo podía ser un contrato de perpetuidade. Noutros casos os foreiros podían subforarlles a terra xa aforada a outros campesiños.

O mosteiro de San Martiño Pinario, en Santiago de Compostela, era o maior propietario de bens raíces, repartidos por toda Galicia.

O padre Sarmiento

Quen persuadirá os labregos galegos de que lles ha de ser útil unha Academia de Agricultura no lugar máis areoso e estéril de Galicia, como é A Coruña; e onde os máis dos habitantes son homes de preitos e de pluma; ou son de espada e milicia; ou son de bolsa e comercio; ou son unha tropa de estranxeiros intrusos que nin saben unha palabra nin un verbo da lingua galega; tan precisa para falar cos labregos galegos?

Martín Sarmiento: *De historia natural e de todo xénero de erudición*, 1762 (Adaptación).

Frei Martín Sarmiento (1695-1772), gran precursor da Ilustración galega e española.

5. Explica a posición que tomou Galicia no conflito da Guerra de Sucesión.
6. Que características presentaba a economía agraria galega no século XVIII? E a industria e mais o comercio?
7. Houbo cambios na estrutura social galega no século XVIII?
8. Quen eran propietarios das terras en Galicia e quen eran os que as cultivaban? Explica polo miúdo o que eran os foros.
9. Cita as principais figuras do movemento ilustrado galego.

9 Do refinamento rococó ao racionalismo neoclásico

Durante o século XVIII espallouse por Europa o estilo Rococó, que reflectía os gustos refinados da aristocracia.

A expansión das ideas ilustradas e o descubrimento de importantes depósitos arqueolóxicos da antigüidade grecorromana axudaron a configurar unha nova arte, o Neoclasicismo, que se expandiu a principios do século XIX.

Decoración rococó da Sala Gasparini do Palacio Real de Madrid.

A A OSTENTACIÓN DO ESTILO ROCOCÓ

Este estilo caracterízase por unha estética, elegante e refinada, que busca esencialmente a beleza sensual e o pracer visual, máis que a expresión de sentimentos ou da espiritualidade.

A aristocracia converteu a decoración dos seus palacios nunha mostra de ostentación e riqueza. A decoración dos interiores presenta unha **profusa ornamentación** baseada en liñas ondulantes.

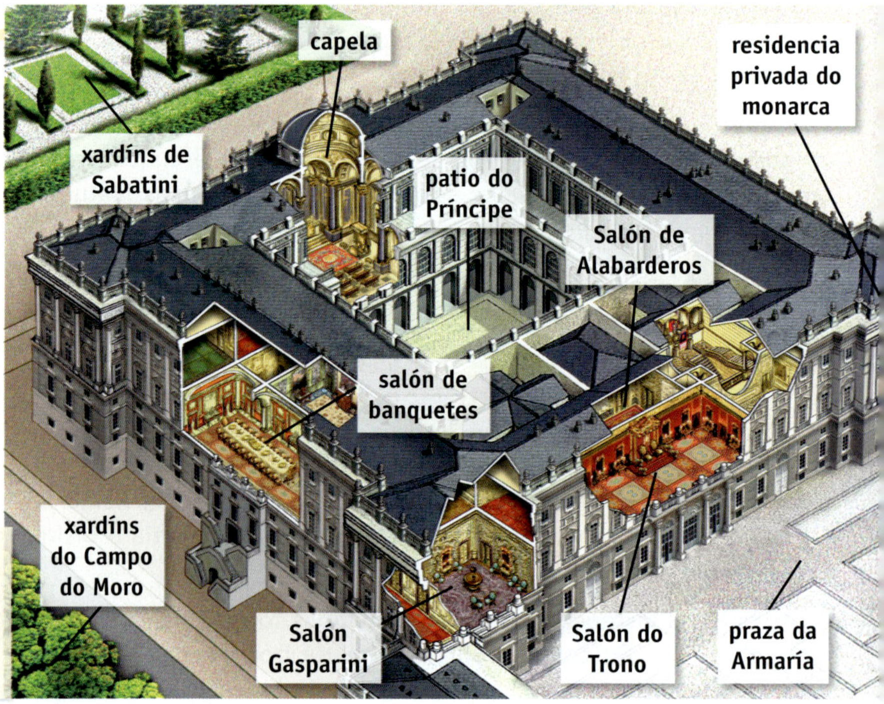

O Palacio Nacional de Queluz sitúase nas proximidades de Lisboa (Portugal). A súa construción iniciouse en 1717, e foi concibido como residencia de verán pola familia real portuguesa.

CANALETTO: *A gran Canle, desde San Vio, Venecia*, cara aos anos 1723-1724. O pintor mostra vistas idílicas da cidade de Venecia.

MEMOART: A pintura

- A pintura reflectiu o ambiente refinado e despreocupado das clases privilexiadas.
- Utilizáronse as cores claras como o gris, o verde mazá, o azul ceo, o rosa pálido e o beixe.
- O predominio da cor sobre o debuxo favoreceu o desenvolvemento dunha nova técnica: o **pastel**.
- Destacaron J. A. Watteau e J. H. Fragonard en Francia, Canaletto e Tiépolo en Italia e T. Gainsborough en Gran Bretaña.

J. H. FRAGONARD: *A carta de amor*, cara ao ano 1766. Esta obra reflicte a vida cortesá da nobreza francesa do século XVIII.

B A VOLTA AO CLASICISMO

Despois dos excesos decorativos do Rococó, impúxose o Neoclasicismo, que supuxo un retorno á **sobriedade e á racionalidade** da arte clásica, máis acorde coa nova mentalidade burguesa que se estaba impondo en Europa.

A arquitectura inspirouse esencialmente nos **modelos gregos e romanos** (columnas, arcos, cúpulas, frontóns, pórticos etc.), e rexeitou a recargada ornamentación rococó. Destacou a construción de **edificios públicos** como bibliotecas, panteóns, portas ou museos.

PANTEÓN DE PARÍS

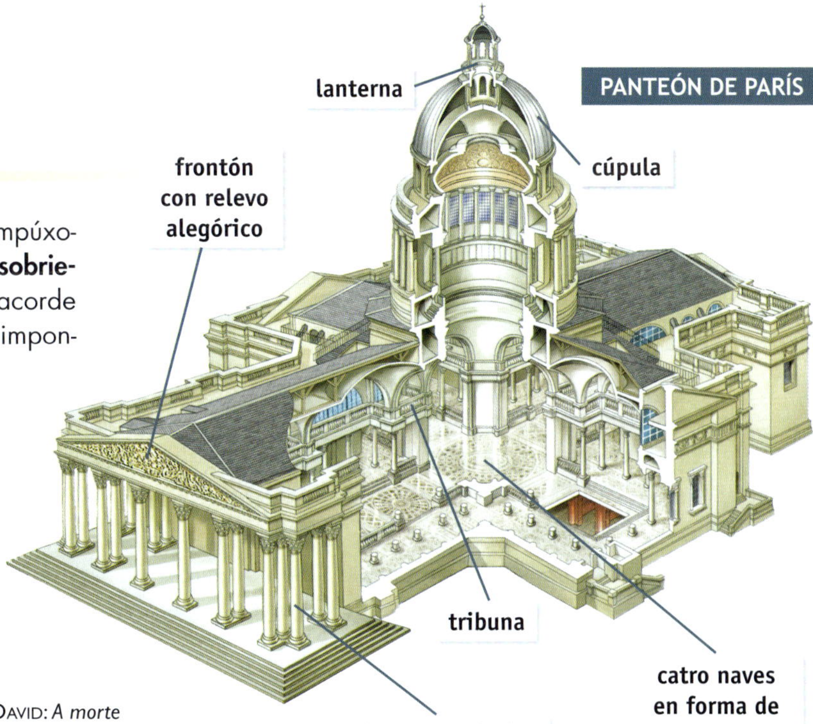

J. L. DAVID: *A morte de Sócrates*, 1787.

Os pintores inspiráronse na orde e no equilibrio da Antigüidade e mostraron predilección pola temática mitolóxica e histórica para transmitiren valores con intención moralizante. Os máis salientables foron os franceses J. L. David e J. A. Ingres.

Os escultores centráronse, sobre todo, na temática mitolóxica, aínda que tamén foron numerosos o retrato e o monumento funerario. Os artistas buscaban conseguir a beleza e a perfección e usaban materiais como o mármore e, en menor medida, o bronce.

A. CANOVA: *Paulina Borghese como Venus vencedora*, 1805-1808.

FICHAARТ

Observa o Panteón de París:

a) **Identificación.** Indaga onde se atopa e cando foi construído.

b) **Descrición arquitectónica.** Que forma ten a planta? Debúxaa e descríbea. Enumera todos os elementos que pertencen á arquitectura clásica. Cales son característicos da arquitectura renacentista?

c) **Relación entre arte e sociedade.** Compara este templo co palacio rococó e razoa por que o primeiro é representativo do gusto aristocrático e o segundo responde ao racionalismo ilustrado da burguesía.

1. Sintetiza as características da arte rococó e xustifica por que é a arte da aristocracia.
2. Observa o palacio de Queluz e a Sala Gasparini. Explica os trazos que definen a arquitectura rococó a partir destas dúas obras.
3. Observa a pintura de David. Quen é o personaxe central da obra? Infórmate sobre o tema tratado e explica que momento mostra a pintura.

Aprecia a arte

4. As pinturas de Fragonard e David amosan concepcións moi distintas da arte. Obsérvaas atentamente:
   - Que mensaxe pretende transmitir cada unha delas? Con cal te identificas máis? Por que?
   - Busca dous adxectivos para aplicarlle a cada unha delas que reflictan a impresión que che causaron.

10 A arte do século XVIII en España e Galicia

Durante este século, o Barroco tardío e o Neocolonialismo tiveron un amplo desenvolvemento en España, especialmente en arquitectura.

A O BARROCO TARDÍO

Na primeira metade do século XVIII, o Barroco arquitectónico español acadou o seu momento de máxima expansión e exuberancia decorativa. A esta etapa chámaselle **Barroco tardío** ou **serodio**.

Fernando **Casas y Novoa** (fachada do Obradoiro de Santiago de Compostela), a **familia Churriguera** e Andrés **García de Quiñones** (Praza Maior e Casa do Concello de Salamanca) son os arquitectos máis importantes.

Paralelamente, o gusto da monarquía borbónica polos grandes edificios fomentou a construción de numerosas **residencias palaciegas**.

Para iso, chegaron a España diversos artistas estranxeiros que traballaran baixo as ordes dos reis españois. Salientan o Palacio de La Granja de San Ildefonso, en Segovia; o novo Palacio Real e o Real Sitio de Aranjuez, ambos os dous en Madrid.

O Palacio de La Granja de San Ildefonso foi ampliado a partir de 1724, cando Felipe V se retirou a vivir aquí.

B O NEOCLASICISMO

Ao longo da segunda metade do século XVIII, a arte en España vese influenciada pola estética neoclásica procedente de Francia, a través da nova monarquía borbónica.

Arquitectura

A arquitectura neoclásica ten a súa orixe en Madrid, a partir da gran reforma da cidade impulsada por Carlos III en 1760.

Juan de VILLANUEVA: *Museo do Prado*, 1785-1819.

Os arquitectos principais foron os madrileños Ventura **Rodríguez** e, sobre todo, Juan **de Villanueva**, autor do Museo do Prado, o Xardín Botánico e o Observatorio Astronómico.

Outros edificios neoclásicos españois destacados son a Lonxa do Mar de Barcelona e a Fábrica de Tabacos en Sevilla.

Escultura

O gusto neoclásico impúxose ao longo da segunda metade do século XVIII e parte do século XIX. A madeira foi substituída polo mármore como material escultórico principal, e as temáticas preferidas foron a histórica e a mitolóxica.

Todo iso afectou a produción de retablos, que foron substituídos por relevos e estatuas exentas, como as de Damià **Campeny**.

A obra *Lucrecia* (1804) de Damià Company é un perfecto exemplo de escultura neoclásica.

Pintura

A pintura neoclásica estivo dominada polas normas da Real Academia de Belas Artes de San Fernando, nas que se valora o debuxo por enriba da cor.

José de **Madrazo** e Mariano Salvador **Maella** foron os máximos expoñentes deste estilo.

A ARTE DO SÉCULO XVIII EN GALICIA

O Barroco

En Galicia o Barroco comezou a desenvolverse no século XVII, pero non foi ata o XVIII que acadou o seu maior esplendor, sobre todo nos elementos decorativos, con fachadas moi ornamentadas.

Igual que o resto de arquitectos barrocos, os mestres galegos preocupáronse pola decoración e polo espazo: tallaron luxosos retablos, cubriron as fachadas dos edificios con gran profusión de elementos ornamentais e deseñaron espazosas prazas, como as do Obradoiro, da Quintana e das Praterías en Santiago de Compostela. Nesta época a cidade de Santiago foi o centro artístico máis importante, pero noutros lugares de Galicia tamén se levantaron fermosas construcións relixiosas e civís.

Arquitectura relixiosa. Pódense destacar a fachada do Obradoiro, as igrexas da Peregrina en Pontevedra e de Santa Eufemia en Ourense ou o claustro do mosteiro de San Salvador de Celanova. Os interiores decoráronse tamén con luxosos **retablos**, como o do Santo Cristo na catedral de Ourense.

Arquitectura civil. Destaca a Casa do Concello en Lugo e son notables os pazos de Oca, en Pontevedra e o de Ulloa, en Maside.

O Barroco galego posúe algúns trazos derivados da utilización do granito, material de construción moi corrente en Galicia. Por mor da súa dureza, o granito non deixa realizar unha decoración fina e delicada. Por esta razón os motivos vexetais son substituídos por placas e cilindros, formas xeométricas que lles confiren aos edificios unha grande orixinalidade.

O Neoclasicismo

En Galicia podemos admirar obras neoclásicas como a Casa de Cultura de Sarria, a Casa do Concello de Betanzos, o Instituto Virxe de Mar en Noia, ou a Igrexa de San Xulio de Ferrol. Pero o edificio neoclásico máis importante é o Pazo de Raxoi polo predominio da horizontalidade e a súa sinxeleza de elementos arquitectónicos.

Fachada barroca do Obradoiro

A **fachada do Obradoiro** é a obra cumio do Barroco galego. Foi o derradeiro gran proxecto de Fernando de Casas Novoa. As obras iniciáronse en 1738 e rematáronse no ano 1750.

De Casas Novoa consegue darnos a sensación de elevación que fora propia das grandes catedrais góticas.

O Pazo de Raxoi, situado na praza do Obradoiro, hoxe é sede do Concello de Santiago de Compostela.

1. Que se entende por Barroco tardío ou serodio? Cales son as obras máis representativas en España e na nosa Comunidade?
2. Que arquitectos destacaron durante o período neoclásico en España? Cita algún dos edificios máis salientables de España e Galicia.
3. Que características definen a escultura e a pintura neoclásica en España?
4. Sinala un aspecto característico do Barroco en Galicia e explica a causa desta orixinalidade.
5. Cal é o gran centro artístico do Barroco galego? Que clase de edificios salientan no Barroco galego?
6. @ A-A Busca información sobre o Pazo de Raxoi e fai a súa ficha artística: ano de construción, estilo, localización, utilización ao longo do tempo etc.

COMPLETA O MAPA CONCEPTUAL

Coa información do tema, completa no teu caderno o seguinte esquema:

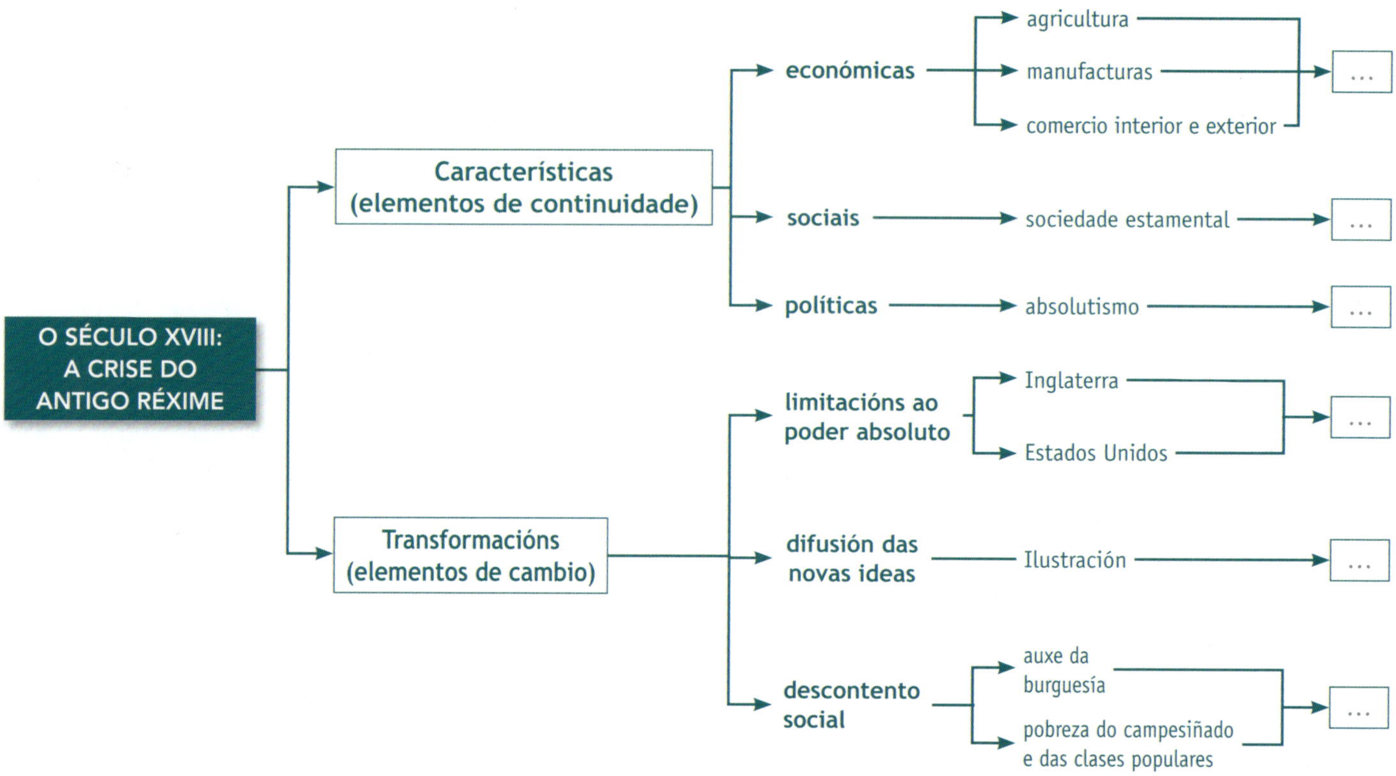

1 CONSOLIDA O APRENDIDO

a) Que entendemos por Antigo Réxime? Por que entrou en crise no século XVIII?

b) Que foi a Ilustración? Que ideas defendían os pensadores ilustrados? Que pretendía a *Enciclopedia*? En que estriba a súa importancia?

c) Que Estados foron os primeiros en adoptaren un sistema político parlamentario? Como o conseguiron?

d) Sinala as diferenzas entre un réxime político absolutista e un réxime parlamentario.

e) Como chegou a dinastía Borbón a España? Explica brevemente o conflito que ocasionou.

f) Que tipo de Estado implantaron os Borbón en España? Que medidas reformistas adoptou o rei Carlos III?

2 IDENTIFICA OS PERSONAXES

- Rei Sol
- Washington
- Jovellanos
- Catarina de Rusia
- Archiduque Carlos de Austria
- Felipe V de España
- Voltaire
- Diderot
- Cromwell

3 DEFINE CONCEPTOS CLAVE

- estamento
- manufactura
- mercantilismo
- Rococó
- división de poderes
- comercio triangular
- Decreto de Nova Planta
- Despotismo Ilustrado
- Ilustración
- *Habeas corpus*
- fisiocracia
- Neoclasicismo

4 ESTABLECE A CRONOLOXÍA

- Tratado de Utrecht, execución de Carlos I de Inglaterra, independencia dos EUA, Constitución americana, publicación da *Enciclopedia*, Guerra de Sucesión, liberdade de comercio con América.

5 EXPLICA AS DIFERENZAS

- Cámara dos Lores/Cámara dos Comúns
- monarca absoluto/déspota ilustrado

RESPONDE Á PREGUNTA INICIAL

Por que as ideas da Ilustración e o desenvolvemento económico do século XVIII fixeron entrar en crise o Antigo Réxime?

APRENDE A... COMENTAR UNHA ALEGORÍA

Frontispicio (ilustración decorativa da páxina que antecede a do título) da *Enciclopedia*, 1772.

Unha alegoría é un recurso utilizado polos artistas para representar unha idea abstracta utilizando personaxes ou obxectos que exemplifican esta idea.

1. Identificación e presentación

- De onde provén esta ilustración? Cando foi realizada? Que é o frontispicio dun libro?
- A imaxe é un gravado. Sabes en que consiste esta técnica?

2. Descrición e análise

- Describe de forma xeral e sintética a alegoría.
- Identifica que representan cada unha das imaxes sinaladas cun número e descríbeas.
- Cal é o personaxe central? Onde se sitúa? Como se organizan o resto dos personaxes da composición?
- Que marco arquitéctónico aparece? Descríbeo e relaciónao cun dos estilos artísticos estudiados no tema.

3. Comprensión da mensaxe

- Que mensaxe cres que quere transmitir o artista? A que público ía dirixida a obra?
- Cres que reflicte o espírito da *Enciclopedia* e, polo xeral, o da Ilustración? Razoa a resposta no contexto histórico no que foi publicada a obra.

4. Faino ti mesmo

- Imaxina que queres representar mediante unha alegoría algunha idea abstracta, como por exemplo a amizade. Como a representarías? Faino mediante un debuxo.

1. Unha moza que representa a Verdade.
2. A Razón e a Filosofía axúdana a quitar o veo.
3. Luz brillante que emana da Verdade.
4. A Imaxinación entrégalle unha grilanda á Verdade.
5. Figura que representa a Xeometría.
6. Figuras que representan as diferentes artes e ciencias (Astronomía, Física, Óptica, Botánica, Química e Agricultura) acompañadas por instrumentos específicos dos seus campos.

RAZOA HISTORICAMENTE

Cambio e continuidade. O século XVIII foi unha época de transición entre o vello mundo aristocrático e o novo mundo burgués.

Enumera algúns elementos que exemplifiquen a continuidade do século XVIII co período anterior e outros que amosen o cambio que se aveciña.

Interpretación. Explica por que os historiadores utilizaron o termo "Despotismo Ilustrado" para facer referencia ao programa de reformas emprendido por algunhas monarquías absolutas europeas.

Causalidade. Que papel desempeñou a Ilustración na crise do Antigo Réxime? E a burguesía?

1 Organiza a información. Antigo Réxime e Ilustración

	Antigo Réxime	As novas ideas da Ilustración
Formas de goberno	...	...
Economía	...	...
Organización social	...	...
Papel da relixión	...	...

a) Completa o cadro e, a continuación, define de xeito breve o que era o Antigo Réxime e en que consistiu a Ilustración.

2 Fontes iconográficas. Imaxes do Antigo Réxime

a) Identifica no tema todas as imaxes que mostren unha crítica ao antigo Réxime:

- Describe cada unha delas.
- Indica que aspecto se critica, en que se basea a crítica e que recursos se utilizaron.

b) Busca tamén dúas imaxes que sexan a descrición dun acontecemento:

- Que feito se representa? Como quixo lembralo o autor?
- Cres que sucedeu exactamente como se pintou?

3 Fontes documentais. A escravitude

En primeiro lugar, de todos é sabido que un gran número de cativos de guerra serían masacrados cruelmente se non existise a saída de vendérllelos aos europeos. (...)

En segundo lugar, cando son levados ao seu destino, xeralmente falándoo, levan alí unha vida mellor e máis cómoda que a que tiñan no seu propio país. A razón é clara. Como os propietarios pagan por eles prezos moi caros, é do seu interese darlles o mellor trato posible.

En terceiro lugar, o traballo destes escravos fíxolles tanto ben ás colonias inglesas (...), sobre todo naquelas illas con plantacións de azucre. Como estas illas teñen un clima case tan quente como o da costa de Guinea, os negros teñen máis aptitudes para traballaren a terra os brancos. (...)

Noutras palabras, podo asegurar que o ben que procura este comercio é moito maior que todos os inconvenientes que se lle atribúen. (...)

Guillaume Snelgrave: *Nova relación dalgúns lugares de Guinea e do comercio de escravos que alí ten lugar*, 1735.

a) Segundo o texto, como se xustificaba a trata de escravos na época? Estás de acordo con esta visión? Que intereses cres que defendía?

b) Escribe un texto que rebata as ideas de Snelgrave e expoña os teus argumentos a favor da abolición da escravitude.

c) O trafico de escravos no século XVIII formaba parte do comercio marítimo transoceánico. Con que nome é coñecido? Que rutas seguía? Que mercadorías intercambiaba?

4 Fontes gráficas. O tráfico de escravos no século XVIII

PAÍSES PARTICIPANTES NA TRATA DE ESCRAVOS

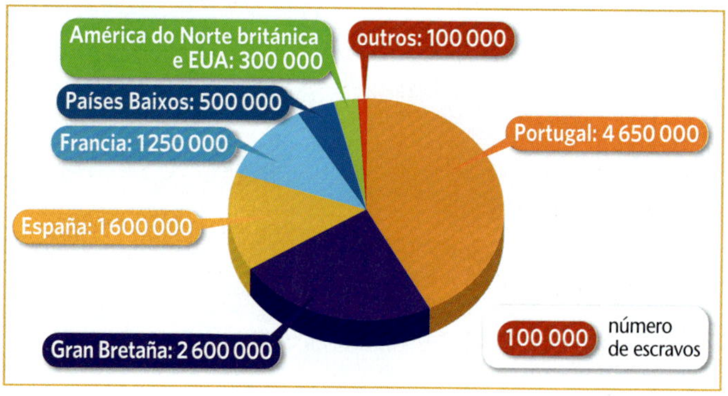

Destino dos escravos	Número de escravos
América do N. británica e EUA	500 000
Antillas británicas	2 000 000
Antillas francesas	1 500 000
Antillas holandesas	500 000
Brasil	4 000 000
Imperio español	2 500 000

a) Que países participaron no comercio de escravos? Que posición ocupa España entre eles?

b) Cantos escravos se calcula que foron deportados a América durante ese período?

c) Que rexións de América foron as maiores receptoras de escravos? Xustifica por que se coñece este fenómeno como "trata atlántica".

d) En que eran empregados os escravos nos seus destinos?

5 Espazo e tempo. **Europa no século XVIII**

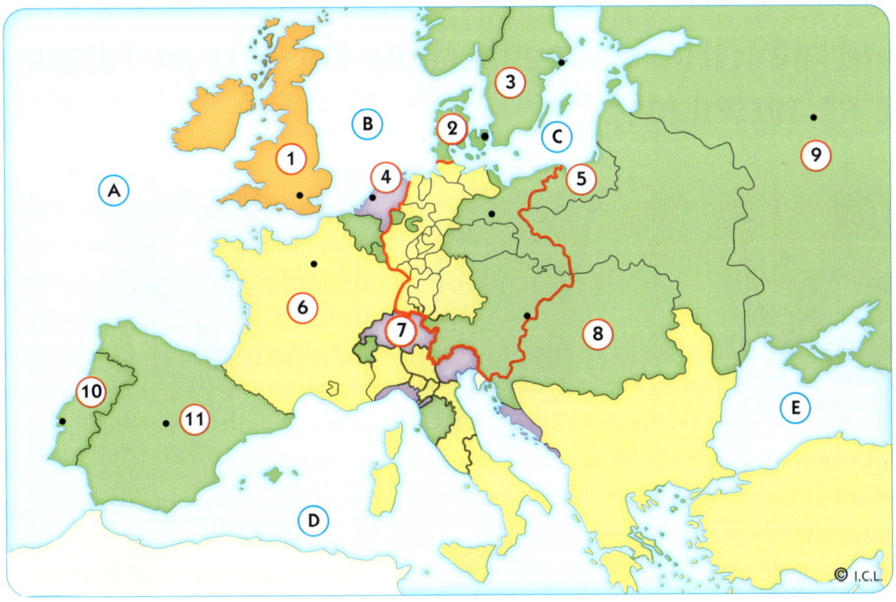

a) Indica o nome dos mares sinalados coas letras A, B, C, D e E.

b) Que Estado se corresponde con cada un dos números do mapa?

c) Indica o nome das capitais sinaladas cun punto.

d) Cal era a gran monarquía absoluta de Europa? E os grandes imperios?

e) Que Estados contaban con monarquías ilustradas?

f) Cales tiñan unha monarquía con poderes limitados?

g) Compara este mapa co actual e sinala dous Estados que no século XVIII se achaban moi fragmentados e na actualidade están unificados.

6 Procura de información. **A bandeira dos EUA**

En 1776, a bandeira dos EUA tiña trece liñas vermellas e brancas, polas trece colonias independizadas, pero mantiña as cruces de San Xurxo e de Santo André, que a vinculaban con Gran Bretaña.

Utiliza un buscador e indaga na Rede:

a) Cando foron substituídas as cruces? A que se debeu ese cambio?

b) Como é a actual bandeira de Estados Unidos de America? Cantas estrelas ten? A que corresponde ese número de estrelas?

c) Explica o proceso polo que se foron engadindo estrelas e cita cando e como se produciron as devanditas incorporacións.

d) En que páxinas web atopaches as respostas a estas cuestións? Cres que son unha fonte de información fiable?

7 Fontes audiovisuais. **A Europa de Luís XIV**

Accede ao vídeo www.tiching.com/749751 sobre a Europa do Rei Sol. Coa información obtida, responde as seguintes preguntas:

a) Cal foi a importancia do reinado de Luís XIV? Que características tivo o Estado absoluto establecido por este monarca?

b) Que potencias europeas impuxeron o seu dominio colonial no século XVIII? Que posesións tiñan? Que imperios se viron ameazados?

c) Que características económicas tivo o século XVIII?

d) Que grupo social foi o protagonista dos cambios económicos producidos? Con que outro grupo social se enfrontou?

e) Que novas ideas xurdiron no século XVIII? Que medidas tomaron os monarcas ilustrados?

RETOS NA REDE

DETECTIVE DO PASADO: Atopa as sete diferenzas.

ACTIVIDADES DE AUTOCORRECCIÓN: Resolve estas actividades e repasa o que aprendiches.

www.vvd.link/012207/1

2 A ÉPOCA DAS REVOLUCIÓNS LIBERAIS (1789-1871)

Que cambios introduciron as revolucións liberais na forma de gobernar e na sociedade?

REVOLUCIÓN FRANCESA	PERÍODO NAPOLEÓNICO (CONSULADO / IMPERIO)	RESTAURACIÓN ABSOLUTISTA E REVOLUCIÓNS LIBERAIS	UNIFICACIÓNS NACIONAIS
1790	1800, 1810	1820, 1830, 1840	1850, 1860, 1870

- **1789** Toma da Bastilla (14 de xullo). Declaración de Dereitos do Home e do Cidadán (26 de agosto)
- **1804** Napoleón Bonaparte, emperador
- **1811** Máxima expansión do Imperio napoleónico
- **1815** Congreso de Viena. Santa Alianza
- **1830** Revolución liberal en Francia
- **1848** Revolucións democráticas en Francia e noutros países de Europa occidental. Revolucións liberais e nacionalistas no Imperio austríaco
- **1870** Unificación italiana
- **1871** Unificación alemá

Enfrontamentos en París durante a revolución de 1848.

Durante a primeira metade do século XIX estendéronse por Europa as revolucións liberais, cuxo referente era a Revolución francesa de 1789.

Estas revolucións supuxeron a fin do absolutismo e dos privilexios estamentais, así como a construción dunha nova sociedade baseada na igualdade dos cidadáns perante a lei.

O novo sistema político fundamentouse sobre unha Constitución lexitimada pola soberanía nacional (dereito ao sufraxio).

O liberalismo tamén defendía o dereito dos pobos a constituír un Estado propio. Deste xeito, a desmembración dos vellos Imperios deu lugar ao xurdimento de novos Estados.

Que sabemos?

- Que país foi o centro do fenómeno revolucionario? A que outros países europeos se estendeu?
- Que cambios políticos implicaron estas revolucións liberais? Sabes o que é unha Constitución?
- Analiza o eixe cronolóxico. Indica as principais etapas entre 1789 e 1871, e os acontecementos máis significativos de cada unha delas.

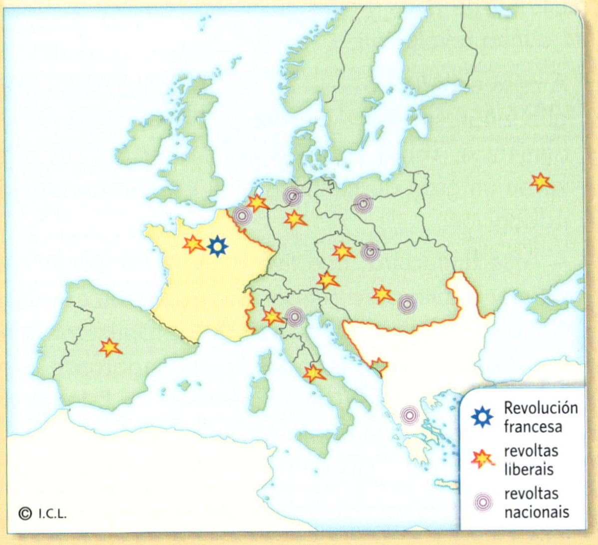

PREGUNTA CLAVE

1 Por que estalou unha revolución en Francia?

A difusión dos novos ideais propugnados pola Ilustración, o desenvolvemento da burguesía no século XVIII e o exemplo da Revolución americana estimularon os anhelos de cambio en Europa.

Unha ondada revolucionaria, que se iniciou en Francia en 1789, espallouse por toda Europa ao longo da primeira metade do século XIX, para rematar co absolutismo e co Antigo Réxime. Foron as denominadas revolucións liberais. Os revolucionarios aspiraban a lles poñer fin aos privilexios feudais, a participar na vida política e que todos os cidadáns fosen considerados libres e iguais.

Que factores coincidiron na Francia de 1789 para que estalase unha revolución que se converteu nun modelo para o resto de Europa?

A O IMPACTO DA ILUSTRACIÓN E DA REVOLUCIÓN AMERICANA

A Declaración de Independencia dos Estados Unidos de América e a súa Constitución (1787) defendían os dereitos inalienables do cidadán, a separación de poderes, os principios de igualdade e liberdade e o dereito a elixir os gobernantes. Estes ideais coincidían cos que a Ilustración difundía en Europa e que se estenderan entre as elites culturais e a nova burguesía.

Os **principios ilustrados** e o exemplo da **Revolución americana** achegáronlle á burguesía as novas ideas para se enfrontar ao absolutismo e á sociedade estamental, e propuxeron novas formas de organización social e de goberno. Todo iso propiciou o ciclo revolucionario que se iniciou en Francia no ano 1789.

Auguste COUDER: *O asedio de Yorktown*, 1836. En 1777 o marqués de La Fayette partiu cara a América para apoiar a insurrección contra Gran Bretaña.

B A CRISE SOCIAL E ECONÓMICA

A finais do século XVIII, o **Terceiro Estado**, estado raso ou xente do común –integrado pola burguesía, os campesiños e os artesáns– aspiraba a profundas reformas sociais. Os campesiños (o 80 % da poboación) opoñíanse ás pesadas cargas feudais impostas polos señores. Os burgueses aspiraban á fin dos privilexios dos que gozaban a nobreza e o clero, á liberdade de comercio e de negocios e a poder participar na vida política.

Con este descontento como pano de fondo, a coincidencia en 1789 de dúas graves crises económicas provocou o estalido dunha revolución:

- A **crise económica**, que foi consecuencia das malas colleitas que viñan sucedéndose desde 1760. A alza do prezo dos alimentos, sobre todo do pan, principal sustento popular, xerou un gran descontento e un espírito de rebeldía entre a poboación.
- A **crise financeira**, que tivo a súa orixe na falta de diñeiro da monarquía para sufragar os gastos do Estado. Para solucionalo, os ministros de Luís XVI propuxeran que os privilexiados pagasen impostos. Estes negáronse a aceptalo e esixíronlle a Luís XVI que convocase os **Estados Xerais**, único organismo que podía aprobar unha reforma fiscal.

COLLEITAS E PREZOS DO TRIGO

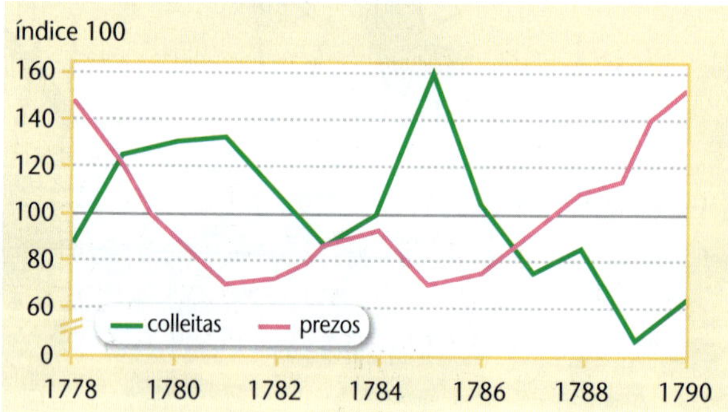

O descontento da burguesía

Os burgueses recibiran mellor educación que os nobres, pero estes, por nacemento e riqueza, obtiñan os primeiros postos do Estado sen teren mérito nin talento, mentres os burgueses estaban destinados a esmoreceren en empregos subalternos. (...)

A burguesía era superior en riquezas, talento e mérito persoal (...) e, aínda que sentía esta superioridade, en todas as partes era humillada.

Marqués de Bouillé, 1796. (Adaptación)

C 1789: O ESTALIDO REVOLUCIONARIO

Os **Estados Xerais** abríronse en Versalles en maio de 1789, presididos polo rei e formados polos representantes da nobreza, do clero e do Terceiro Estado. A negativa dos privilexiados a aceptaren unha maior representación do Terceiro Estado e que o voto fose por persoa e non por estamento fixo que os deputados do estado chan decidisen abandonar a reunión.

Reunidos nun pavillón de Versalles (*Jeu de Paume*), os representantes do Terceiro Estado erixíronse en **Asemblea Nacional** (representantes de toda a nación) e comprometéronse a elaborar unha constitución que reflectise a vontade da maioría dos franceses.

O pobo de París apoiou as propostas da Asemblea e o 14 de xullo asaltou a prisión da Bastilla. A revolución estendeuse ao campo, onde se queimaron residencias nobiliarias (Gran Medo).

Atemorizado pola situación, no outono de 1789, Luís XVI aceptou a Asemblea Nacional, que había de converter Francia nunha monarquía constitucional e poñerlle fin ao Antigo Réxime.

Toma da prisión da Bastilla, que simbolizaba o poder absoluto e arbitrario do rei.

D AS ETAPAS DA REVOLUCIÓN

A Revolución foi un proceso longo e complexo que superou os seus obxectivos iniciais. O rei e os sectores privilexiados (nobreza e clero) negáronse a aceptar os cambios propostos pola Asemblea Nacional, e as clases populares loitaron por conseguir unha maior igualdade social. Por iso, a Revolución pasou por diferentes etapas:

- A **monarquía constitucional (1789-1792)**. Impulsada pola burguesía moderada, que aspiraba a abolir o Antigo Réxime, elixir un parlamento por sufraxio censatario e establecer unha Constitución (liberalismo moderado).
- A **república social (1792-1794)**. A burguesía radical, empuxada polas clases populares, proclamou a república e emprendeu unha transformación da sociedade nun sentido democrático (sufraxio universal masculino) e igualitario (leis sociais).
- A **república conservadora (1794-1799)**. Ante a radicalización da Revolución, a burguesía moderada tomou o poder e implantou de novo o liberalismo moderado.

CRONOLOXÍA DA REVOLUCIÓN

1. Que influencia tiveron a Ilustración e a Revolución americana no estalido da Revolución francesa?
2. Observa o gráfico sobre o prezo do trigo e explica a súa evolución. Que provocou a suba do trigo? En que ano tivo o seu máximo? Que consecuencias se derivaron?
3. Por que os manifestantes asaltaron a Bastilla? Que simbolismo tivo este acto?
4. Que etapas coñeceu a Revolución francesa? Que caracteriza cada unha delas?

Argumenta a resposta

5. Explica as causas da Revolución, diferenciando as profundas (a longo prazo) das conxunturais (a curto prazo).
6. Argumenta por que a Revolución estalou en 1789. Cal cres que foi o detonante?

2 O desenvolvemento da Revolución francesa (1789-1799)

A monarquía constitucional (1789-1792)

Na primeira etapa da Revolución francesa, a burguesía moderada intentou chegar a un acordo co rei e mais cos privilexiados para converter Francia nunha monarquía constitucional e parlamentaria. Así, a **Asemblea Nacional Constituínte*** aboliu os alicerces do Antigo Réxime:

- Decretou a **abolición do feudalismo** (estamentos, servidume persoal, décimos...) e promulgou a **Declaración de Dereitos do Home e do Cidadán**, que recoñecía os dereitos e as liberdades individuais, así como a igualdade de todos os cidadáns ante a lei e os impostos (agosto 1789).
- Promulgou unha **Constitución (1791)** baseada na separación de poderes, na soberanía nacional e na igualdade legal, aínda que lle reservaba ao rei o **dereito de veto**. Estableceu o **sufraxio censatario**, que lles daba o voto só aos que posuían un determinado nivel de riqueza.

Tras a aprobación da Constitución formouse unha **Asemblea Lexislativa**, que elaborou novas leis para implantar o liberalismo, obrigou a nobreza a pagar impostos e aboliu a organización gremial. Para defender a Revolución, creou un novo exército: a **Garda Nacional**.

Finalmente, co obxectivo de solucionar a crise financeira, expropiáronse os bens da Igrexa (desamortización) e vendéronselles a particulares. Como contrapartida, o Estado comprometeuse a financiar o culto, e unha Constitución civil do clero separou a Igrexa e o Estado.

Aínda que a mediados de 1791 semellaba que a monarquía constitucional estaba consolidada, a familia real e os privilexiados non aceptaron os cambios e buscaron o apoio das monarquías absolutas de Europa para restablecer o absolutismo.

Austria organizou un exército para invadir Francia e Luís XVI fuxiu de París para unirse aos austríacos (**Fuga de Varennes**, xuño de 1791). Aínda que o rei foi detido, o exército austríaco entrou en Francia e avanzou ata as portas de París (setembro de 1792).

A república social (1792-1794)

A traizón do rei e a invasión militar provocaron a revolta das clases populares (*sans-culottes*). O 10 de agosto de 1792 produciuse o asalto ao palacio real das Tullerías, encarcerouse a familia real e proclamouse a república (setembro de 1792).

A Convención xirondina (1792-1793)

A república quedou nas mans dos xirondinos, representantes do sector máis moderado da burguesía. A nova asemblea chamouse **Convención Nacional** e foi elixida por sufraxio universal masculino (dereito ao voto independentemente da riqueza).

A tarefa da Asemblea Nacional

Os dereitos do home foran ignorados durante séculos e a nosa declaración restableceunos para toda a humanidade.

A nación non podía decretar leis nin impostos e restituíuselle este dereito. Os antigos privilexios sociais foron destruídos e os dereitos señoriais desapareceron.

Franceses, vós fostes elevados ao rango de cidadáns, podedes desempeñar todos os empregos, sodes iguais perante a lei, libres de pensar, de falar e de escribir.

Nós proseguimos a nosa tarefa, redactar e ofrecervos unha Constitución.

Proclama da Asemblea Nacional, 1790.

1. Que labor realizou a Asemblea Nacional? Xustifica a súa transcendencia.

A CONSTITUCIÓN DE 1791

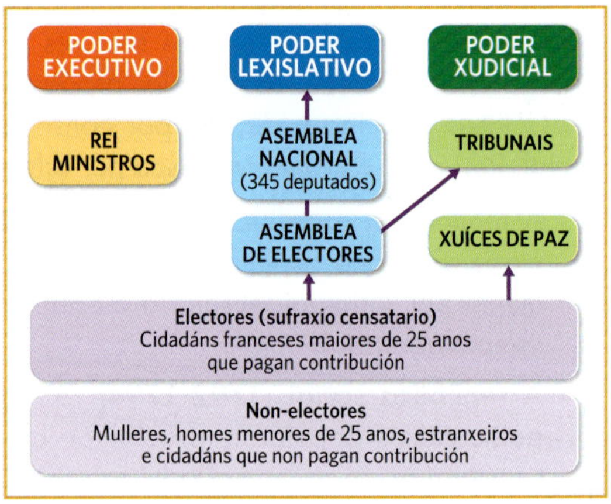

OS GRUPOS POLÍTICOS NA REVOLUCIÓN

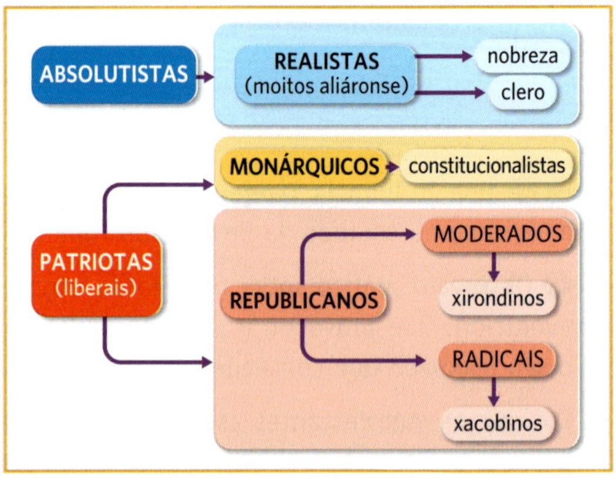

A Convención iniciou un xuízo contra Luís XVI e a raíña María Antonieta. Acusados de traizón, foron condenados e executados na guillotina (1793).

A morte do rei provocou a alianza das monarquías europeas, que formaron unha **coalición absolutista** contra Francia, mentres no interior do país estalaron **revoltas contrarrevolucionarias** e **conspiracións realistas** protagonizadas polos antigos privilexiados.

A Convención xacobina (1793-1794)

En xuño de 1793, os xacobinos*, o sector máis radical da burguesía, fixo súas as demandas dos sectores populares, fíxose co poder e a Revolución entrou na súa fase máis extrema.

Promulgouse unha **nova Constitución** que recoñecía a soberanía popular (sufraxio universal masculino) e o dereito á igualdade social. O executivo quedou nas mans dun **Comité de Salvación Pública**, que lle outorgou o poder a **Robespierre**, un dirixente xacobino.

Para rexeitar a invasión austríaca organizouse unha **leva en masa**, que obrigaba a todos os cidadáns a enrolarse no exército, e para acabar cos conspiradores impulsouse a política do **Terror**.

O Comité suspendeu as liberdades e uns tribunais revolucionarios castigaron con prisión ou morte na guillotina a aqueles que se opoñían ao goberno (**Lei de sospeitosos**).

Co obxectivo de satisfacer as demandas dos *sans-culottes*, promulgáronse unha serie de **leis sociais**: o control dos prezos e salarios (**Lei de máximum**), a distribución de bens dos contrarrevolucionarios entre os indixentes, a venda das terras do clero e a instrución obrigatoria.

O Terror e o proceder ditatorial do goberno provocaron a oposición de boa parte da poboación e, en xullo de 1794, un golpe de Estado acabou co goberno xacobino. Robespierre e outros líderes xacobinos foron executados na guillotina.

A república conservadora: o Directorio (1794-1799)

A burguesía moderada tomou de novo o control da Revolución e esta entrou na súa terceira e derradeira etapa. Anuláronse as leis xacobinas e promoveuse o **retorno dos exiliados** por mor do Terror. Unha Constitución (1795) outorgoulle o poder executivo a un goberno colexiado (**Directorio**) e restableceu o sufraxio censatario.

O novo Directorio viviu nunha permanente inestabilidade porque tivo que lles facer fronte tanto á oposición da aristocracia, que pretendía instaurar a monarquía e recuperar os seus privilexios, como á das clases populares, que apoiaban o retorno dos xacobinos.

Nese contexto de crise e en plena guerra contra as potencias absolutistas, en 1799, un xeneral novo, **Napoleón Bonaparte**, protagonizou un golpe de estado que lle puxo fin ao Directorio.

A igualdade social

A sociedade está obrigada a asegurar a subsistencia de todos os seus membros, xa sexa procurándolles traballo, xa sexa asegurándolles os medios de subsistencia a aqueles que están incapacitados para traballar. A axuda a aqueles aos que lles falta o indispensable é unha obriga para os que posúen o superfluo.

Discurso de Robespierre, 21 de abril de 1793.

2. Que propón o autor no texto? Xustifica por que Robespierre contou co apoio dos *sans-culottes*.

O dirixente xacobino Marat é enxalzado polos *sans-culottes*.

3. Observa o esquema sobre a Constitución de 1791 e explica como se organizaba o poder. Establece tres diferenzas fundamentais co absolutismo de Luís XVI.

4. Explica que grupos políticos xurdiron durante a Revolución.

5. Quen eran os *sans-culottes*? Que papel desempeñaron na Revolución? Cales eran as súas demandas? Indaga na Internet por que se lles daba este nome.

6. Completa o cadro no teu caderno:

Revolución francesa	Fase 1	Fase 2	Fase 3
Período	...	...	...
Grupo dirixente	...	...	...
Labor de goberno	...	...	...
Problemas	...	...	...
Causas da caída	...	...	...

3 Olimpia de Gouges e os dereitos da muller

As mulleres participaron activamente na Revolución francesa e algunhas delas comezaron a reivindicar a igualdade de dereitos cos homes. Entre elas sobresaíu Olimpia de Gouges, que elaborou unha *Declaración dos Dereitos da Muller e da Cidadá.*

No entanto, o desenvolvemento da Revolución francesa non contemplou a igualdade entrambos os dous sexos e privou as mulleres da maioría dos dereitos sociais e políticos que lles recoñecera aos homes como, por exemplo, o dereito ao voto e á igualdade xurídica.

A O IMPULSO DAS MULLERES NA REVOLUCIÓN

O 5 de outubro de 1789, as mulleres de París, armadas con picas e dagas, marcharon cara a Versalles onde residía a familia real. O seu obxectivo era protestar pola carestía do pan e esixirlle ao rei a sinatura do decreto de abolición do feudalismo.

A súa actuación obrigou o rei a abandonar Versalles e trasladarse ao Palacio das Tullerías en París.

A marcha das mulleres a Versalles, 1789.

Olimpia de Gouges

Olimpia de Gouges era membro dunha familia da pequena burguesía e recibiu unha educación ilustrada. Escribiu numerosos textos e obras de teatro en defensa dos dereitos políticos e civís das mulleres.

Co estalido da Revolución situouse ao carón dos revolucionarios, pero indignouse ao constatar que a Constitución de 1791 non lles outorgaba o voto ás mulleres.

Para facer pública a súa posición, escribiu un proxecto de Declaración de Dereitos da Muller e tomou partido a prol do recoñecemento do divorcio.

Durante a Convención situouse ao carón dos xirondinos e opúxose á pena de morte contra o rei Luís XVI. Durante o Terror foi acusada de realista e guillotinada (1793).

A declaración de dereitos da muller

As nais, as fillas, as irmás, representantes da nación, piden constituírse en Asemblea Nacional. Consideran que a ignorancia, o esquecemento e o menosprezo dos dereitos da muller son as únicas causas dos desastres públicos e da corrupción dos gobernos, e decidiron expor nunha declaración solemne os dereitos naturais, inalienables e sagrados da muller. (...)

Artigo 1. A muller nace libre e igual ao home en dereitos. As distincións sociais non poden estar fundamentadas sobre o ben común. (...)

Artigo 6. (...) A lei é a expresión da vontade xeral e todos os cidadáns e cidadás deben participar persoalmente, ou mediante os seus representantes, na súa elaboración. Todas as cidadás e todos os cidadáns deben ser igualmente admisibles en todas as dignidades, lugares e empregos públicos, segundo as súas capacidades e sen outras distincións que o seu talento e a súa virtude. (...)

Artigo 10. Ninguén debe inquietarse das opinións das mulleres: se a muller ten o dereito a subir ao patíbulo, tamén debe ter o dereito a subir á tribuna, porque *as súas manifestacións non perturban a orde pública establecida pola lei.*

Declaración de Dereitos da Muller e da Cidadá, 1791.

B OS CLUBS DE MULLERES

As mulleres tamén fundaron os seus propios clubs, nome que recibían as organizacións políticas creadas polos distintos grupos revolucionarios. Nas súas reunións, lían os decretos da Asemblea, discutíanos, presentaban as súas críticas e propostas e tamén recollían fondos para os patriotas necesitados.

O protagonismo das mulleres non foi aceptado por boa parte dos revolucionarios e, en 1793, os clubs de mulleres foron prohibidos pola Convención.

Debate dun club de mulleres. Acuarela de finais do século XVIII.

Debe ter a muller os mesmos dereitos?

Non violaron todos os homes o principio de igualdade de dereitos ao lle privar, con tanta irreflexión, á metade do xénero humano de concorrer á formación das leis, isto é, excluíndo as mulleres do dereito de cidadanía?

Pode existir unha proba máis evidente do poder que crea o hábito, mesmo preto dos homes eruditos, que o de invocar o principio da igualdade de dereitos (...) e esquecelo con respecto de doce millóns de mulleres?

Marqués DE CONDORCET: *Sobre a admisión das mulleres no dereito de cidadanía*, 1790.

As mulleres deben exercer os dereitos políticos e inmiscirse nos asuntos do goberno? (...)

Non, porque deberían sacrificar cuestións máis importantes ás que foron chamadas pola natureza. As funcións privadas ás que están destinadas as mulleres de seu axudan a soster a orde social. (...)

Os costumes e a natureza sinaláronlles as súas funcións: educar os fillos, preparar o espírito e o corazón dos seus fillos para as tarefas públicas, elevar as súas almas. (...) Polo xeral, as mulleres son pouco capaces para as ideas elevadas e as meditacións serias. (...)

Discurso do deputado André Amar, outubro de 1793.

C A REVOLUCIÓN DAS MULLERES

1789. As mulleres solicítanlle ao rei ter representación nos Estados Xerais e dereito ao voto.
Marcha de mulleres a Versalles.

1791. Primeiro club feminino.
Unha lei outórgalles ás mulleres o dereito a herdar.
A Constitución négalles o dereito a votar.
Proxecto de Declaración de Dereitos de Olimpia de Gouges.

1792. Lei que autoriza o divorcio e declara a igualdade entre cónxuxes.

1793. Prohibición dos clubs de mulleres.
374 mulleres son guillotinadas en París durante o Terror.

1795. Prohibición ás mulleres de asistir a unha asemblea política e de reunirse máis de cinco na rúa.

Unha patriota en armas.

1. Como participaron as mulleres na Revolución francesa? Busca exemplos entre os documentos.
2. Le a Declaración de Dereitos da Muller e da Cidadá, de Olimpia de Gouges:
   - Por que redactou unha Declaración de Dereitos específica para as mulleres?
   - Que dereitos reivindicaba? Comenta a frase en cursiva.
3. Explica a contradición dos revolucionarios franceses ao trataren os dereitos da muller. Que opina o marqués de Condorcet sobre esta cuestión? E André Amar?
4. Busca información na Internet e escribe unha biografía de Olimpia de Gouges. Que outras causas defendeu á parte da igualdade das mulleres? Cres que teñen relación entre elas?

Ponte no seu lugar

5. Imaxina que es unha muller francesa que vive durante a época da Revolución. Escribe unha petición dirixida á Convención Nacional na que lle respondas ao deputado André Amar e argumenta por que os homes e as mulleres deben ter os mesmos dereitos.

4 Napoleón domina Europa

O Consulado (1799-1804)

O golpe de Estado de Napoleón tivo o apoio de boa parte da burguesía. A súa intención non era o regreso ao Antigo Réxime, senón a consolidación dos principios moderados que inspiraran a Revolución de 1789.

En 1799, o xeneral foi nomeado cónsul e inaugurouse o **Consulado**, que se caracterizou por un **goberno personalista** e **autoritario**. Napoleón pretendía rematar coa inestabilidade política dos anos da Revolución, consolidar algúns dos principios revolucionarios e fomentar a reactivación económica, mediante un goberno que representase os intereses da burguesía.

O novo sistema político non establecía a separación de poderes nin incluía unha declaración de dereitos (Constitución de 1800). As liberdades quedaron moi limitadas e impúxose a censura para controlar a opinión pública.

Para reordenar e centralizar a administración do Estado creáronse as prefecturas, que facían cumprir as ordes do goberno nas provincias, e reformouse a Facenda. Co obxectivo de crear unha elite de funcionarios para a Administración, impulsouse o ensino coa creación dos liceos (escolas) do Estado.

Tamén se permitiu o regreso dos exiliados que aceptasen a nova orde e asinouse un Concordato* para restablecer as relacións coa Igrexa, rotas tras a desamortización. A elaboración dun Código civil pretendeu regular a convivencia entre os cidadáns.

Así mesmo, para estimular a economía elaborouse un Código de comercio, creouse o Banco de Francia e emitíronse novos billetes bancarios.

Napoleón Bonaparte naceu en 1769 en Córsega nunha familia da pequena nobreza rural. Iniciou a súa carreira militar moi novo e obtivo grandes éxitos nas campañas militares realizadas durante o Directorio.

Recoller os froitos da Revolución

Francia necesita algunha cousa grande e perdurable. A inestabilidade perdeuna, ela quere estabilidade e permanencia. Non quere a realeza, que quedou proscrita para sempre, pero quere unha unidade de acción do poder que debe executar as leis.

Quere tamén un corpo lexislativo independente e libre (...). Quere que os seus representantes sexan uns conservadores tranquilos e non uns innovadores turbulentos. Quere, finalmente, recoller o froito de dez anos de sacrificios.

Manifesto de Napoleón, 1799.

O imperio napoleónico (1804-1815)

A partir de 1803, Napoleón iniciou a conquista de Europa e en 1804 fíxose **coroar emperador polo Papa**. A organización dun grande exército e o uso de novas tácticas militares permitíronlle derrotar as monarquías europeas.

A vitoria napoleónica en **Austerlitz** (1805) sobre os dous emperadores (Austria e Rusia) marcou o momento álxido da superioridade napoleónica. Algúns territorios conquistados foron incorporados a Francia, e noutros casos, creáronse Estados satélites gobernados por franceses.

En 1808 invadiron España e Xosé Bonaparte, irmán do emperador, foi coroado rei. En 1811, o Imperio napoleónico atopábase no seu cénit: estendíase de Alemaña a España, e agás Gran Bretaña, boa parte de Europa estaba baixo o control de Francia.

O IMPERIO NAPOLEÓNICO (1811)

POR QUE FOI DERROTADO NAPOLEÓN?

As conquistas napoleónicas xeraron unha dupla reacción nos países ocupados polos exércitos franceses:

- Dunha banda, a abolición das monarquías absolutas e a supresión dos dereitos feudais espertaron as simpatías dos liberais de toda Europa.
- Doutra banda, a invasión dun exército estranxeiro, a violencia indiscriminada dos seus soldados e a submisión aos intereses de Francia xeraron un forte sentimento antifrancés entre a poboación.

Os ideais revolucionarios en Europa

O que desexan con impaciencia os pobos alemáns é que os individuos que non sexan nobres e teñan talento gocen da vosa consideración, teñan dereito a exercer os máis altos empregos e que todo tipo de servidume sexa abolida.

Os beneficios do código de Napoleón e o establecemento de xurados nos tribunais deben ser características da vosa monarquía. É necesario que os pobos teñan liberdade, igualdade e un benestar descoñecido entre os pobos de Alemaña (...). Os pobos de Francia, Italia, España... desexan tamén igualdade e abrazan as ideas liberais. Sede un rei constitucional.

Carta de Napoleón a seu irmán Xerome, rei de Westfalia, 1807.

O REXEITAMENTO Á INVASIÓN

Os exércitos napoleónicos someteron pola forza as nacións ocupadas e colocaron no seu trono familiares de Napoleón ou xenerais do seu exército. Ademais, favoreceron os intereses materiais de Francia (cobrar impostos, facer negocios, apropiarse das riquezas, recrutar soldados...) por enriba da expansión dos ideais revolucionarios.

Todo iso provocou o xurdimento de movementos de resistencia á invasión e espertou un forte sentimento patriótico en España, Polonia, Alemaña e Italia.

Saqueo da cidade de Roma polas tropas napoleónicas durante a campaña de Italia, segundo un gravado italiano da época.

Napoleón, prisioneiro dos ingleses na illa de Santa Helena.

A DERROTA DO EMPERADOR

A imposibilidade de conquistar Rusia e de someter a España marcaron o declive do Imperio napoleónico.

Os exércitos imperiais foron derrotados definitivamente en **Waterloo** por Gran Bretaña e Prusia (1815).

Napoleón abdicou tras a derrota e foi desterrado á illa de Santa Helena, onde morreu en 1821.

1. Como accedeu ao poder Napoleón? Le o manifesto de Napoleón en 1799 e explica que obxectivos pretendía.
2. Sintetiza as reformas que introduciu Napoleón en Francia e xustifica por que se considera que lle puxo fin á Revolución e á vez consolidou algúns dos seus logros.
3. Observa o mapa do Imperio napoleónico e explica que territorios abranguía. Que eran os Estados satélites? Cales eran os aliados de Francia? Que representou Waterloo?
4. Coa información do documento sobre a derrota de Napoleón, realiza as seguintes actividades:
   - Explica que duplo sentimento provocou a invasión napoleónica nos países ocupados.
   - Cres que a carta de Napoleón a seu irmán e o gravado do saqueo de Roma dan unha mesma imaxe das conquistas napoleónicas? Xustifica a túa resposta.
   - Contesta a pregunta de por que foi derrotado Napoleón.

Que herdanza nos legou a Revolución francesa?

A Revolución francesa constitúe un dos grandes acontecementos da historia da humanidade co que se inicia unha nova etapa: a Idade Contemporánea.

Coa Revolución deu comezo unha era na que as sociedades occidentais iniciaron a construción dun futuro baseado no respecto aos dereitos fundamentais e inalienables do ser humano e na convicción de que todos os cidadáns tiñan os mesmos dereitos e debían participar no goberno da nación, elixindo os seus representantes.

Que ideais, que elementos dos sistemas democráticos e que formas de organizar a economía e a sociedade actuais teñen a súa orixe na Revolución francesa de 1789?

A AS BASES DA DEMOCRACIA

A organización dos Estados e as formas de facer política que rexen na meirande parte dos países democráticos occidentais tiveron as súas orixes nos principios da Revolución francesa:

- A consideración das persoas como **cidadáns con dereitos** recoñecidos polo Estado (Declaración de Dereitos do Home e do Cidadán).
- A **soberanía nacional**, isto é, o dereito dos cidadáns para elixiren mediante o voto os seus representantes, que se reúnen nun Parlamento para elaboraren as leis e escolleren o Goberno.
- A **Constitución** como a lei fundamental que establece os dereitos e deberes tanto dos cidadáns coma dos gobernantes.
- A **igualdade** de todas as persoas **perante a lei**, que queda fixada e establecida nos códigos legais (civil, penal, militar...), e unha **xustiza independente** do poder político.
- A organización administrativa do Estado en **departamentos** (provincias) e **concellos**.

Nos sistemas democráticos, a Asemblea ou Parlamento, elixida por sufraxio universal, debate e aproba as leis. Na imaxe, a Asemblea Nacional francesa segundo un gravado de 1790.

B A VIDA POLÍTICA E A PRENSA

A vida política dos sistemas democráticos desenvólvese a través dos partidos políticos, que tiveron un antecedente claro nos **clubs** creados durante a Revolución. Os cidadáns que defendían ideas e propostas semellantes agrupáronse nunhas sociedades para participar na política e influír na Asemblea.

O feito actual de clasificar os partidos en dereitas e esquerdas orixinouse na Asemblea Nacional francesa, cando os deputados máis moderados adoitaron sentar nos escanos da dereita, e os máis radicais, nos da esquerda.

A prensa política e de opinión naceu tamén polo interese dos cidadáns de contrastar as opinións dos diferentes grupos e discutilas entre eles.

Os membros dos clubs reuníanse para discutir as propostas que defenderían na Asemblea. Na imaxe, o Club dos Xacobinos, segundo un gravado de 1792.

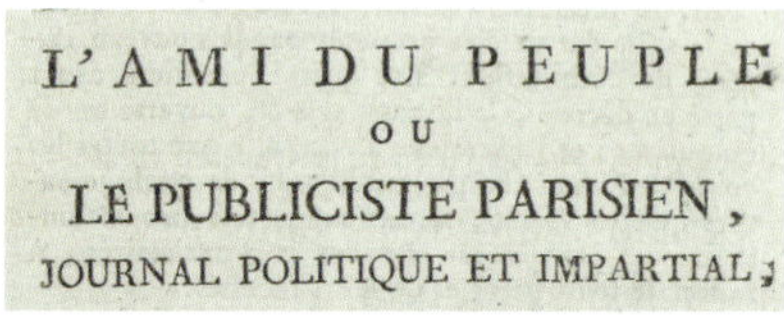

L'AMI DU PEUPLE
OU
LE PUBLICISTE PARISIEN,
JOURNAL POLITIQUE ET IMPARTIAL;

O amigo do pobo, editado polo xacobino Marat, foi un dos moitos xornais nados durante a Revolución.

C A LIBERALIZACIÓN DA ECONOMÍA

A Revolución e as leis napoleónicas implicaron a liberalización da economía, que permitiu o desenvolvemento do capitalismo e da burguesía:

- Suprimíronse os **gremios** que regulamentaban e obstaculizaban o crecemento da produción e decretouse a **liberdade de empresa e de contratación**. Con todo, prohibíronse as **asociacións de obreiros** para defender os seus dereitos.
- Elimináronse as **aduanas** ou **alfándegas interiores** que gravaban o transporte de mercadorías e dificultaban o comercio.
- Unificáronse os **sistemas de pesos e medidas** para facilitar os intercambios. Deste xeito, establecéronse o **metro**, o **gramo** e o **litro** (sistema métrico decimal) como unidades de medición.

Para facilitar o comercio, en 1790 instaurouse un sistema de pesos e medidas único para toda Francia. Na imaxe, de 1793, ilústranse o litro, o gramo e o metro.

D A ENSINANZA E A CULTURA PÚBLICAS

Os revolucionarios defenderon a separación da Igrexa e o Estado. O Estado debía ser **laico**, é dicir, non ter ningunha relixión oficial e aceptar a liberdade de culto.

Por primeira vez considerouse que a ensinanza non debía estar en mans exclusivamente da Igrexa, e que o Estado debía ter un papel importante no desenvolvemento da educación e na promoción da cultura, que non debían ser patrimonio dunhas elites reducidas.

A Revolución defendeu a necesidade dun **ensino igual e obrigatorio** para todos os cidadáns, aínda que nunca chegou a se pór en práctica. Na época napoleónica creáronse as primeiras **escolas públicas** rexentadas polo Estado e non pola Igrexa.

Ata aquel momento, a arte estaba en coleccións privadas dos grandes palacios. Para que a arte e a cultura fosen accesibles a todos os cidadáns, creáronse os primeiros **museos** públicos, como o do Louvre en París, que se inaugurou en 1793 aproveitando a colección real.

Inauguración do museo do Louvre, o 8 de agosto de 1793.

A ensinanza durante a Revolución

Aos cinco anos, a patria recibirá os nenos das mans da natureza e aos 12 anos devolveraos á sociedade. Esta é a mellor idade para que reciban a instrución pública necesaria para a súa formación.

Aos doce anos é a idade de aprender os diferentes oficios, porque o corpo, xa robusto, pode comezar a aplicarse nos traballos da agricultura ou calquera outro. Tamén se atopa formado o espírito para o estudo das belas artes e das ciencias (...).

Plan de Educación Lepeletier, 1793.

1. Por que a Revolución francesa inaugurou a Idade Contemporánea? Que cambio supuxo con respecto do período anterior?
2. Xustifica con exemplos por que se considera que a Revolución sentou as bases dos sistemas democráticos que na actualidade rexen na maioría de países occidentais.
3. Por que foi importante a unificación dos pesos e medidas co sistema métrico decimal?

Relaciona onte e hoxe

4. Elabora unha listaxe con cinco achegas da Revolución francesa que seguen vixentes na nosa sociedade actual e que consideres importantes. Xustifica o porqué da túa elección.
5. Le o texto sobre o Plan de Educación. A que idade comezaba e remataba a escolarización dos nenos? Segue sendo igual na actualidade?

6 Entre o absolutismo e o liberalismo (1815-1848)

A restauración do absolutismo

Entre 1814 e 1815, os vencedores de Napoleón reuníronse, por proposta do chanceler austríaco Metternich, no **Congreso de Viena**. O seu obxectivo era poñerlle fin á expansión das ideas liberais e restaurar o absolutismo en Europa.

Tras repoñer os monarcas nos seus tronos, as catro potencias (Rusia, Reino Unido, Prusia e Austria) **remodelaron o mapa europeo** no seu proveito e sen teren en conta as aspiracións dos pobos. No Congreso acordouse o regreso de Francia ás súas fronteiras de 1792 e a división do Imperio napoleónico entre os vencedores.

En Viena tamén se estableceron os principios ideolóxicos da Restauración: **lexitimidade** dos monarcas absolutos, **negación da soberanía nacional**, **equilibrio** entre as grandes potencias mediante congresos periódicos e **dereito de intervención** en países estranxeiros.

Con este obxectivo creouse a **Santa Alianza** (1815), un tratado de axuda mutua entre os monarcas absolutos fronte a calquera ameaza de revolución liberal.

A EUROPA DO CONGRESO DE VIENA (1815)

1. Observa o mapa e explica os cambios impostos polo Congreso de Viena. Quen foron os grandes Estados beneficiados?
2. Quen formaban a Santa Alianza? Cales eran os seus obxectivos?

A revolución de 1830

O Congreso de Viena non respectou nin os principios liberais nin as aspiracións nacionais dalgúns pobos europeos.

Como consecuencia disto, a partir de 1815, **liberalismo** e **nacionalismo** convertéronse nas dúas forzas de oposición, que impulsaron as ondadas revolucionarias (1830 e 1848) que lle puxeron fin ao sistema da Restauración.

As insurreccións contaron cun importante apoio popular e, onde triunfaron, significaron a substitución do absolutismo por sistemas políticos liberais, baseados na soberanía nacional e o sufraxio e rexidos por unha Constitución, nos que a burguesía exercía o poder.

O movemento iniciouse en **Francia**, onde, en xullo de 1830, se derrocou o monarca absoluto Carlos X, que fora entronizado tras a morte de Luís XVIII. A revolución situou a **Luís Filipe de Orleans** como novo monarca constitucional. Por iso foi denominado o "rei cidadán".

En 1831 estalou unha revolta en **Polonia**, que se achaba baixo o dominio autocrático do Imperio ruso, pero foi duramente reprimida polo exército tsarista.

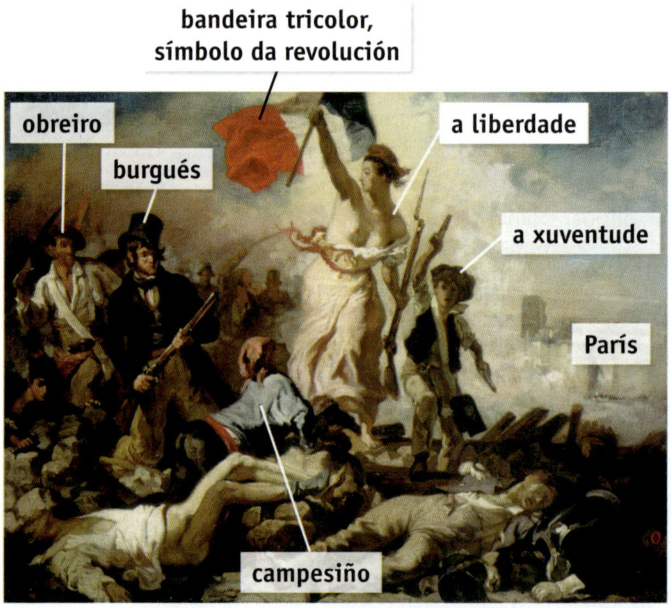

Eugéne DELACROIX: *A liberdade guiando o pobo*, 1830. O cadro exalta as xornadas de xullo de 1830 e mostra a unión de diferentes sectores sociais na súa loita pola liberdade.

1848: A PRIMAVERA DOS POBOS

Na Europa do século XIX, moitos pobos vivían baixo o dominio dun **imperio** (como o austríaco, o ruso ou o turco) ou se achaban fragmentados en **diversos Estados** (como Alemaña e Italia).

Por iso, o xurdimento do liberalismo foi acompañado, en moitos territorios, da expansión do nacionalismo, que defendía unha Europa de nacións libres fronte aos imperios absolutistas.

A revolución de 1848, coñecida como a "primavera dos pobos", significou o espertar das nacións que se atopaban sometidas aos grandes imperios. Nelas, as demandas nacionalistas foron acompañadas do desexo de constituír novos gobernos liberais.

No **Imperio austríaco**, a revolta tivo un **carácter liberal** en Viena, onde a revolución obrigou o chanceler Metternich a dimitir. Pero tamén foi un **levantamento nacionalista** en Hungría, Bohemia, no norte de Italia e na Confederación Xermánica.

En **Francia**, un levantamento popular proclamou a **II República**, que adoptou unha serie de medidas democráticas: sufraxio universal masculino, liberdade de prensa, abolición da pena de morte e recoñecemento dalgúns dereitos para os traballadores.

Aínda que a maioría das revolucións foron sufocadas, as reformas democráticas e moitas aspiracións nacionalistas consolidáronse en Europa durante a segunda metade do século XIX.

AS NACIONALIDADES DO IMPERIO AUSTROHÚNGARO

A REVOLUCIÓN DE 1848

Un novo concepto: a democracia

A revolución de 1848 significou a aparición dos ideais democráticos e tamén o xurdimento dos traballadores como forza política.

Os demócratas identificábanse cos preceptos básicos do liberalismo, pero fronte ao concepto de soberanía nacional, que propuña o sufraxio censatario, defendían o principio de **soberanía popular**, que lles outorgaba o dereito de todos os homes a votar (sufraxio universal masculino) independente da súa riqueza. Tamén propoñían a ampliación dos dereitos colectivos e recoñecían o dereito de reunión e o de asociación.

Alegoría do sufraxio universal, 1850.

3. Quen se reuniu no Congreso de Viena? Que obxectivos perseguían?
4. Que forzas se opuxeron á restauración do absolutismo? Como conseguiron acabar co sistema ideado por Metternich?
5. Explica que cambios implicaron en Francia as revolucións de 1830 e 1848.
6. Observa o mapa do Imperio austrohúngaro e explica por que era un imperio plurinacional. Que relación podes establecer co mapa do estalido revolucionario en 1848?
7. Por que falamos de 1848 como da "primavera dos pobos"? Xustifica a resposta.
8. Establece as diferenzas entre liberalismo e democracia, e entre soberanía nacional e soberanía popular.

7 Que novos Estados se crearon en Europa?

O nacionalismo defende o dereito das nacións a exercer a súa soberanía e a crear o seu propio Estado. Deste xeito, sostén a necesidade de facer coincidir Estado e nación, é dicir, de reagrupar no interior dunhas determinadas fronteiras os membros dunha mesma comunidade nacional.

Os movementos nacionalistas expandíronse pola Europa do século XIX e tiveron un carácter de disgregación nos imperios plurinacionais, e unificador nas nacións fragmentadas.

Que novos Estados se crearon en Europa como consecuencia destes movementos liberais e nacionais?

O IMPERIO TURCO EN EUROPA (1829)

A A INDEPENDENCIA DE GRECIA E BÉLXICA

Nos **imperios plurinacionais** xurdiron **movementos independentistas**, como no Imperio otomán (Grecia). Noutros lugares, como no Reino dos Países Baixos, Bélxica tamén demandou a súa independencia.

GRECIA (1821-1830)

Grecia formaba parte do Imperio otomán ou turco desde había séculos. Aínda que algunhas elites gregas formaban parte da burocracia otomá, a maioría da poboación sentíase marxinada, sometida a fortes impostos e dominada por un pobo de distinta relixión e cultura.

En 1822, os gregos proclamaron a súa independencia en Epidauro, que, ao non ser recoñecida polos turcos, provocou o inicio dunha guerra. A causa grega contou coa solidariedade dos liberais europeos, que apoiaron un territorio considerado o berce da cultura europea.

En 1827, Francia e Inglaterra interviñeron militarmente e axudaron a derrotar o Imperio otomán, que recoñeceu a independencia grega en 1829, e entrou en vigor en 1830.

BÉLXICA (1830-1839)

Bélxica fora unida a Holanda en 1815 polo Congreso de Viena, creando o Reino dos Países Baixos.

A expansión das ideas liberais fixo que en 1830 triunfase a revolución, que estableceu un sistema de monarquía liberal baixo o reinado de Leopoldo I.

O novo goberno proclamou a independencia e tras un conflito armado, Holanda recoñeceu a nova Bélxica en 1839.

A declaración de independencia de Grecia

Nós, descendentes dos sabios e nobres pobos da Hélade (...) non cremos xa posible sufrir sen covardía e autodesprezo o xugo cruel do poder otomán que nos someteu durante máis de catro séculos; un poder que non coñece outra lei que a súa propia vontade (...).

Despois desta prolongada escravitude, decidimos recorrer ás armas para liberarmos a nosa patria dunha terrible tiranía (...).

O noso obxectivo é reconquistar os dereitos da liberdade individual, da propiedade e da honra.

Declaración de Epidauro, 1822.

Alegoría do combate dos gregos pola independencia, segundo un gravado de 1821.

Insurrección de 1830 en Bruxelas.

B AS UNIFICACIÓNS DE ITALIA E ALEMAÑA

A comezos do século XIX, Italia estaba dividida en diversos Estados e Austria incorporara ao seu imperio a Lombardía e o Véneto. Alemaña tamén estaba fraccionada en 36 Estados e integrada na Confederación Xermánica, onde rivalizaban as dúas grandes potencias xermánicas: Prusia e Austria.

Italia

En 1859, o **Piemonte**, coa monarquía liberal de **Savoia** e gobernado por **Cavour**, iniciou un proceso unificador e enfrontouse a Austria. Así conseguiu a anexión da Lombardía. Paralelamente, un levantamento popular, dirixido por **Garibaldi**, derrocou os monarcas absolutos dos Estados do centro e sur de Italia (Reino das Dúas Sicilias).

En 1861, o primeiro parlamento italiano proclamou rei de Italia a **Víctor Manuel II de Savoia**; en 1866, os austríacos abandonaron o Véneto, e en 1870, foron anexionados os Estados Pontificios, convertendo Roma na capital.

Alemaña

Prusia tomou a iniciativa primeiro e, en 1834, potenciou unha **unión aduaneira** (Zollverein) que agrupaba gran parte dos Estados alemáns. En 1848, un intento de unificar estes Estados, liderado por un parlamento reunido en Frankfurt, fracasou porque o rei de Prusia non aceptou a coroa da nova Alemaña.

O impulso definitivo chegou na década de 1860, cando **Guillerme I** accedeu ao trono prusiano e nomeou chanceler a **Otto von Bismarck**. O novo chanceler impulsou unha política agresiva cos Estados veciños: en 1864, declaroulle a guerra a Dinamarca, en 1866, a Austria, e, en 1870, a Francia.

A vitoria nestes conflitos permitiu unir todos os Estados baixo o cetro do rei de Prusia, e, en 1871, produciuse a proclamación do **II Imperio (Reich) alemán** e de **Guillerme I** como kaiser (emperador).

Encontro entre o rei Vítor Manuel II e Garibaldi en Nápoles, 1860.

AS UNIFICACIÓNS DE ITALIA E ALEMAÑA

1. Observa os mapas da páxina esquerda e explica a situación de Grecia e Bélxica. Como conseguiron a independencia estes pobos?

2. Le a Declaración de Epidauro e establece os motivos e os obxectivos da revolta grega contra os turcos.

3. Completa o seguinte cadro no teu caderno:

Axentes e factores	Italia	Alemaña
Estado que dirixe a unificación	...	...
Monarca	...	...
Primeiro ministro	...	...
Data de consecución da unidade	...	...
Fases da unificación	...	...

Investiga

4. Busca no tema un mapa que mostre o Imperio ruso, o Imperio turco e o Imperio austrohúngaro a comezos do século XIX. Compáraos cun mapa actual de Europa e enumera que Estados actuais formaran parte destes imperios.

8 A nova arte da burguesía

A nova sociedade burguesa, que puxo fin ao Antigo Réxime, revolucionou tamén os gustos artísticos. Os vellos principios sobre os que se asentaba a arte cuestionáronse e as novas alternativas deixaron de ser uniformes.

Estes cambios iniciaron a arte contemporánea, que perdeu a homoxeneidade de estilo característica das etapas anteriores. Os artistas propuxeron camiños diversos que se plasmaron nunha variedade de estilos que evidenciaban o desexo de orixinalidade reinante.

Esta evolución artística orixinou diferentes movementos artísticos entre os que destacan o Romanticismo, o Realismo e o Modernismo.

A O ROMANTICISMO: A EXALTACIÓN DOS SENTIMENTOS

O **Romanticismo** expandiuse por toda Europa nas primeiras décadas do século XIX e xurdiu como unha reacción contra o clasicismo anterior.

Esta corrente significou unha nova estética e un novo sentimento que tiña como principais valores o amor á **liberdade**, a exaltación do **individualismo** e a defensa dos **sentimientos** fronte ao racionalismo da Ilustración.

Caspar David FRIEDRICH: *Viaxeiro xunto a un mar de néboa*, 1818. O cadro móstranos a soidade do ser humano fronte ás forzas da natureza.

François RUDE: *A Marsellesa*, 1836.

A escultura romántica aspiraba a expresar o movemento e os sentimentos, utilizando formas axitadas e dinámicas e dando moita importancia á xestualidade e á expresión das facianas.

MEMOART: A pintura romántica

- Exaltación do individuo e das tradicións.
- Aspiración á liberdade individual e nacional, que plasmou os ideais das revolucións burguesas.
- Comprensión da natureza desde unha óptica sentimental.
- Predilección polo exótico e o imaxinario que comportou un interese polo norte de África e pola cultura oriental.
- Maior movemento e dinamismo nas composicións, mediante liñas curvas e diagonais.
- Nova expresión da cor e a luz co uso de cores brillantes, aplicadas con pinceladas soltas e pastosas, que encheron os cadros de luminosidade.
- Destacaron **Eugène Delacroix** e **Théodore Géricault**, que apostaron pola recreación de temas históricos e mitolóxicos, e mais os paisaxistas **Joseph W. Turner** e **Caspar D. Friedrich**.

Eugène DELACROIX: *A matanza de Quíos*, 1824.

B O REALISMO

Na segunda metade do século XIX, o Romanticismo foi desprazado polo **Realismo**. Este cambio tivo a súa orixe en diversas causas:

- A fin da visión idealizada que propoñía o Romanticismo, perante a evidencia de novas desigualdades sociais.
- O avance da industrialización, que deixou ao descuberto como no novo sistema existía miseria, traballo infantil e explotación.
- O avance da ciencia no século XIX, que impuxo a observación e a descrición como método para coñecer a realidade.

Os artistas realistas interesáronse por coñecer a realidade concreta da súa época e describila fielmente. Os pintores realistas, como **Gustave Courbet**, **Honoré Daumier** e **Jean François Millet**, plasmaron a vida cotiá e os problemas sociais da industrialización (a inxustiza, a fatiga no traballo etc.), tratados dun xeito máis verídico, obxectivo e imparcial.

Gustave COURBET: *Enterro en Ornans*, 1850.

FICHAART

Busca en Internet información sobre esta obra e elabora a súa ficha:

a) Identificación. Sitúa o autor, o tema, a corrente pictórica e a súa cronoloxía.

b) Descrición da pintura. Describe con detalle a paisaxe e os personaxes que aparecen na escena.

c) Análise artística.
- Explica cal é a composición da obra e a disposición dos personaxes.
- Que elemento destaca no plano do fondo? Que valor simbólico cres que ten?
- Que cores utiliza o pintor? Coidas que aumentan a sensación de dramatismo da obra? Por que?

d) Relación entre arte e sociedade. Esta pintura foi moi mal valorada nos medios académicos da época por representar unha escena de pouca transcendencia temática, a falta de beleza, e pola vulgaridade e fealdade dos personaxes.
- Como cres que respondería o pintor a estas críticas? Como xustificaría a súa obra?

C O MODERNISMO

O **Modernismo** xurdiu a finais do século XIX e foi basicamente un movemento arquitectónico, aínda que tamén tivo o seu reflexo na pintura e a escultura. Os pintores decantáronse polo abandono dos aspectos cotiáns para plasmaren temas de contido simbólico e conceptual.

Cunha finalidade claramente decorativa, inspiráronse nas formas da natureza, e a muller converteuse nun tema recorrente. Destacan o austríaco **Gustav Klimt** e o checo **Alfons Mucha**, que tamén foi un importante cartelista.

Gustav KLIMT: *O bico*, 1908.

1. Sintetiza os elementos que caracterizan o Romanticismo e o Realismo, facendo fincapé nas diferenzas entre ambas as correntes.
2. Observa o cadro de Delacroix e interpreta os sentimentos que mostran os personaxes. Que outras características do Romanticismo podes salientar?
3. Que movemento cres que foi o máis innovador dos tres? Xustifica a túa resposta.

Aprecia a arte

4. Cal é a única parte da pintura de Klimt tratada de forma realista? Que atmosfera envolve o resto? Que contido simbólico lle atribuirías á pintura?

COMPLETA O MAPA CONCEPTUAL

Coa información do tema, completa no teu caderno o seguinte esquema:

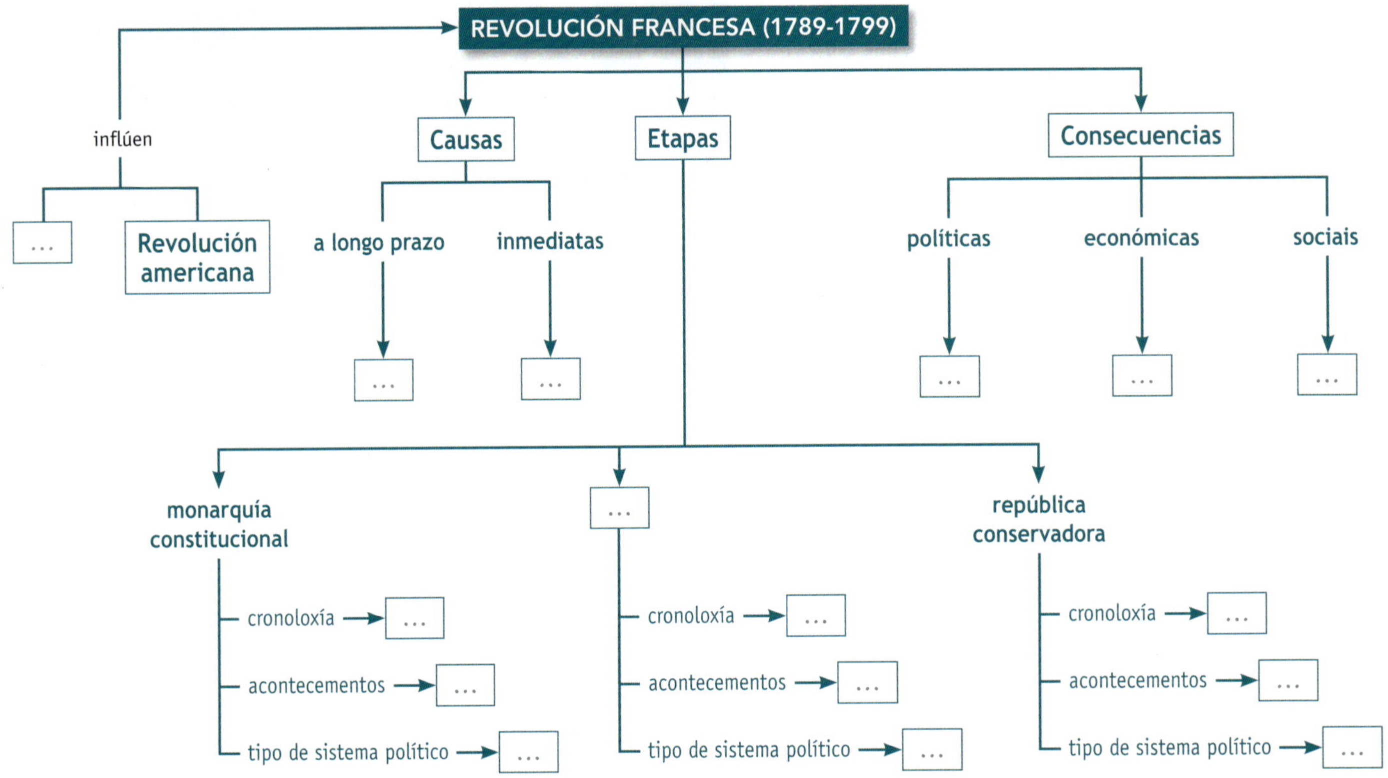

1 CONSOLIDA O APRENDIDO

a) Que dous modelos de liberalismo se implantaron en Francia durante o desenvolvemento da Revolución francesa? Que caracterizaba a cada un deles?

b) Que significou Napoleón Bonaparte para Francia? E para Europa? Por que foi derrotado en 1815?

c) Que legado da Revolución francesa podemos atopar nas sociedades democráticas actuais?

d) Que foi a Restauración absolutista? Como se remodelou o mapa de Europa?

e) Que entendes por nacionalismo? Que grandes imperios dominaban Europa? Que problemas nacionais existían na primeira metade do século XIX?

f) Que novos Estados xurdiron en Europa entre 1829 e 1871?

2 DEFINE CONCEPTOS CLAVE

- liberalismo
- nacionalismo
- absolutismo
- constitución
- *sans-culotte*
- república

3 IDENTIFICA OS PERSONAXES

- Luís XVI
- Napoleón
- Vítor Manuel II
- Robespierre
- Cavour
- Luís Filipe de Orleans
- Bismarck
- Garibaldi
- Olimpia de Gouges

4 ESTABLECE A CRONOLOXÍA

- a toma da Bastilla
- a execución de Luís XVI
- a independencia de Grecia
- a caída de Napoleón

5 EXPLICA AS DIFERENZAS

- sufraxio universal / sufraxio censatario
- soberanía nacional / soberanía popular
- imperio plurinacional / nación multiestatal
- absolutismo / liberalismo
- nación / Estado

RESPONDE A PREGUNTA INICIAL

Que cambios introduciron as revolucións liberais na forma de gobernar e na sociedade?

APRENDE A... COMENTAR UN TEXTO HISTÓRICO

Declaración de Dereitos do Home e do Cidadán, 1789

Artigo 1. Os homes nacen e permanecen libres e iguais en dereitos (...).

Artigo 2. O fin de toda asociación política é a conservación dos dereitos naturais e imprescritibles do home. Estes dereitos son a liberdade, a propiedade, a seguridade e a resistencia á opresión.

Artigo 3. O principio de toda soberanía reside na nación. Ningún corpo, ningún individuo, pode exercer autoridade que non emane expresamente dela (...).

Artigo 4. A liberdade consiste en poder facer todo aquilo que non dane a un terceiro (...). Estes límites só poden ser fixados pola lei (...).

Artigo 6. A lei é a expresión da vontade xeral. Todos os cidadáns teñen dereito a participar persoalmente, ou polos seus representantes, na súa formación. A lei debe ser a mesma para todos, tanto se protexe coma se castiga. Todos os cidadáns, sendo iguais aos seus ollos, son igualmente admisibles a todas as dignidades, cargos e empregos públicos, segundo as súas capacidades, e sen outra distinción que a das súas virtudes e talentos.

Artigo 7. Ningún home pode ser acusado, arrestado nin detido máis que nos casos determinados pola lei e segundo as formas que ela prescribiu (...).

Artigo 10. Ninguén debe ser molestado polas súas opinións, mesmo relixiosas, con tal que a súa manifestación non altere a orde pública establecida pola lei (...).

Artigo 11. A libre comunicación de pensamentos e opinións é un dos dereitos máis prezados do home; todo cidadán pode, xa que logo, falar, escribir, imprimir libremente, sen prexuízo de responder do abuso desta liberdade nos casos determinados pola lei.

Artigo 13. Para o mantemento da forza pública e para os gastos da administración, é indispensable que se fixen uns impostos. O pagamento destes impostos deberá repartirse entre os cidadáns de forma proporcional á riqueza de cada un deles (...).

Artigo 16. Toda sociedade na que a garantía dos dereitos non estea asegurada, nin a separación dos poderes determinada, non ten Constitución.

Artigo 17. A propiedade é un dereito sagrado e inviolable, ninguén pode ser privado dela se non é en casos nos que o esixa a necesidade pública (...).

1. Identificación e presentación

- Indica que tipo de texto é, a súa cronoloxía, autores e destinatarios. En que circunstancias e onde foi redactado?

2. Síntese e análise

- Resume cada artigo coas túas propias palabras. Despois agrúpaos segundo o seu contido: dereitos e deberes individuais, límites a estes dereitos, orixe do poder e da lei.
- Por que se considera a Declaración unha peza fundamental da abolición do Antigo Réxime?

3. Contexto histórico

- Que principios ideolóxicos inspiraron a redacción desta Declaración de Dereitos?
- Explica brevemente o contexto histórico en que se aprobou esta declaración.

4. Conclusións

- Cal foi a súa transcendencia histórica?
- Cres que esta Declaración ten vixencia na actualidade? Razoa a túa resposta.

RAZOA HISTORICAMENTE

Empatía. Imaxina que es un deputado da Convención na que se está debatendo se o rei de Francia, Luís XVI, é responsable de "traizón e conspiración contra o Estado", e debes votar a favor ou en contra da culpabilidade do rei. Para iso, copia e enche no teu caderno o seguinte cadro:

Argumentos a favor da culpabilidade do rei	Argumentos a favor da inocencia do rei
...	...

1 Organización da información. Compara sistemas políticos

a) Copia e completa no teu caderno estes esquemas de tres sistemas políticos. Asígnalle cada letra a un dos conceptos e, despois, explica as diferenzas que existen entre eles:

Rei absoluto	Rei con poder limitado
Presidente	Súbditos
Cidadáns	Senado
Parlamento	Congreso dos Deputados
Goberno	Tribunais de xustiza
Ministros e secretarios de Estado	

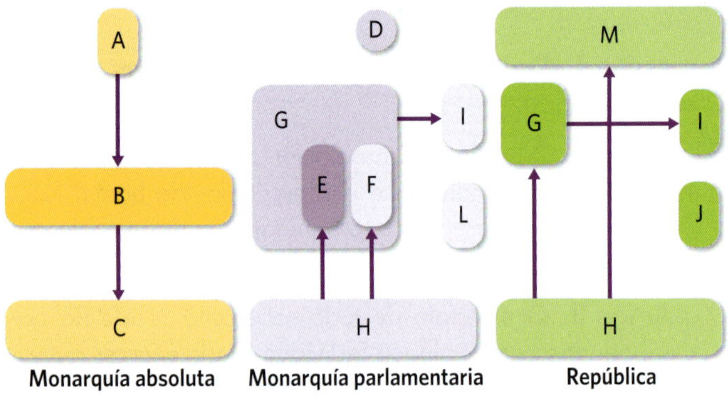

2 Fontes documentais. Que é unha nación?

Acabamos de ver algúns elementos que non son suficientes para crear unha nación: a raza, a lingua, os intereses, as afinidades relixiosas, a xeografía, as necesidades militares. (...) Que máis se precisa?

Unha nación é esencialmente unha alma, un principio espiritual. Dúas cousas que (...) constitúen a mesma esencia (...). Unha refírese ao pasado, a outra forma parte do presente. Unha é o feito de posuír en común un rico legado do pasado; a outra é o consentimento presente, o desexo de vivir conxuntamente. (...)

Unha nación é pois unha gran solidariedade, forxada polo sentimento dos sacrificios que se fixeron e polos que se está disposto a seguir facendo. (...)

Conferencia pronunciada por Ernest Renan, 1882.

a) Le o texto e explica que elementos conforman unha nación segundo o autor.

b) Observa este esquema e define coas túas palabras o que é unha nación. Seguidamente procura a súa definición nun dicionario e comproba se a definiches de forma axeitada. Despois, escríbea no lugar correspondente do esquema.

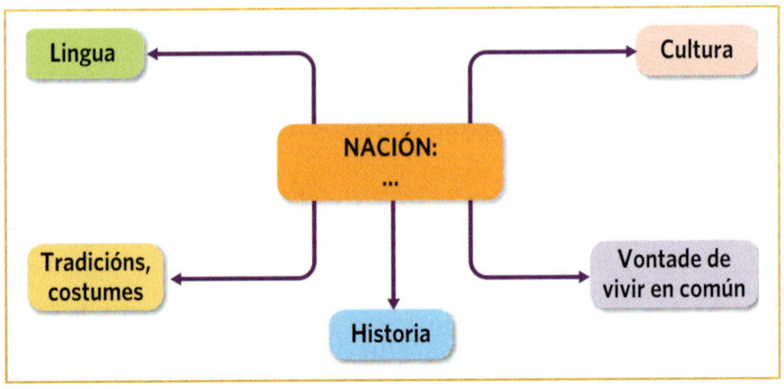

3 Fontes gráficas. O voto nos Estados Xerais

	SISTEMA TRADICIONAL		DEMANDAS DO TERCEIRO ESTADO	
Grupos	Deputados	Voto por grupo	Deputados	Voto por persoa*
Clero	291	1	291	Alto clero 46 Baixo clero 245
Nobreza	270	1	270	Absolutistas 220 Liberais 50
Terceiro Estado	289	1	578	Terceiro Estado 578

*non foi aceptado

a) Observa este cadro e explica que novo número de deputados e sistema de votación esixiu o Terceiro Estado nos Estados Xerais convocados por Luís XVI en 1789.

b) Xustifica por que estas demandas eran tan importantes. Como responderon os privilexiados?

c) Razoa a importancia que tivo esta cuestión no inicio da Revolución francesa.

4 Fontes materiais. Os símbolos revolucionarios

a) Identifica os obxectos sinalados cun número, indaga o seu simbolismo e explica por que se converteron en símbolos da Revolución.

Un *sans-culotte* de París.

5 Fontes iconográficas. A sociedade estamental

Gravado titulado *O espertar do Terceiro Estado*, 1789.

a) Describe a escena e identifica os tres personaxes. Que representa o edificio debuxado ao fondo?

b) Que simbolizan os tres personaxes? Analiza a súa actitude.

c) Explica que mensaxe quixo transmitir o autor deste gravado e relaciónao co seu contexto histórico.

6 Espazo e tempo. Europa en 1815

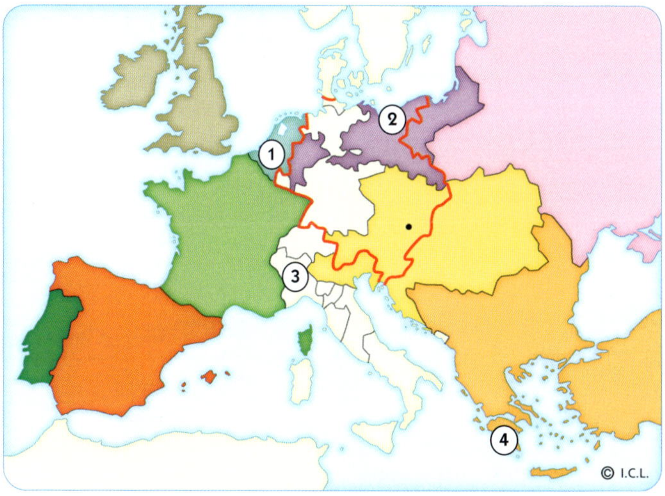

a) Di o nome dos Estados representados por distintas cores. Cales eran grandes imperios multinacionais?

b) Que cidade representa o punto? Por que destaca na Europa de 1815? Que representa a liña vermella?

c) Sinala os novos Estados xurdidos ao longo do século XIX que estan sinalados cun número, e explica brevemente como conseguiron a súa independencia ou unificación.

WWW. ESPAZO WEB

7 Fontes dixitais. O calendario republicano

O 5 de outubro de 1793, a Convención Nacional adoptou o chamado calendario republicano, que se iniciaba o 22 de setembro de 1792 e cambiaba os nomes dos meses, os días da semana e suprimía as festas relixiosas.

Consulta a información sobre o calendario republicano en www.tiching.com/749752 e responde:

a) Por que o calendario se iniciou en setembro de 1792?

b) Que nome recibiron os meses do ano? En que se inspirou esta nova denominación? A que mes da actual correspondía cada un deles?

c) De cantos días se compuña a semana? Que novas festividades substituíron as festas relixiosas?

d) Ata cando estivo vixente o calendario?

Familia de *sans-culottes*.

8 Fontes audiovisuais. As causas da Revolución

Accede a www.tiching.com/749753 e visualiza o vídeo sobre as causas e o estalido da Revolución francesa:

a) Que son os Cadernos de Queixas? Cando e por que se elaboraron? Por que constitúen unha fonte importante para coñecer as causas da Revolución?

b) Cales eran as principais peticións de cada un dos tres estamentos? Clasifica as reivindicacións segundo sexan políticas, económicas ou sociais.

c) Por que os deputados do Terceiro Estado abandonaron a reunión dos Estados Xerais? Explica que conflito motivou a súa decisión.

RETOS NA REDE

MINI UNIDADE VISUAL: A democracia en América.

ACTIVIDADES DE AUTOCORRECCIÓN: Resolve estas actividades e repasa o que aprendiches.

www.vvd.link/012207/2

3 A ORIXE DA INDUSTRIALIZACIÓN

Como transformou a Revolución Industrial a economía e a sociedade tradicionais?

A REVOLUCIÓN INDUSTRIAL

1730 · 1750 · 1770 · 1790 · 1810 · 1830 · 1850 · 18

- **1730** Arado de Rotherdam
- **1732** Carbón de coque en altos fornos
- **1733** Lanzadeira volante de Kay
- **1764** Fiadora Spinning Jenny
- **1769** Máquina de vapor de Watt
- **1776** Adam Smith: *A riqueza das nacións*
- **1780** Máquina de mallar
- **1785** Tear mecánico de Cartwright
- **1807** Primeiros barcos de vapor
- **1811** Ludismo (1811-1817)
- **1824** Segadora mecánica
- **1825** Primeiros sindicatos
- **1829** Locomotora de vapor Stephenson
- **1834** Great Trade Union
- **1855** Fabricación de aceiro Convertedor de Bessemer
- **1864** I Internacional

Constantin Émile Meunier: *Nun país negro*, 1893.

A Revolución Industrial iniciouse en Gran Bretaña a finais do século XVIII e difundiuse por Europa e Norteamérica durante o século seguinte.

A nova industria, que se baseaba na mecanización da produción, nas innovacións técnicas e no sistema fabril de produción, provocou un forte crecemento da produción de bens.

A industrialización foi acompañada dunha nova organización da economía (o capitalismo) e transformou a sociedade. O éxodo rural provocou o crecemento das cidades, onde se desenvolvían as novas actividades industriais.

Dúas novas clases sociais vertebraron a sociedade capitalista: a burguesía, que posuía capital para investir, e o proletariado, que traballaba nas fábricas.

Que sabemos?

- Por que o nacemento da industria é denominado "Revolución Industrial"?
- Observa a pintura e explica por que esta imaxe representa unha paisaxe industrial. Sabes por que se denominaban "paisaxes negras"?
- Fíxate no mapa. Cal foi o berce da Revolución Industrial? Cando se expandiu por Europa?

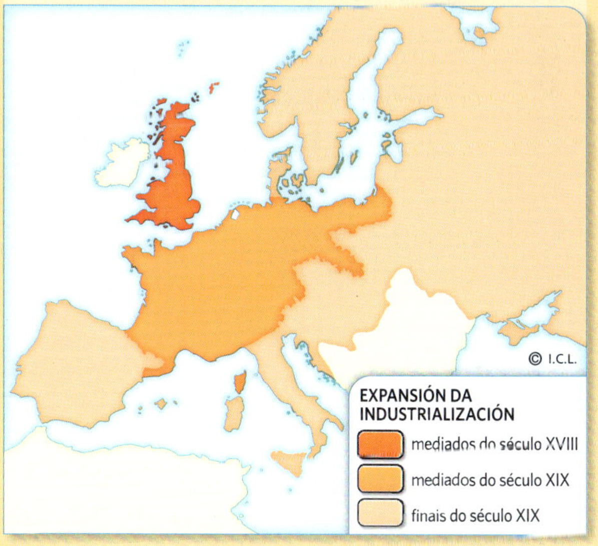

Como cambiou a produción de bens coa

A finais do século XVIII, a Revolución Industrial produciu a transformación máis importante desde a revolución neolítica, cando o ser humano comezou a cultivar a terra.

A industrialización significou o paso da economía agraria a outra dominada pola industria, onde a produción de bens se realizaba de forma mecanizada.

Os cambios nos sistemas de produción implicaron unha nova organización da economía (capitalismo) e transformaron a organización da sociedade (sociedade de clases).

O impacto da industria foi tan grande, que os historiadores a denominaron "Revolución Industrial". En que consistiu e que factores a impulsaron?

A FACTORES IMPULSORES DA INDUSTRIALIZACIÓN

A Revolución Industrial tivo a súa orixe en **Gran Bretaña** a mediados do século XVIII. Unha serie de factores explican por que Gran Bretaña foi a pioneira e se converteu no primeiro país industrial, no "**taller do mundo**":

- Un **sistema político** en que o poder da monarquía estaba limitado polo Parlamento desde o século XVII e no cal a influencia da burguesía era grande.
- Un **crecemento da poboación** que implicou o aumento da demanda de produtos e a dispoñibilidade de man de obra para as novas fábricas.
- Abundancia de **recursos e materias primas**, sobre todo de carbón, que se converteu na principal fonte de enerxía.
- Facilidade de **transporte** a través dunha ampla rede de ríos e canles.
- A posesión dun **imperio colonial** (conquista da India no século XVIII) permitiu un doado acceso ás novas materias primas (algodón) e xerou un gran mercado para exportar a produción industrial.

A HEXEMONÍA INDUSTRIAL DE GRAN BRETAÑA

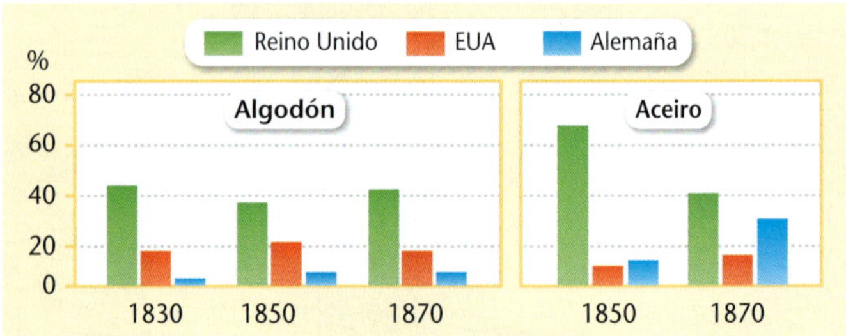

O CANAL DE SUEZ

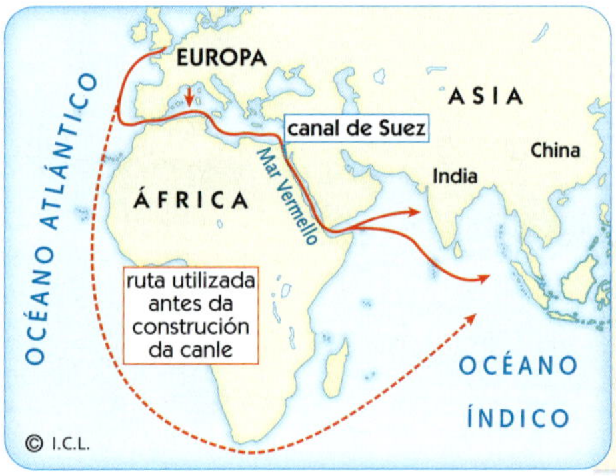

A apertura do canal de Suez en 1869 facilitou o comercio coa India e Oriente.

B UN CONXUNTO DE "REVOLUCIÓNS PARALELAS"

FACTORES QUE PROPICIARON A INDUSTRIALIZACIÓN

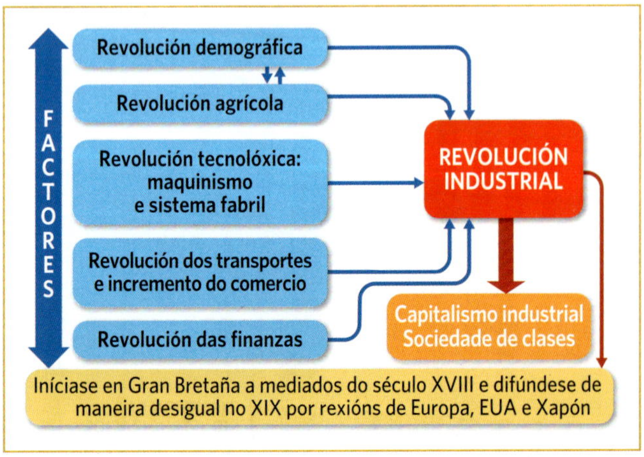

A Revolución Industrial foi posible grazas ao desenvolvemento dunha serie de cambios que, interconectados entre si, provocaron unha gran transformación no sistema económico. O elemento común de todos eles foi a **innovación**, que produciu unha serie de "revolucións paralelas":

- Unha revolución **agrícola**: aumentou a cantidade de alimentos.
- Unha revolución **demográfica**: incrementou a poboación.
- Unha revolución **tecnolóxica**: puxo ao servizo da industria novas máquinas e fontes de enerxía.
- Unha revolución no **transporte** e no **comercio**: permitiu venderlles a produción a mercados afastados e extensos.
- Unha revolución nas **finanzas**: achegou novos sistemas para financiar as empresas e facilitar os pagamentos.

Revolución Industrial?

C O SISTEMA FABRIL DE PRODUCIÓN

O nacemento da industria estivo estreitamente vinculado a tres elementos que se converteron en emblemáticos do proceso de industrialización: a mecanización do proceso produtivo, o uso de novas fontes de enerxía e a fábrica como lugar de produción.

MECANIZACIÓN

- Consiste no uso de **máquinas**, que substitúen parcialmente o traballo humano, para a produción de bens.
- A mecanización substituíu as tarefas manuais e a tracción animal polas máquinas tanto para a fabricación industrial, como para o transporte de mercadorías e pasaxeiros (ferrocarril).

Mecanización da industria téxtil, século XVIII.

FONTES DE ENERXÍA

- As fontes de enerxía anteriores á revolución procedían fundamentalmente da forza humana ou animal, do vento e da auga.
- A primeira innovación foi o perfeccionamento da roda hidráulica para mover as máquinas da industria téxtil.
- A segunda, e a máis innovadora, foi a utilización do carbón grazas á máquina de vapor de Watt (ver páxina 52).

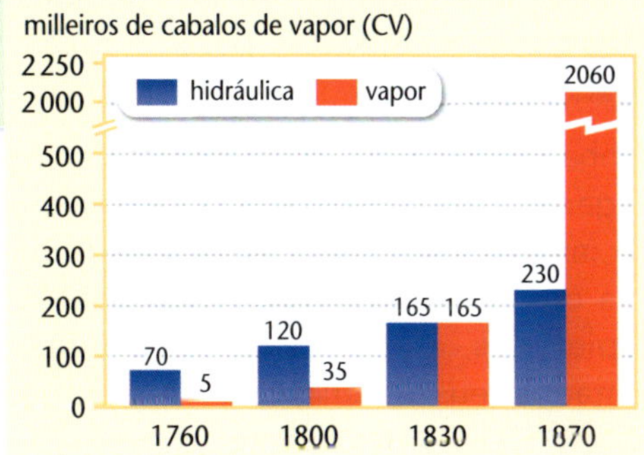

SISTEMA FABRIL

- A mecanización, o uso de grandes instalacións para as novas fontes de enerxía e o interese dun maior control sobre a man de obra provocaron a concentración de obreiros e obreiras en edificios destinados á produción (fábricas). Esta nova maneira de producir coñécese como **sistema fabril** e implicou a produción en serie e un notable aumento da produtividade.
- A xeneralización do sistema fabril implicou a ruína de moitos artesáns e a fin da produción realizada manualmente de forma artesanal. Con iso, os gremios que controlaban a produción desde a Idade Media, foron desaparecendo.

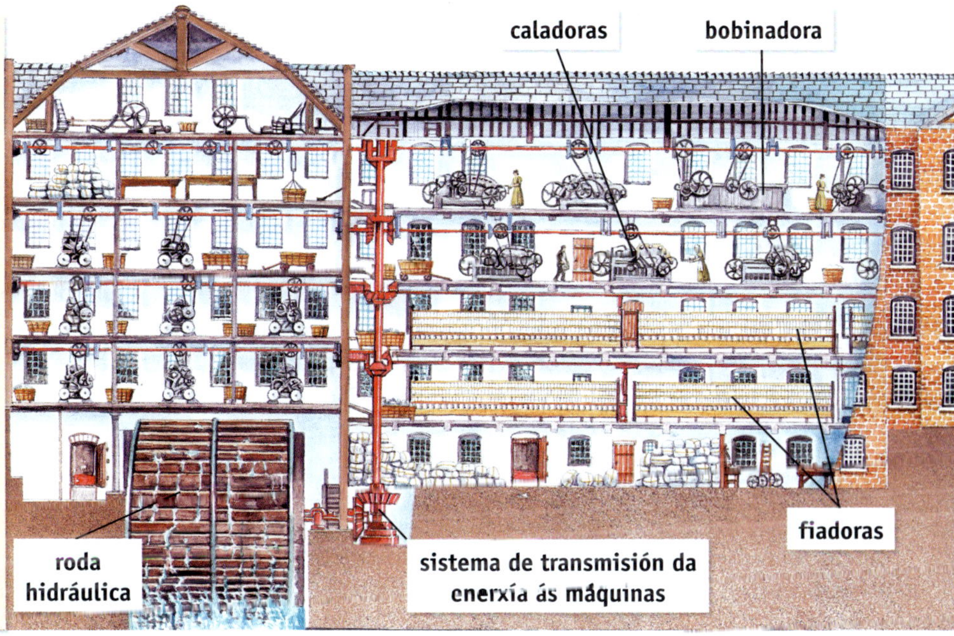

1. Que vantaxes tiña Gran Bretaña sobre outros países da súa contorna para converterse no país pioneiro (*first comer*) da industrialización?
2. Que cambios nos sectores da economía interconectados entre si fixeron posible a Revolución Industrial?
3. Explica en que consiste a mecanización e que consecuencias tivo na produción de bens.
4. Observa o debuxo da fábrica e descríbea. En que consistía o sistema fabril? Observa o mecanismo hidráulico e explica como se obtiña a enerxía.

Argumenta a resposta

5. Razoa por que se considera que a Revolución Industrial foi o cambio máis importante na historia da Humanidade desde a revolución neolítica.

2 As transformacións da agricultura

Un conxunto de transformacións no campo impulsaron un aumento da produción agrícola na segunda metade do século XVIII. Este desenvolvemento foi o resultado dunha nova ordenación da propiedade, da mecanización das tarefas agrícolas e da introdución de novos sistemas de cultivo.

A nova estrutura da propiedade

A suba do prezo dos cereais estimulou os propietarios rurais a apropiarse das terras de uso colectivo e a cercar as súas propiedades. Con iso, grandes extensións de terras de labor e pastos pasaron a ser de propiedade privada.

Unha serie de leis de cerrado (***Enclosure Acts***) promulgadas polo parlamento inglés avalaron este proceso que implicou unha concentración da propiedade. Esta nova ordenación da propiedade beneficiou os grandes propietarios, que conseguiron producir máis e incrementar os seus beneficios.

A individualización da produción incentivou a mellora das técnicas de cultivo e supuxo o paso do sistema de campos abertos (*openfields*) ao de campos cerrados (enclosures).

A concentración da propiedade prexudicou os campesiños pobres que, ao non dispoñeren de recursos para cerrar terras, tiveron que vender as súas propiedades e converterse en xornaleiros a cambio dun salario. Ademais, perderon o seu dereito a usar os pastos e as terras comunais.

Como consecuencia do gran número de campesiños que buscaba traballo, os salarios baixaron drasticamente e moitos víronse obrigados a emigrar ás cidades.

Os cambios no sistema de cultivo

A difusión da rotación cuadrienal de cultivos (**sistema Norfolk**), que combinaba a sementeira de cereais, que empobrecen a terra, con plantas forraxeiras (nabos, trevos, alfalfa...), que a enriquecen porque axudan a fixar nitróxeno no solo, substituíu a rotación trienal.

O novo sistema de rotación de cultivos permitiu suprimir o barbeito* da rotación trienal e aumentar a superficie cultivada.

O aumento da produción de forraxe permitiu o incremento da cabana gandeira cuxo esterco, á súa vez, mellorou a fertilidade da terra.

Asemade, o incremento de cabezas de gando aumentou a dispoñibilidade de carne e leite, e permitiu unha mellora na dieta humana.

Léon-Augustin L'HERMITTE: *A paga dos segadores*, 1882.

As vantaxes dos campos cerrados

Non hai dúbida ningunha dos superiores beneficios que os agricultores obterán cultivando os seus campos cercados de forma individual (*enclosures*) máis que seguindo a rotación a que obrigaba o antigo sistema de campos abertos (*openfields*).

Co antigo sistema, o campesiño estaba atado de pés e mans e non podía facer ningunha variación en función do solo, dos prezos ou da época. Aínda que algúns cultivos sexan mellores e lle conveñan máis, el non pode cambialos, sempre teñen que ir á vez co resto dos campesiños.

O novo sistema permitiralle escoller os cultivos en cada época do ano e sementar aqueles dos que crea que obterá maiores beneficios.

Annals of Agriculture, 1800. (Adaptación)

A ROTACIÓN CUADRIENAL: O SISTEMA NORKFOLK

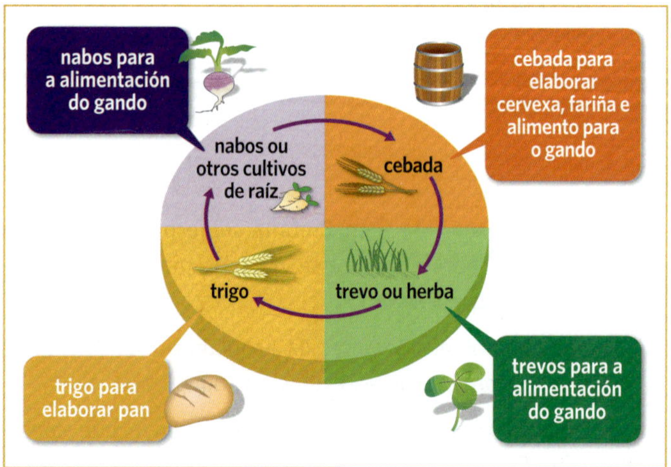

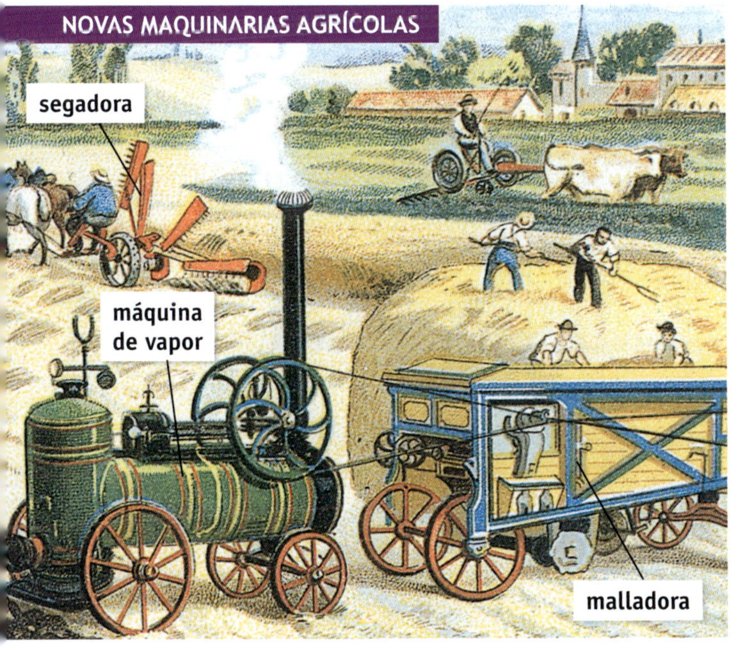

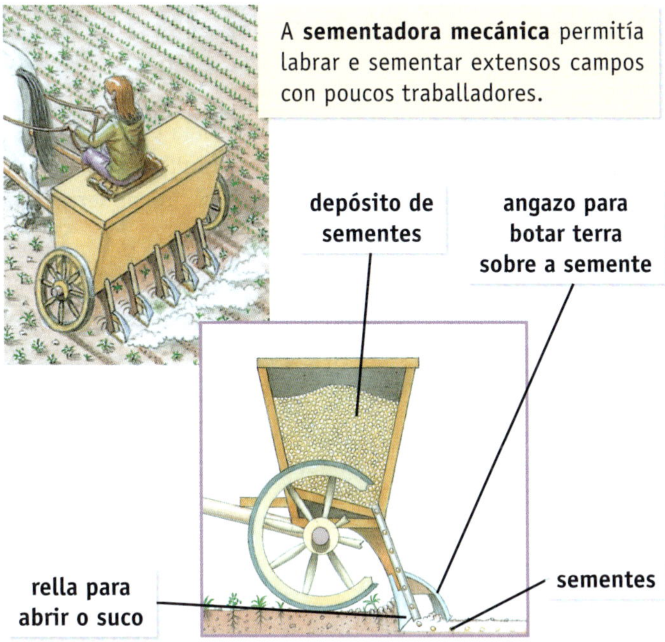

A introdución de novas máquinas

A invención de novas máquinas permitiu realizar con maior facilidade e eficacia as tarefas agrícolas. Unha das primeiras innovacións foi a **sementeira mecánica** en sucos de fileiras paralelas (método Jethro Tull) , que permitiu a recollida tanto de froitos coma de malas herbas de forma moito máis sinxela.

O **novo arado** de Roterham axudou a arar os campos con maior facilidade e profundidade e, ademais, de cubrir as sementes con terra para protexelas do vento e dos animais.

A introdución da máquina de vapor e o desenvolvemento da siderurxia permitiron a utilización de novas máquinas segadoras e malladoras que facilitaron a sega e a malla.

Tamén se introduciron **novos cultivos** (patacas, millo...) que diversificaron a produción de alimentos. A utilización do guano* como fertilizante axudou a mellorar a produtividade.

O aumento da produción

Estas transformacións na agricultura fixeron posible un notable aumento da produción de alimentos que, asemade, permitiu a supervivencia dunha poboación en rápido crecemento.

A produtividade agrícola tamén se incrementou: se en 1650 a produción dun campesiño permitía alimentar 1,5 persoas, en 1800, aumentara ata 2,5 persoas.

A pataca, que en principio non foi ben recibida polos campesiños, converteuse nun elemento fundamental da dieta popular.

AUMENTO DO PREZO DO TRIGO

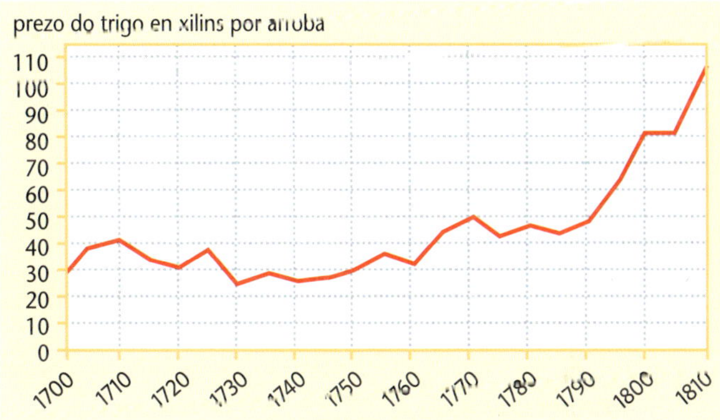

1. En que consistiu o cerrado dos campos (*enclosures*)? Quen foron os máis beneficiados e os máis prexudicados? Razoa o porqué.
2. Le o texto sobre os campos cerrados (*enclosures*) e explica as vantaxes que presenta este sistema sobre os campos abertos (*openfields*).
3. Explica en que consiste o sistema Norfolk e as súas vantaxes respecto da antiga rotación de cultivos con barbeito.
4. Describe as tarefas agrícolas e as máquinas que aparecen nos debuxos. Que vantaxes achegaban esas máquinas?
5. Observa o gráfico. Razoa por que a alza do prezo do trigo foi un estímulo para que os agricultores mellorasen os sistemas de produción.
6. Explica como lles afectou a revolución agrícola aos grandes propietarios agrícolas, aos campesiños pobres e ao conxunto da poboación.

3 James Watt e a máquina de vapor

James Watt (1736-1819) naceu en Escocia e aos 14 anos empezou a estudar matemáticas e a colaborar no taller mecánico de seu pai, onde adquiriu grande habilidade na fabricación de ferramentas.

En 1764 recibiu no seu taller unha máquina de vapor creada por Newcomen para amañala. Ao facelo, decatouse de que tiña un baixo rendemento por mor da cantidade de vapor que desperdiciaba e buscou a maneira de evitalo. Con iso creou unha nova máquina moito máis eficaz, que se aplicou como forza motriz para a industria e o transporte.

A súa asociación co empresario Matew Boulton, que fabricaba produtos de metal, permitiu a comercialización con éxito do invento.

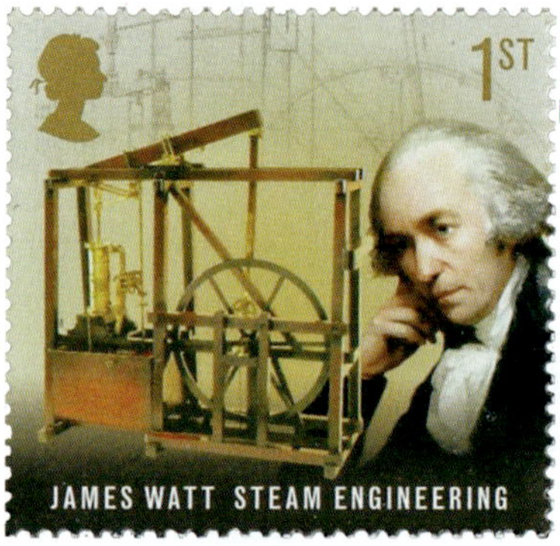

Selo no que se representa a James Watt e a súa máquina de vapor, emitido polo correo británico en 2009, para conmemorar os pioneiros da Revolución Industrial.

A A MÁQUINA DE VAPOR E A SÚA APLICACIÓN NA INDUSTRIA

A máquina de vapor aproveita a forza do vapor para xerar un movemento continuo que traslada ás máquinas. O seu funcionamento é o seguinte:

- Nunha caldeira férvese auga grazas á calor que xera a combustión do carbón. O vapor que se produce xera unha alta presión e diríxese a unha cámara cerrada coñecida como cámara de vapor.
- No extremo dianteiro desta cámara atópase un cilindro, que empuxa un pistón, que sobe e empuxa un balancín. O vapor arrefría nun condensador e fai baixar de novo o pistón e o balancín.
- A través dun mecanismo de biela-manivela, o movemento circular do pistón convértese nun movemento de translación ou de rotación.

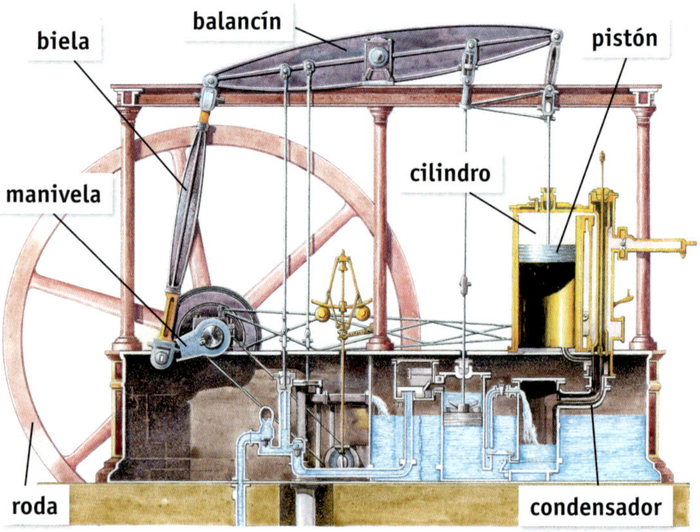

A FORZA DO VAPOR MOVE AS MÁQUINAS DAS INDUSTRIAS

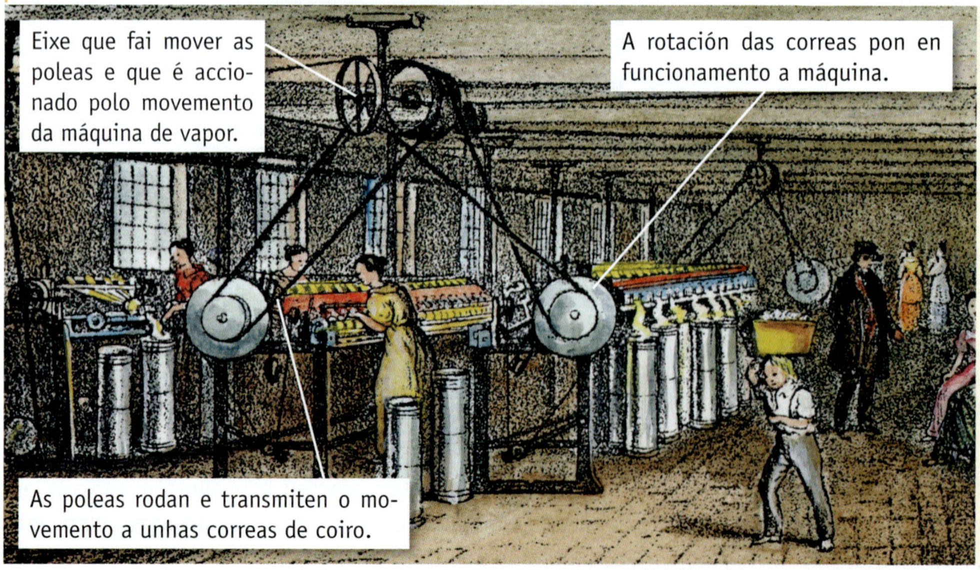

James Watt adaptou a máquina de vapor para impulsar os mecanismos industriais.

A súa aplicación na mecanización da industria téxtil (fiado e tecido) provocou o aumento da produtividade (cantidade producida por unidade de tempo) e da produción total (cantidade de bens producidos). Iso permitiu abaratar os custos e diminuír o prezo de venda.

A máquina de vapor aplicouse tamén á maquinaria agrícola, nas fábricas de papel, nos muíños de fariña... e foi moi importante na minaría, onde se utilizou para evacuar a auga das galerías.

B A LOCOMOTORA E O FERROCARRIL

O ferrocarril foi o primeiro vehículo movido pola aplicación da máquina de vapor. Xurdiu da unión de dous mecanismos:

- O sistema de arrastrar vagonetas ou dilixencias de pasaxeiros tiradas por animais sobre raís.
- A invención da locomotora por **Stephenson** (1829) ao utilizar unha máquina de vapor para transmitirlle un movemento continuo ás rodas.

O novo sistema de transporte permitiu trasladar maior cantidade de persoas e mercadorías en menos tempo e a un custo reducido. Esta mellora estimulou o comercio de mercadorías e desempeñou un papel fundamental na articulación dun gran mercado interior.

A comezos do século XIX, a máquina de vapor aplicóuselles aos barcos de vela, que foron substituídos por **barcos de vapor**. A súa posta en funcionamento acurtou enormemente o tempo da travesía transatlántica entre Europa e América.

REDE FERROVIARIA EUROPEA

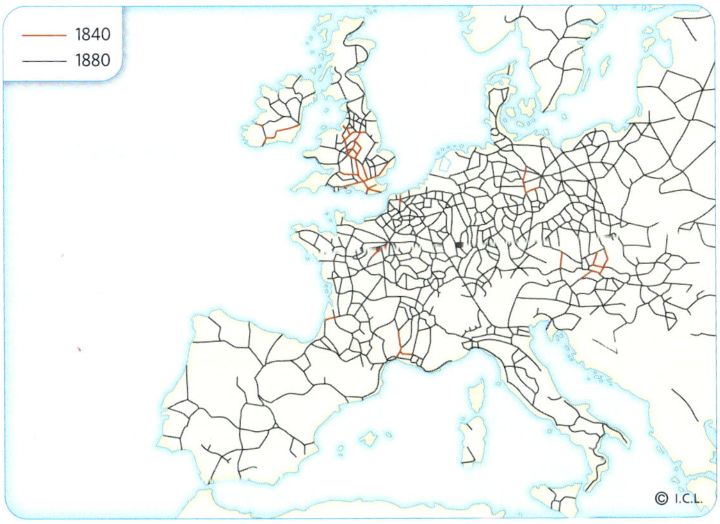

As vantaxes do ferrocarril

Antes de que se construíse a liña do ferrocarril de Liverpool a Manchester, había 22 dilixencias de liña regular e unhas sete ocasionais entre as dúas cidades, que, en total, só podían transportar 688 persoas cada día.

O ferrocarril, nos seus primeiros 8 meses de funcionamento, transportou unha media diaria de 1070 pasaxeiros e só estivo parado un día a causa do único accidente que se produciu.

A tarifa das dilixencias era de 10 xilins viaxando no interior, e de 3 xilins e 6 peniques facéndoo fóra. A viaxe duraba unhas 4 horas, e en ferrocarril, 1 hora e 45 minutos.

J.T. Ward: *The Annual Register*, 1832.

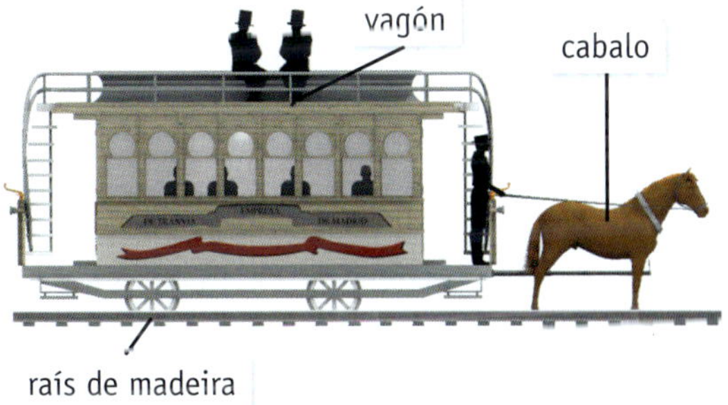

1. Que dúas innovacións se uniron para crear o ferrocarril a vapor? Explicao a partir do debuxo do ferrocarril. Onde se situaba a máquina de vapor?
2. Fíxate no mapa. Que zona foi a pioneira na construción do ferrocarril? Onde era máis extensa a rede no século XIX? A que sectores económicos beneficiou a construción do ferrocarril?
3. Le o texto das vantaxes do ferrocarril e explica que consecuencias se derivaron da súa construción.

Ponte no seu lugar

4. Imaxina que es James Watt e que lle debes facer unha presentación a un grupo de empresarios téxtiles sobre as vantaxes de utilizar a máquina de vapor. Escribe o texto da presentación:
   - Con axuda do debuxo da máquina de vapor, explica o seu funcionamento.
   - Fixándote no gravado da fábrica téxtil, descríbelles como a máquina de vapor fai mover as fiadoras.

4 Desenvolvemento da industria e aumento do comerci

A aplicación das novas tecnoloxías (mecanización e enerxía do vapor) e do sistema fabril realizouse primeiro na industria téxtil e máis adiante na siderurxia. Ambas as dúas foron o motor da industrialización.

A industria téxtil

No século XVIII existía un gran comercio de indianas*, un tecido de algodón estampado procedente da India. O goberno británico prohibiu a súa importación e con iso estimulou a produción de tecidos de algodón no interior do país.

O algodón é un tecido suave, de fácil lavado e máis hixiénico que a la, polo que foi moi ben aceptado polos consumidores. Ademais, producido en grandes cantidades, resultaba sumamente económico.

A materia prima, o algodón en rama, adquiríase a baixo custo porque se importaba da India ou das grandes plantacións escravistas dos Estados Unidos.

O proceso de mecanización iniciouse coa **lanzadeira volante** de Kay (1733), que aumentou a velocidade do proceso do tecido e permitiu ensanchar as pezas, e as **máquinas de fiar** (Spinning jenny, Mule jenny e Water Frame), que incrementaron a produtividade no fiado.

O último paso foi a incorporación do **tear mecánico** de Cartwright (1785), que aumentou a produción de tecidos e permitiu o abaratamento do seu custo.

A siderurxia

No século XVIII, aumentou de xeito considerable a demanda de ferro para fabricar barcos, municións, máquinas e ferramentas. Iso estimulou a busca dun combustible para a siderurxia menos custoso e máis efectivo que o carbón vexetal usado ata daquela.

A primeira innovación que estimulou o crecemento da siderurxia foi o uso do **carbón de coque** por Darby (1709) nos altos fornos usados para a fundición. O seu elevado poder calorífico permitiu a produción de ferro en grandes cantidades e fomentou o crecemento da minaría do carbón.

O perfeccionamento de técnicas como a pudelaxe* e o laminado do ferro, inventadas por Cort en 1783, foron importantes para o desenvolvemento da siderurxia.

Máis adiante, en 1855, o **convertedor de Bessemer** permitiu a fabricación de **aceiro** (unha mestura de ferro e carbono), un material de grande elasticidade, moi apto para a construción de maquinaria, ferramentas, edificios e obras públicas.

CONSUMO DE LA E ALGODÓN EN GRAN BRETAÑA

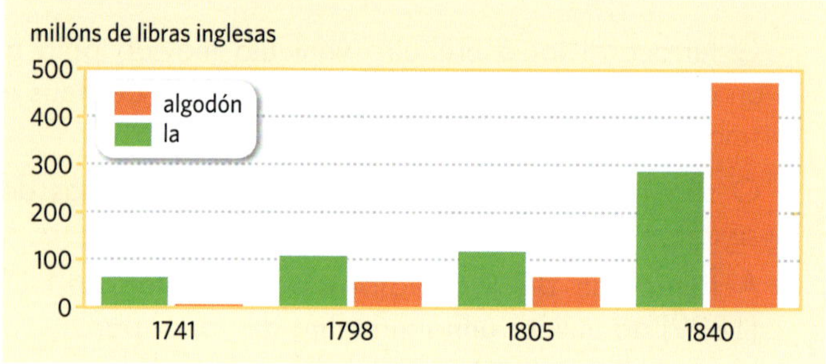

1. Que evolución seguiu o consumo de ambas as dúas materias primas? A que se debeu o cambio?

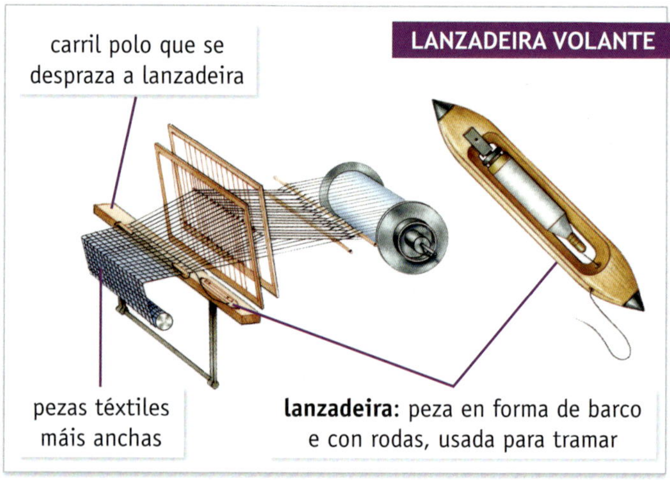

O CONVERTEDOR BESSEMER E A PRODUCIÓN DE ACEIRO

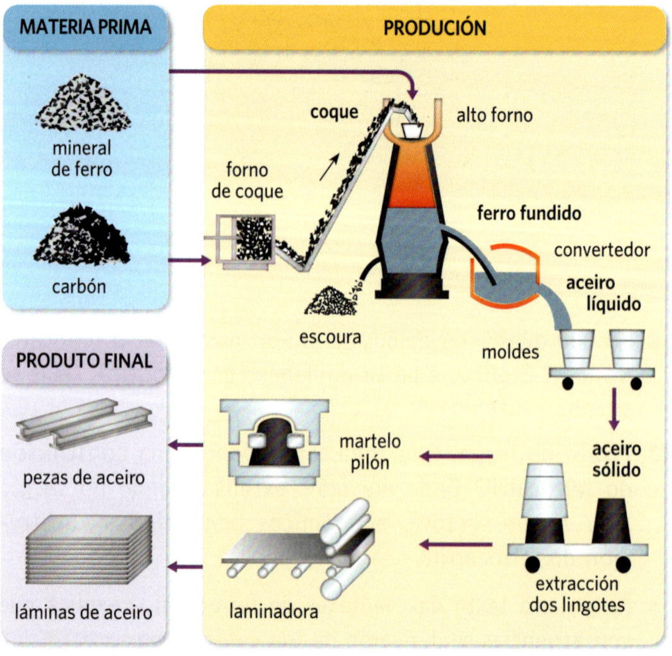

A minaría do carbón e do ferro

A xeneralización do uso dos minerais como materia prima foi outra das características do novo mundo industrial. Os sectores mineiros que primeiro se desenvolveron foron o do carbón e o do ferro.

O **carbón** converteuse na gran fonte de enerxía da Revolución Industrial. A demanda de carbón mineral aumentou debido á súa utilización na máquina de vapor e para a fabricación de ferro e aceiro.

As minas de carbón proliferaron en Europa. Gales, en Gran Bretaña, converteuse nunha das grandes zonas mineiras, onde se extraía carbón de alta calidade polo seu elevado poder calorífico.

As rexións carboníferas atraeron as **industrias siderúrxicas** que se estaban a desenvolver para proporcionar ferro para as novas máquinas. Nesas rexións xeráronse as características "paisaxes negras", froito das escouras do material e do fume derivado da combustión do carbón.

Nenos traballando nunha mina de carbón inglesa. Litografía, 1844.

A expansión comercial

A Revolución Industrial deu paso a unha **economía de mercado**, na que se producía non unicamente para o autoconsumo senón tamén para a venda en mercados urbanos. Este cambio foi posible grazas ao aumento da produción, ao crecemento da poboación e ao maior poder adquisitivo desa poboación.

A mellora dos sistemas de transportes facilitou o **comercio interior**, que aumentou de modo progresivo, ampliando os mercados locais e consolidando un mercado de ámbito nacional que sostivese o crecemento industrial.

O **comercio exterior** coas colonias extraeuropeas ofreceulle ao Reino Unido os mercados onde exportar a produción das novas industrias e iniciar o desenvolvemento industrial.

As "paisaxes negras"

Coketown é unha cidade de ladrillos que se verían vermellos se o fume e as cinzas o permitisen (...). É unha cidade chea de fábricas e de altas chemineas de onde saen interminables serpes de fume que nunca cesan (...).

Crúzaa unha canle negra por onde circulan unhas augas avermelladas polas tinturas, que está rodeada de moreas de fábricas cheas de ventás, onde a xornada transcorre no medio do estrepitoso ruído das máquinas e dos tremores que provoca o pistón da máquina de vapor cada vez que sobe e baixa.

Charles Dickens: *Tempos difíciles*, 1854.

2. Como describe Dickens a cidade industrial? Xustifica por que se cualifican estas cidades como "paisaxes negras".

3. Cal foi o primeiro sector produtivo que encabezou a industrialización? Que materia prima empregaba? Como axudou o goberno inglés á expansión da industria británica do algodón?

4. Explica como se levou a cabo a mecanización do téxtil. Observa o debuxo e describe o funcionamento da lanzadeira volante.

5. Que produtos fixeron aumentar a demanda de ferro? Que invento fixo posible a produción masiva de ferro?

6. Que é o aceiro? Que vantaxes ten sobre o ferro? Observa o debuxo do convertedor Bessemer e describe o seu funcionamento.

7. Por que aumentou a demanda de carbón? Explica por que o crecemento da produción de carbón e de ferro están relacionados entre eles.

8. Observa a litografía de 1844. Quen traballa na mina de carbón? Cres que isto é posible na actualidade? Por que?

O crecemento da poboación e o desenvolvemento

O aumento da poboación foi un estímulo para o desenvolvemento industrial do século XIX porque implicou un aumento no número de traballadores dispoñibles e un incremento na demanda de bens de consumo.

O aumento demográfico foi posible grazas á mellora da produción agrícola porque unha poboación mellor alimentada se fixo máis resistente ás enfermidades e, xa que logo, a mortalidade empezou a diminuír.

A industrialización, que necesita concentración de capitais e traballadores, estimulou o crecemento urbano. A burguesía instalou as súas fábricas preto das cidades e os campesiños emigraron do campo para traballaren nelas. Así, a sociedade pasou de ser maioritariamente agraria e rural a ser industrial e urbana.

O crecemento das cidades deu lugar á súa progresiva urbanización, que non parou ata os nosos días. O mundo actual é un mundo de cidades.

EVOLUCIÓN DA POBOACIÓN RURAL E URBANA

	Rural (en %)	Urbana (en %)
Ano	**Gran Bretaña**	
1851	47,8	52,2
1886	30,6	69,4
1911	21,9	78,1
Ano	**Francia**	
1851	74,5	25,5
1886	64,1	35,9
1911	55,8	44,2
Ano	**Alemaña**	
1851	63,9	36,1
1886	74	53
1911	40	60

A A REVOLUCIÓN DEMOGRÁFICA

Cara a 1750, a poboación europea iniciou un proceso de crecemento coñecido como **revolución demográfica**. Esta debeuse ao aumento da produción de alimentos e, posteriormente, ás melloras na medicina e na hixiene.

A mellor alimentación permitiu a desaparición das grandes fames e fixo a poboación máis resistente fronte ás enfermidades. A mortalidade foi descendendo de xeito paulatino mentres a natalidade tendía a manterse ou a medrar lixeiramente.

A redución da mortalidade, sobre todo a infantil, fixo tamén posible un aumento da esperanza de vida, que pasou de 38 anos, a finais do século XVIII, a alcanzar os 50 a finais do XIX.

Gran Bretaña foi o país europeo onde se iniciou a expansión demográfica e onde alcanzou maiores proporcións. Entre 1700 e 1800, o seu número de habitantes aumentou en case un 69 %.

O conxunto de Europa pasou de 140 millóns de habitantes en 1750, a 192 millóns en 1800, e a 274 millóns en 1850.

A EVOLUCIÓN DEMOGRÁFICA EN INGLATERRA

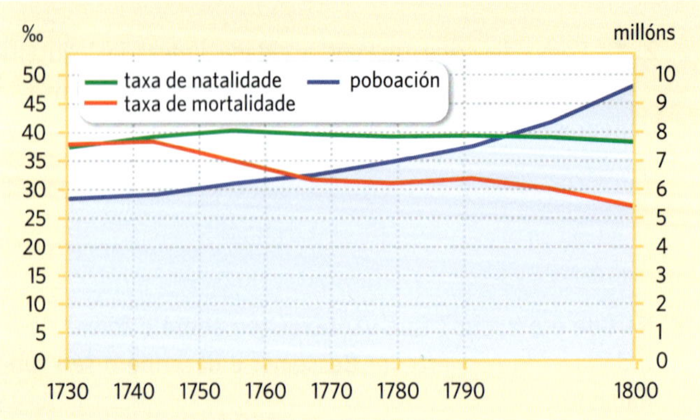

A POBOACIÓN EUROPEA MUNDIAL

Poboación (en millóns de habitantes)	Cara a 1800	Cara a 1850
Gran Bretaña	16,1	27,5
Francia	27,3	35,8
Italia[1]	18,1	24,3
Alemaña[1]	24,6	35,9
España	10,5	15,6
Rusia	37	60,2
Europa	**192**	**274**
Mundo	**906**	**1171**

(1) Datos de poboación do territorio unificado en 1870 e 1871 respectivamente.

@ Amplía na Rede...

Para saberes máis sobre a revolución demográfica, entra en: www.tiching.com/53258

urbano

B A EXPANSIÓN DAS CIDADES

A industrialización converteu as antigas cidades en grandes metrópoles e os seus habitantes multiplicáronse.

Neste desenvolvemento urbano derrubáronse as murallas, apareceron barrios novos, creáronse novos medios de transporte (ferrocarril, tranvía...) e construíronse infraestruturas (empedrado de rúas, rede de sumidoiros...) e novos servizos (hospitais, mercados, teatros etc.).

O crecemento urbano foi consecuencia do **éxodo rural**. Os campesiños, aos que a mecanización das tarefas agrícolas e a concentración da propiedade deixaron sen terras e sen traballo, acudiron ás cidades en busca dun emprego nas fábricas.

Na nova **cidade industrial** produciuse unha forte segregación social por **barrio**, nos que se diferenciaban os elegantes barrios da burguesía e os espazos industriais rodeados de suburbios obreiros.

C. PISSARRO: *A avenida da Ópera de París*, 1898.

A burguesía planificou novos barrios residenciais con edificacións de varios pisos con luxosas e confortables vivendas, rodeadas de espazos axardinados, comunicados con amplas avenidas e dotados de servizos.

O CRECEMENTO URBANO

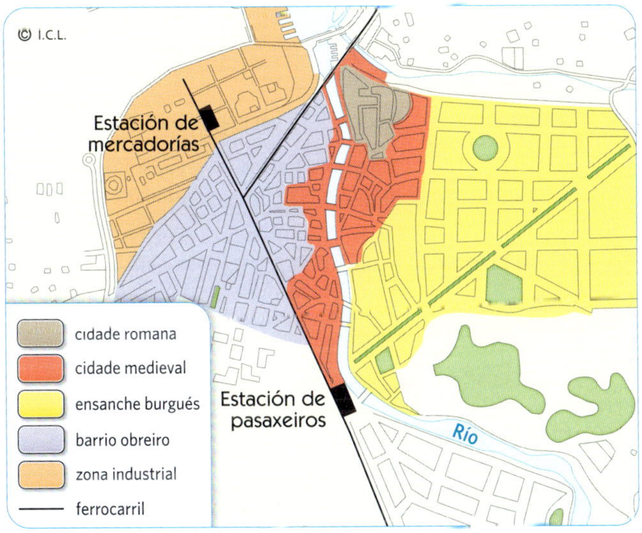

G. DORÉ: *Londres, unha peregrinación*, 1870. (Gravado)

Os barrios obreiros carecían de infraestruturas (as rúas non estaban asfaltadas nin tiñan rede de sumidoiros) e a falta de espazo provocou o amoreamento nas vivendas.

1. A partir do gráfico, explica en que consistiu a revolución demográfica inglesa.
2. Consulta a táboa. Que peso tiña a poboación europea en relación coa mundial a mediados do século XIX? Cres que na actualidade se segue mantendo esta proporción?
3. Por que a industrialización favoreceu o crecemento das cidades? Observa o plano e explica como se estruturaba por barrios unha cidade industrial.
4. En que se diferenciaban os barrios burgueses dos barrios obreiros?

Relaciona onte e hoxe

5. O crecemento demográfico foi un estímulo para o desenvolvemento económico do século XIX. Indaga se a poboación europea medra na actualidade como o fixo naquela centuria. Que consecuencias sociais e económicas cres que se poden derivar da actual situación demográfica de Europa?
6. A industrialización provocou un transvasamento de poboación do campo á cidade. Por que cres que na actualidade a meirande parte das persoas prefire vivir en cidades? Indaga se esta tendencia segue vixente no mundo actual e se predomina a poboación rural ou agraria.

6 O triunfo do capitalismo

A Revolución Industrial impulsou o desenvolvemento do **capitalismo**, un sistema económico sustentado no **liberalismo económico**. Esta doutrina, baseada na iniciativa privada, foi establecida por unha serie de autores británicos (Escola de Manchester), entre os que destacou **Adam Smith**.

Honoré DAUMIER: *O banqueiro*, 1835.

O capitalismo industrial

O capitalismo é un sistema económico no que os instrumentos de produción (as fábricas, a maquinaria e os stocks* de bens) son, de xeito predominante, de **propiedade privada**.

As actividades económicas responden á **libre iniciativa** dos individuos, que teñen como obxectivo a procura do **máximo beneficio**: É un sistema non planificado, no que a intervención do Estado se debe reducir ao mínimo.

Os intereses dos particulares –vendedores ou compradores– concorren no mercado, que só se regula mediante a **lei da oferta e a demanda**.

A competencia entre os empresarios para conquistaren o mercado dá lugar a unha carreira para reducir custos e prezos, o que constitúe un incentivo para a constante renovación tecnolóxica (**lei da competencia**).

O capitalismo vese azoutado polas **crises de superprodución** provocadas por un exceso de produción en relación coa capacidade de consumo da sociedade. As súas consecuencias son a diminución de vendas, a caída de prezos e beneficios, o peche de empresas e o paro obreiro.

AS CRISES ECONÓMICAS

Características	Crise de subsistencia	Crise de sobreprodución
Manifestación e orixe	Malas colleitas, carestía de alimentos	Crecemento excesivo da produción: superprodución
Evolución dos prezos	Suba dos prezos dos alimentos por falta de oferta	Baixada dos prezos industriais pola falta de demanda
Extensión	Rexional ou nacional	Nacional ou mundial
Periodicidade	Ningunha (ciclos irregulares)	Cada dez anos aproximadamente
Consecuencias	Epidemias e fame. Aumento da mortalidade	Declive de empresas e bancos. Aumento do paro

O crecemento das finanzas

A industrialización implicou o desenvolvemento das **entidades bancarias** que se multiplicaron e diversificaron, converténdose en captadoras do aforro (bancos de depósito) e subministradoras de capital á industria (bancos de investimento). Ademais, os bancos actuaban como intermediarios entre empresas, provedores e consumidores, facilitando os pagamentos e os intercambios (letras de cambio, cheques, obrigas de pagamento...).

A necesidade de capital para fundar unha nova empresa levou á creación de **sociedades anónimas**, nas que o capital se divide en participacións (accións), que son adquiridas por accionistas e dan dereito ao cobramento de beneficios (dividendos). Estas accións teñen un valor nominal, en relación co capital da empresa que emite as accións.

A compravenda de accións realízase na **bolsa**, que se rexe pola lei da oferta e a demanda: se existen moitos compradores e poucas accións á venda, a súa cotización sobe por enriba do seu valor nominal; cando ocorre o contrario, o seu valor diminúe.

FUNCIONAMENTO DUNHA SOCIEDADE ANÓNIMA

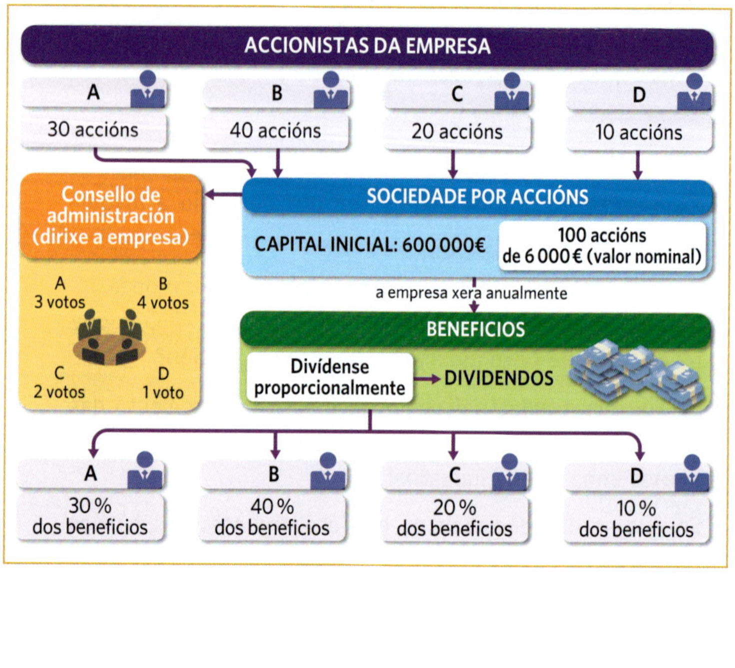

Proteccionismo e librecambio

Reino Unido, como país pioneiro do proceso de industrialización, mostrouse partidario do **librecambio**, isto é, da non-intervención estatal no comercio internacional. O libre intercambio de mercadorías entre os distintos Estados sería un estímulo ao comercio, ao aumento da produción e á mellora da competitividade empresarial.

Para evitar a competencia do Reino Unido e fomentar o crecemento da súa propia industria, tanto os países do continente coma os Estados Unidos aplicaron **medidas proteccionistas**. O proteccionismo defende a imposición de aranceis (impostos) á entrada de produtos estranxeiros, co obxectivo de encarecelos para que non sexa rendible a súa importación.

O librecambismo

Nun sistema de enteira liberdade de comercio, cada país consagra o seu capital e a súa industria ao emprego que lle parece máis útil e está mellor preparado. Un país que, pola súa superioridade na maquinaria e habilidade dos seus obreiros, fabrica a mellores prezos que os seus veciños, pode vender os produtos da súa industria, e facer vir do exterior o trigo que necesita para o seu consumo.

D. Ricardo: *Principios de economía política*, 1817.

1. Como defende o autor a conveniencia do librecambio?
2. Con que argumentos se lle opuxeron os proteccionistas?

A expansión da industrialización

O proceso de industrialización espallouse polo mundo, aínda que dunha **maneira desigual**.

A comezos do século XIX, as transformacións económicas iniciáronse en Francia e Bélxica, onde tivo un menor peso o sector téxtil, e a industrialización sustentouse na explotación dos depósitos de carbón.

A mediados de século, Alemaña cimentou o seu desenvolvemento industrial na abundancia de carbón e ferro e no sector siderúrxico e químico. En Italia e España, o crecemento industrial foi máis tardío.

Na Europa oriental, o Antigo Réxime permaneceu vixente durante todo o século XIX. Só en zonas localizadas dos imperios austrohúngaro e ruso se asentou a finais de século unha incipiente industrialización.

No resto do mundo, tan só nos Estados Unidos e no Xapón se produciu un desenvolvemento da industria semellante ao europeo.

INDUSTRIALIZACIÓN DE EUROPA CARA A 1850

3. Explica as características do sistema capitalista. Por que se producen crises económicas periódicas? Observa a táboa e establece as diferenzas entre as crises de subsistencias típicas do Antigo Réxime e as crises de sobreprodución capitalistas.

4. A partir do esquema dunha sociedade anónima, describe como funciona unha empresa capitalista usando as palabras: *acción, accionista, dividendo, bolsa, consello de administración* e *capital*. Xustifica por que a Bolsa é indispensable para o desenvolvemento do sistema capitalista.

5. Fíxate no mapa. Que zonas eran as máis industriais de Europa na metade do século XIX e cales eran as súas industrias predominantes? En que fases cronolóxicas se levou a cabo a expansión da industrialización?

DESCUBRE

7 A nova sociedade de clases

O capitalismo instaurou a división entre capital e traballo e organizou a sociedade en dous grupos ou clases sociais: a burguesía e o proletariado.

A burguesía posuía o capital, desenvolvía os negocios e era a propietaria das fábricas, das entidades financeiras e das empresas comerciais. O proletariado, os obreiros e obreiras, vivían do traballo que realizaban nas fábricas, nas minas e nos medios de transporte a cambio dun salario.

Diferenciándose da sociedade estamental, as clases son grupos sociais abertos con mobilidade social, nas que o poder económico é a categoría básica de definición social. Que desigualdades presentaba a nova sociedade de clases?

Caricatura titulada *O capital e o traballo*, de comezos do século XX.

A A BURGUESÍA: A NOVA ELITE SOCIAL

No novo mundo industrial, a **gran burguesía**, composta por empresarios, banqueiros e grandes propietarios agrícolas, converteuse na nova clase dominante. A súa riqueza e o seu desexo de mostrar publicamente o seu poder e prestixio permitíronlle, pouco a pouco, substituír a aristocracia na vida social.

Por debaixo había unha **mediana burguesía** composta por profesionais (avogados, médicos...), funcionarios e comerciantes, e unha **pequena burguesía** constituída por empregados, tendeiros e artesáns cuxas condicións de vida apenas se diferenciaban do proletariado.

A nova burguesía impuxo os seus valores sociais: a exaltación da propiedade privada, a virtude do traballo e do aforro e o triunfo individual. Da burguesía proviñan a maioría dos que accedían ao ensino universitario, e formaban a intelectualidade: os profesores, enxeñeiros, xefes das institucións e das empresas, dando lugar a verdadeiras dinastías familiares.

Para a gran burguesía, a casa familiar transformouse nun símbolo da súa prosperidade e poder. As súas residencias eran grandes e luxosas e contaban con numerosos servizos.

S. Giraud: *Interior dun salón burgués en París*, 1889.

A familia converteuse no núcleo esencial de transmisión e consolidación do patrimonio da burguesía.

B O PROLETARIADO: A FORZA DE TRABALLO

Na nova sociedade industrial, a **clase obreira** era a man de obra necesaria para o funcionamento das máquinas e constituía o grupo social máis desfavorecido.

Nos primeiros tempos da industrialización, non existía ningunha lexislación laboral que regulase as condicións de traballo, os salarios ou garantise algunha protección en caso de accidente ou enfermidade.

Os obreiros estaban sometidos a unha **dura disciplina laboral** onde os castigos e as penalizacións eran frecuentes e podían ser despedidos no momento que desexase o empresario.

As xornadas nas fábricas ou nas minas eran moi longas (14-16 horas), sen apenas descanso semanal, e realizábanse en condicións ambientais moi deficientes, con ruídos e fumes asfixiantes. Os salarios eran moi baixos e non se percibían en caso de enfermidade, accidente ou vellez.

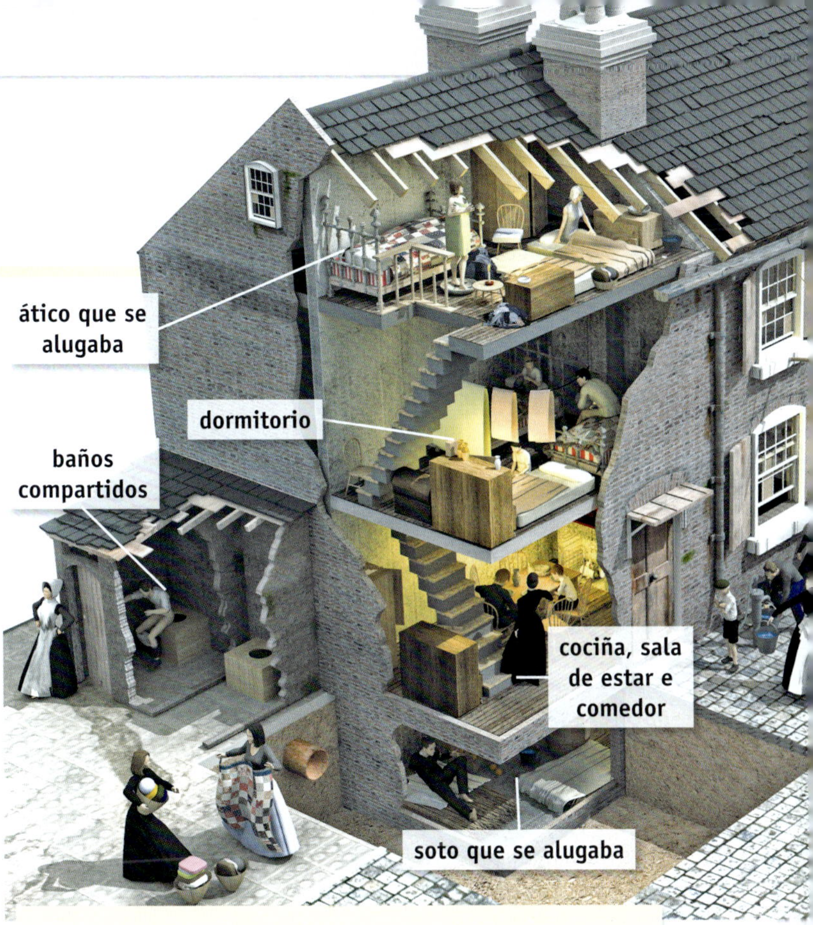

As vivendas obreiras eran moi pequenas e chegábanse a amorear 10 ou 12 persoas en cuartos insalubres. As rúas estaban cheas de lama, sen servizos hixiénicos nin auga potable.

Interior dunha vivenda obreira en Berlín (1907), onde se aprecian as precarias condicións de vida da clase traballadora.

Os nenos e as mulleres traballaban nas mesmas condicións que os homes, tanto nas fábricas como nas minas, pero os seus salarios eran inferiores. En Inglaterra, o soldo dos nenos equivalía a un 10% do dos homes, e o das mulleres, ao redor dun 40%.

As pésimas condicións de vida, a fatiga, as enfermidades profesionais, a desnutrición e as epidemias acababan moi cedo coa vida das familias obreiras. A esperanza de vida era baixa e aos 50 anos as persoas xa estaban moi avellentadas.

1. Que cambios na sociedade implicou a industrialización? Que diferenzas podes establecer entre a nova sociedade de clases e a vella sociedade estamental?
2. Que dúas clases sociais se impuxeron coa industrialización? Que caracteriza cada unha delas?
3. Describe e compara a vivenda burguesa e a obreira. En que contorna urbana se atopaba cada unha delas? Que conclusións podes establecer sobre as diferentes condicións de vida de ambas as dúas clases sociais?
4. Observa e describe o salón da familia burguesa e como pasaban o atardecer. Que diferenzas podes establecer coa fotografía do interior dun fogar obreiro?

Investiga

5. O traballo dos nenos e das nenas foi unha das grandes lacras da Revolución Industrial. Visualiza un fragmento da película belga *Daens* en www.tiching.com/749754 e responde as preguntas:
   - Que traballos realizaban os nenos e as nenas? A que idades comezaban a traballar? En que condicións laborais?
   - Como prexudicaba este traballo o seu desenvolvemento físico e mental?
   - Por que as fábricas empregaban a mulleres e nenos? Como se empezou a loitar contra esa situación?

8 Os novos movementos sociais

As duras condicións de traballo e a miseria en que vivía a clase obreira baixo o sistema industrial xerou unha nova **conflitividade social**.

As asociacións obreiras

A primeira reacción obreira contra o traballo industrial foi o **ludismo**. Este movemento iniciouse en Inglaterra a comezos do século XIX, e consistiu na destrución violenta de máquinas, que consideraban responsables dos baixos salarios e do paro obreiro.

Algúns obreiros empezaron a decatarse da necesidade de crear asociacións propias para defender os seus intereses. As primeiras organizacións foron as **Sociedades de Socorro Mutuo**, que actuaban como sociedades de resistencia e axudaban os traballadores en caso de enfermidade ou paro. Estas sociedades organizaron as primeiras folgas grazas ao cobramento de cotas que permitían crear caixas de resistencia.

A derrogación en Inglaterra das leis que prohibían as asociacións obreiras (*Combination Laws* 1824), permitiu a creación dos primeiros sindicatos, que reunían os obreiros dun mesmo oficio ou ramo, como por exemplo o Sindicato de Fiadores.

Mais adiante, en 1834, fundouse a **Great Trade Union**, que agrupaba traballadores de distintos oficios. As súas primeiras reivindicacións sindicais foron a defensa do dereito de asociación, a redución da xornada laboral, as melloras salariais e a regulación do traballo infantil.

A denuncia da desigualdade social

Na nova sociedade industrial, algúns pensadores denunciaron as inxustizas creadas polo capitalismo.

- Os **socialistas utópicos** (Saint-Simon, Proudhon e Fourier) foron os primeiros en denunciar a propiedade privada como a principal causa das desigualdades, e en propor formas de propiedade colectiva.
- A mediados do século XIX, algúns pensadores defenderon a necesidade dunha **revolución** para acabar co capitalismo e construír unha nova sociedade igualitaria. Estas ideas deron lugar a dúas grandes correntes revolucionarias: o **marxismo** e o **anarquismo**.
- A **Igrexa católica** preocupouse pola cuestión obreira e a desigualdade social. En 1890, o Papa León XIII publicou a encíclica *Rerum novarum*, na que propuña a necesidade de mellorar as condicións de vida da clase obreira mediante a promulgación de leis sociais.

CONFLITOS LABORAIS EN GRAN BRETAÑA

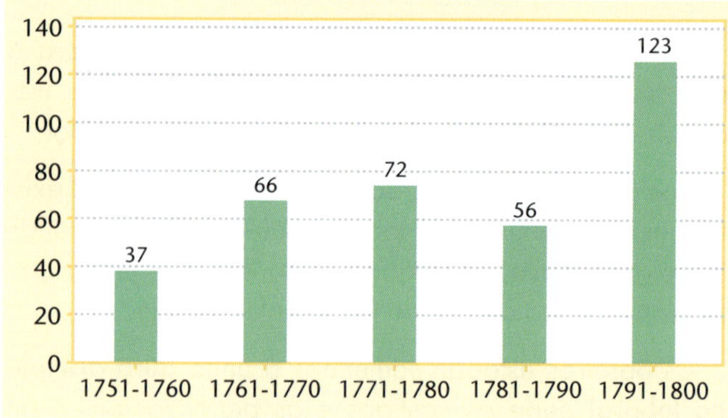

O dereito de asociación

> Hai anos que a nosa clase vai camiñando cara á súa ruína. Os salarios minguan. O prezo dos comestibles e o dos cuartos é máis alto. Debemos reducir de día en día o círculo das nosas necesidades, mandar ao taller as nosas esposas con prexuízo da educación dos nosos fillos, sacrificar estes mesmos fillos a un traballo prematuro.
>
> É xa gravísimo o mal, urxe o remedio e (...) pedímosvos unicamente o libre exercicio do dereito de asociarnos.
>
> Hoxe concédesenos este dereito só para favorecernos nos casos de enfermidade ou de falta de traballo; concédasenos en diante para opornos ás desmedidas esixencias dos donos de talleres e establecer con eles tarifas de salarios, (...).
>
> *Exposición da Clase Obreira Española ás Cortes*, 1855.

R. KOEHLER: *A folga*, 1886.

A folga foi a principal actuación de presión dos obreiros para que os patróns aceptasen negociar as súas reivindicacións laborais.

MARXISMO, ANARQUISMO E INTERNACIONALISMO

O marxismo e o anarquismo opúñanse á propiedade privada e aspiraban á destrución do capitalismo, pero diferían en como debía facerse a revolución e no modelo de sociedade que debía substituílo.

O ANARQUISMO

Piotr Kropotkin.

Non é unha doutrina única, senón que reúne as ideas de distintos pensadores como **Bakunin** e **Kropotkin**.

Baséase na exaltación da liberdade individual e da solidariedade social, a defensa da propiedade colectiva e o rexeitamento a toda autoridade.

Defende que a revolución debe ser o resultado dunha folga xeral que destrúa o Estado para crear unha sociedade igualitaria con formas de propiedade colectiva.

Oponse á participación na política (eleccións) e á organización en partidos políticos. Un sector defendía a acción violenta contra o capitalismo (burguesía, Exército, Estado e Igrexa), e outro, a creación de sindicatos revolucionarios (anarcosindicalismo).

O MARXISMO

Marx e Engels.

É o resultado da colaboración de **Karl Marx** e **Friedrich Engels**, que denunciaron a explotación dos traballadores e defenderon a revolución para destruír o capitalismo.

A revolución proletaria debería ter dúas fases:

- A conquista do poder político para crear un Estado obreiro (ditadura do proletariado) que destruiría a propiedade privada e que a poría nas mans do Estado.
- A sociedade comunista, na que desaparecerían as clases sociais e o Estado (comunismo).

Os marxistas crearon partidos obreiros socialistas. O seu obxectivo era a revolución obreira, pero tamén defendían a participación nas eleccións e a entrada nos parlamentos para impulsar leis favorables aos traballadores.

AS INTERNACIONAIS OBREIRAS

Marxistas e anarquistas participaron nos conflitos obreiros da súa época e propuxeron a necesidade da unión dos obreiros de todo o mundo para conseguir a súa emancipación social (Internacionalismo proletario).

Por iniciativa de Karl Marx, en 1864, creouse a **Asociación Internacional de Traballadores** (**I Internacional**) á que se adheriron marxistas, anarquistas e sindicalistas, pero as discrepancias ideolóxicas entre eles fixérona inviable e acabou por desaparecer cara a 1876.

En 1889, os marxistas fundaron a **II Internacional**, co obxectivo de coordinar os diferentes partidos socialistas. A II Internacional creou algúns dos símbolos de identidade do movemento obreiro, como o himno da *Internacional* e a festa do Primeiro de Maio (Día dos Traballadores).

Alegoría da Primeira Internacional, 1870.

1. Observa o gráfico. Por que aumentaron os conflitos laborais? Cales eran as reivindicacións obreiras?
2. Que é o ludismo? Por que os obreiros reaccionaron contra as máquinas? Cres que eran as responsables da súa situación. Razoa a resposta.
3. Le o texto sobre o dereito de asociación. Que se lles solicitaba ás Cortes? Con que argumentos o pedían?
4. Cales foron as primeiras asociacións obreiras? En que se diferenciaban unhas das outras?
5. Que ideoloxías xurdiron no século XIX para denunciar as desigualdades sociais do capitalismo? Que propuña cada unha delas?
6. Explica as diferenzas e similitudes entre marxismo e anarquismo. Que foron as Internacionais Obreiras?

Síntese • Síntese • Síntese • Síntese • Síntese

COMPLETA O MAPA CONCEPTUAL

Coa información do tema, completa no teu caderno o seguinte esquema:

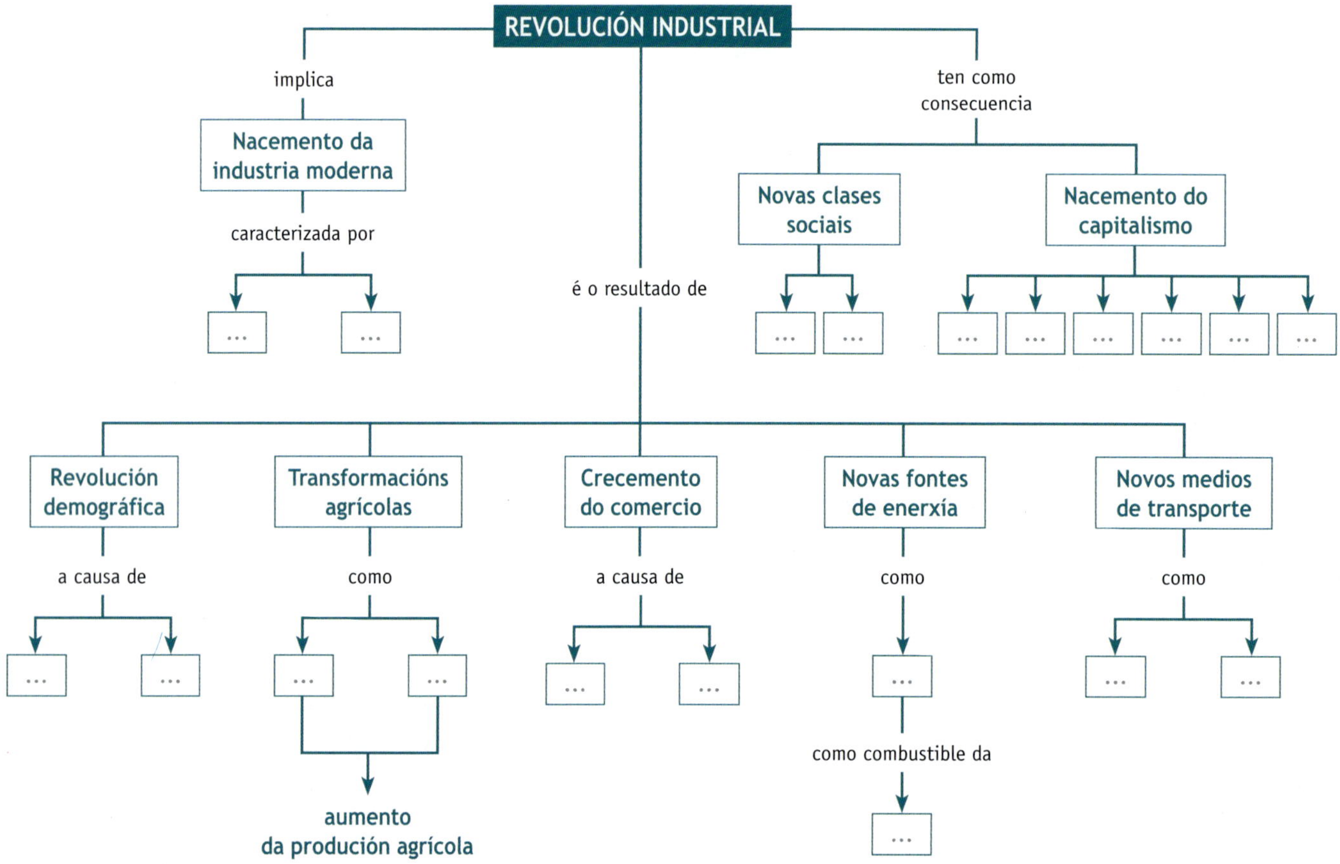

1 CONSOLIDA O APRENDIDO

a) Que entendes por Revolución Industrial? Que cambios en diferentes sectores da economía a fixeron posible? Que país foi o "taller do mundo"? Por que?

b) Que innovacións deron lugar ao maquinismo e ao sistema fabril de produción de bens? Que sectores foron os primeiros en adoptar o sistema industrial?

c) Que cambios se produciron nos medios de transporte? Que consecuencias se derivaron deles?

d) Cales son as características do capitalismo e da sociedade de clases?

e) Que novas ideoloxías denunciaron as desigualdades sociais do capitalismo? Que alternativas propuñan?

2 DEFINE CONCEPTOS CLAVE

- mecanización
- sistema Norfolk
- sociedade de clases
- sistema fabril
- urbanización
- sindicato

3 FIXA A CRONOLOXÍA

- máquina de vapor
- tear de Cartwright
- lanzadeira volante de Kay
- forno alto de Darby
- locomotora de Stephenson
- convertedor Bessemer

4 ESTABLECE AS DIFERENZAS

- *openfield*/*enclosure*
- enerxía hidráulica/enerxía do vapor
- liberalismo económico/capitalismo
- proteccionismo/librecambio
- burguesía/proletariado
- Primeira Internacional/Segunda Internacional

RESPONDE A PREGUNTA INICIAL

Como transformou a Revolución Industrial a economía e a sociedade tradicionais?

APRENDE A... COMPARAR E VALORAR DÚAS IMAXES

Estas imaxes dannos información sobre as fábricas téxtiles nos inicios da industrialización, pero cada unha delas amosa a visión que o autor quere salientar sobre a realidade.

O traballo nunha fábrica de fiados de algodón, 1840.

O traballo nunha fábrica de tecidos de algodón, 1834.

1. Identificación e presentación

- Que tema común amosan ambas as imaxes?
- Foron debuxadas na mesma época?

2. Descrición e análise

- Describe cada unha das imaxes. Que parte do proceso téxtil reflicte cada unha? Como o recoñeciches?
- Que fonte de enerxía movían as máquinas nesa época? É a mesma en ambos os dous casos? Observa as imaxes, busca información e explica o funcionamento do sistema de barras e poleas para dotar de enerxía a maquinaria.
- Que personaxes aparecen en cada unha das imaxes? Fíxate no neno que está debaixo da máquina de fiar, que cres que está a facer? Busca información e indágao. Que tarefas desempeñan os homes e as mulleres? Teñen a mesma xerarquía laboral? Xustifica a túa resposta.

3. Contexto histórico

- Como se produciu a mecanización do fiado e do tecido? Cal deles se iniciou primeiro? Que consecuencias tivo a mecanización sobre a produción e os prezos?
- Era frecuente que as mulleres e os nenos e as nenas traballasen na industria téxtil? Por que? A que condicións estaban sometidos?

4. Conclusións

- Cres que estas imaxes mostran fielmente o ambiente dunha industria téxtil? Están idealizadas ou distorsionadas?
- Cal das duas reflicte mellor como debía ser o interior dunha fábrica téxtil? Que aspectos destacarías de cada unha delas como máis fieis á realidade? Razoa as túas respostas.

RAZOA HISTORICAMENTE

Causalidade. Que condicións previas tiña Gran Bretaña para se converter no primeiro país onde tivo lugar o arranque industrial? Valora a importancia de cada unha para facilitar o proceso de industrialización.

Argumentación. Que relación podes establecer entre a mecanización agrícola e industrial, o crecemento da industria siderúrxica, a construción do ferrocarril e o desenvolvemento da minaría?

1 Fontes iconográficas. **Industria siderúrxica**

a) Onde se sitúa a escena da pintura? De que tipo de industria se trata? Como se titula a obra? Quen é o seu autor? Cando foi pintada?

b) Que actividade realizan os obreiros? Que instrumentos e máquinas usan?

c) Observa a composición da escena:

- Aparece escura ou iluminada? Que espazo quere resaltar o autor? Como o consegue?
- É unha escena ordenada ou confusa? Que impresión quere transmitir o autor do lugar? Que recursos utiliza para darlle vida á escena?

d) Que podemos deducir das condicións de traballo dos obreiros na siderurxia?

Adolf von Menzel: *A forxa*, 1875.

2 Fontes materiais. **Sociedades anónimas**

Reais de Vellón

a) Que é unha acción? Para que se utilizaban as accións? Observa polo miúdo a imaxe:

- A que empresa pertence a acción? Cando e onde foi fundada? Cal é o seu capital inicial?
- Cantas accións emitiu? Cal é o valor nominal de cada acción?

b) Por que as empresas emitían accións? Que beneficios obtiñan os accionistas?

c) Onde se compraban e vendían as accións? Como funciona esta institución financeira?

d) Observa o debuxo central da acción. Cres que a fábrica utilizaba a máquina de vapor? Como o deduciches? Indaga a que sector de produción pertencía esta empresa.

3 Fontes gráficas. **Desigualdade social**

ORZAMENTOS BURGUÉS E OBREIRO A COMEZOS DO SÉCULO XIX

Concepto	Familia burguesa (% do salario)	Familia obreira (% do salario)
Alimentación	13	52,5
Vivenda	13,3	9,4
Calefacción e servizo	12,3	9,2
Vestimenta	14,1	22,5
Lecer	35,5	6,5
Impostos	3	–

Salario anual familia burguesa	Salario anual familia obreira
17 000 francos	2 500 francos

Fonte: M. Perrot: *Le Mode de vie de familles*, Armand Colin, 1961.

a) Que datos presenta a táboa?

b) Cal é o orzamento anual de cada familia? Cales son os dous primeiros gastos dunha familia obreira? Que parte do orzamento se vai neles?

c) Por que o gasto en alimentación da familia burguesa é moito menor que o da obreira? Significa iso que comen menos e de peor calidade?

d) Que partida non aparece no orzamento obreiro e si no burgués? Indaga por que.

e) A partir desta táboa e coa información do tema escribe unha redacción sobre as condicións de vida da burguesía e da clase obreira durante os primeiros anos do século XIX.

4 Fontes documentais. Marxismo e anarquismo

1 A sociedade divídese cada vez máis en dous campos enfrontados, en dúas clases diametralmente opostas: a burguesía e o proletariado (...).

O obxectivo inmediato dos comunistas é o mesmo que o de todos os partidos obreiros: constitución en clase do proletariado, destrución da dominación burguesa, conquista do poder político polo proletariado. Isto último, coa finalidade de suprimir todas as diferenzas e oposicións de clase.

O proletariado servirase da súa supremacía política para desposuír de todo o capital a burguesía e centralizar todos os instrumentos de produción nas mans do Estado. (...) Isto só se poderá levar a cabo mediante unha violación despótica dos dereitos de propiedade e do réxime burgués de produción.

K. MARX e F. ENGELS: *Manifesto Comunista*, 1848. (Adaptación)

2 Nós queremos a liberdade e afirmamos que a súa existencia é incompatible con calquera forma de poder, sexa a que for, monárquica ou republicana, imposta ou elixida. (...) O mal, a ollos dos anarquistas, non é a forma de goberno, é o principio de autoridade en si (...).

Pero non hai liberdade sen igualdade. Non hai liberdade nunha sociedade en que o capital está monopolizado por unha minoría, cada vez máis reducida. A propiedade debe ser exercida de forma colectiva polos traballadores.

Palabras de M. Bakunin perante un tribunal de xustiza, 1883. (Adaptación)

a) Identifica os autores de ambos os dous textos. A que ideoloxía pertencen?

b) Le o Texto 1:
- Que análise fai da sociedade capitalista?
- Que programa de actuación política propón o primeiro texto para o proletariado? Cal é o seu obxectivo? Que medios deberá utilizar para levalo a cabo?
- A que se refire a expresión "violación despótica"?

c) Le o Texto 2:
- Cales son os principais males da sociedade capitalista? Por que?
- Que transformacións propón para a nova sociedade á que aspira?

d) Compara o proxecto marxista e o anarquista e establece que aspectos teñen en común e cales son as principais diferenzas.

5 Fontes dixitais. Liberalismo económico

Consulta en www.tiching.com/749755 a información sobre o liberalismo económico e responde as preguntas:

a) A que pensador se lle considera o pai do liberalismo económico? A que sistema económico contribuíu coa súa base teórica?

b) Cales son os seus principios básicos do liberalismo económico? E do capitalismo?

c) Cita os grandes problemas que se derivaron da implantación deste sistema económico.

d) Que novos problemas sociais se orixinaron coa industrialización?

e) Que respostas se formularon ante as novas desigualdades sociais?

Adam Smith (1723-1790).

6 Investigación. O Primeiro de Maio

O día 1 de maio é o Día Internacional dos Traballadores, ou Primeiro de Maio, a festa máis importante do movemento obreiro mundial. Localiza na Rede as páxinas web necesarias para responderes as seguintes cuestións:

a) Que feitos se lembran o Primeiro de Maio? Cando e por que se decidiu conmemorar o devandito día?

b) Cando se converteu nun día festivo no noso país? E no resto do mundo?

c) Tamén existe o Día da Muller Traballadora. Indaga a súa orixe, o seu día de celebración na actualidade e os obxectivos da devandita xornada.

RETOS NA REDE

MINI UNIDADE VISUAL: Camiños de ferro.

ACTIVIDADES DE AUTOCORRECCIÓN: Resolve estas actividades e repasa o que aprendiches.

www.vvd.link/012207/3

4 A ESPAÑA DO SÉCULO XIX: A CONSTRUCIÓN DO RÉXIME LIBERAL

Como se desenvolveu a implantación dun Estado liberal en España?

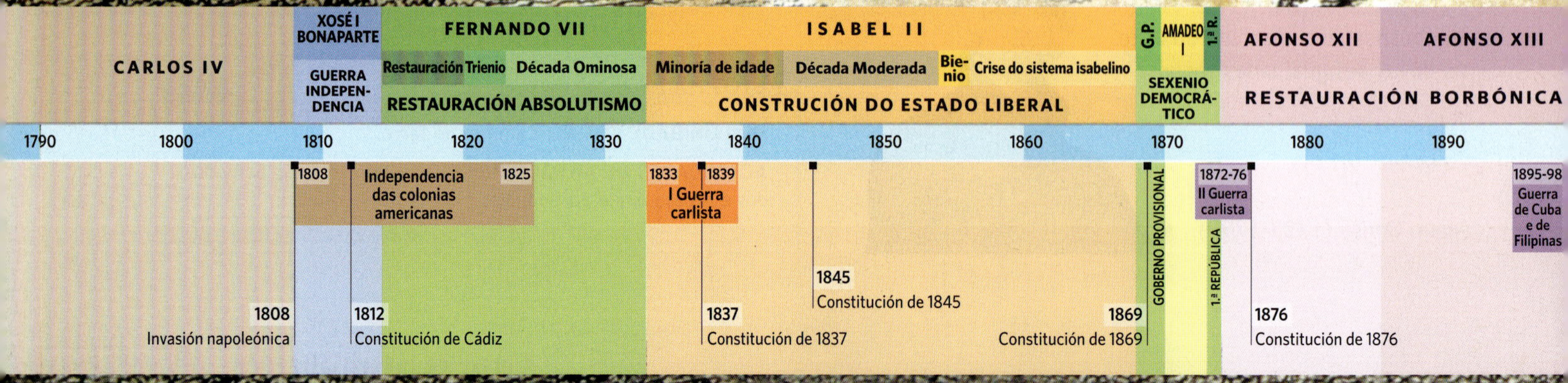

Os xenerais Espartero e Maroto danse a Aperta de Vergara, que lle puxo fin á primeira guerra carlista en 1839.

Coma noutros países de Europa, durante a primeira metade do século XIX produciuse en España a fin do Antigo Réxime e a construción dun novo Estado liberal.

A inexistencia dunha burguesía forte conduciu o país a un peculiar modelo de revolución liberal, onde o exército se converteu no garante da monarquía constitucional e o caciquismo obstaculizou o libre xogo democrático.

Ao longo da centuria, o país viuse inmerso en diferentes conflitos: unha guerra contra o Imperio napoleónico, un conflito civil entre liberais e absolutistas (guerras carlistas) e unha guerra de emancipación das colonias americanas.

Que sabemos?

- Poderías dicir o nome dalgúns monarcas españois do século XIX? Eran absolutistas ou constitucionalistas?
- Sabes cal foi a primeira constitución de España? Diche algo a expresión *Viva a Pepa!*?
- Observa o mapa do Imperio español a comezos do século XIX. Que territorios dominaba España?

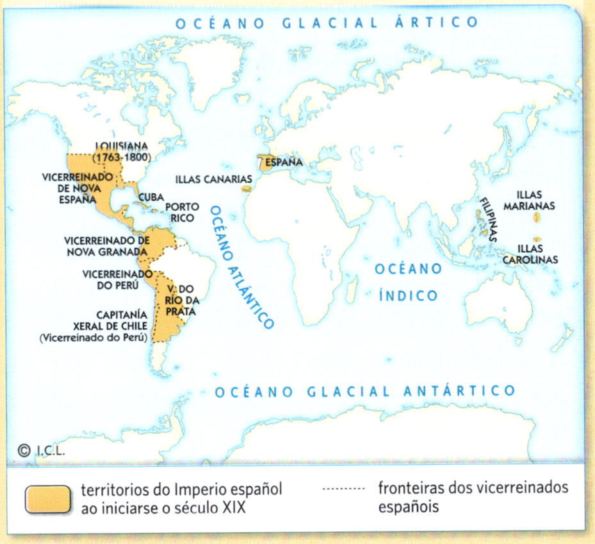

Como se implantou o liberalismo en España?

O estalido da Guerra da Independencia (1808-1814) foi o desencadeante da crise do Antigo Réxime en España, que culminou nun proceso de construción do Estado liberal durante o reinado de Isabel II (1833-1868).

A ausencia dunhas elites burguesas fortes en termos de poder político e económico dotaron o proceso español dalgunhas peculiaridades: un notable protagonismo da Coroa, a intervención do exército na vida política, o falseamento electoral e o mantemento do caciquismo.

Que características particulares explican o modelo de revolución liberal español? Contribuíu o liberalismo a darlle maior estabilidade á vida política?

A UNHA MONARQUÍA CONSTITUCIONAL

O primeiro intento de instaurar un réxime constitucional en España desenvolveuse durante a Guerra da Independencia. A oposición a que o trono español estivese ocupado por un irmán de Napoleón Bonaparte motivou a formación dunhas Xuntas* que, reunidas en Cádiz, aprobaron a **primeira Constitución española**, que tivo unha vixencia moi limitada.

O segundo e definitivo intento realizouse durante a **Primeira Guerra Carlista** (1833-1839), na que se puxeron en xogo dous modelos de Estado: o absolutista defendido polos carlistas e o liberal apoiado polos isabelinos.

A vitoria dos isabelinos significou a implantación durante o reinado de **Isabel II** dunha monarquía constitucional que, malia as súas limitacións, consolidou o triunfo do liberalismo.

José CASTELARO: *Isabel II xura a constitución de 1837*, 1844.

B A ALTERACIÓN DO LIBRE XOGO POLÍTICO

Os liberais estaban divididos en **moderados** e **progresistas**, dúas tendencias que ocupaban o poder, segundo os resultados electorais. No entanto, esta alternancia estivo adulterada por unha serie de prácticas que obstaculizaron o libre xogo político e dificultaron a consolidación dun réxime político estable. Entre estas prácticas destacaron:

- A constante **intervención da Coroa** na vida política, case sempre a favor dos moderados.
- A existencia dunha camarilla* integrada por sectores da nobreza, do exército e dos altos cargos do clero que exercían unha grande influencia na Corte en beneficio propio (**camarillismo**).
- Un **sufraxio censitario**, que lle daba o voto tan só a un 1 % da poboación e, ademais, os resultados falseábanse de forma sistemática a prol do partido no poder.
- A grande influencia sobre a poboación que exercían determinadas familias pola súa posición política ou económica, influíndo de xeito decisivo no nomeamento de candidatos e nos resultados electorais (**caciquismo**).

Denuncia do caciquismo nunha caricatura de 1881.

C O PAPEL ARBITRAL DO EXÉRCITO

O papel do exército na Guerra da Independencia e nas posteriores guerras carlistas deulles a determinados militares un gran prestixio, que implicou a súa intervención na vida política. Deste xeito, militares como Espartero, Narváez, O'Donnell ou Prim convertéronse en líderes políticos que apoiaron, e mesmo lideraron, os partidos moderado e progresista.

Doutra banda, as limitacións do sistema electoral e o falseamento dos resultados fixo que, a miúdo, o partido da oposición recorrese a un **pronunciamiento militar*** para forzar o monarca a entregarlle o goberno. Estes pronunciamentos ían acompañados da intervención da Milicia Nacional e da formación de xuntas revolucionarias de civís, que lles daban o seu apoio aos militares.

Deste modo, unha peculiaridade do liberalismo español foi a importancia que tivo o exército nas disputas entre as diferentes opcións políticas.

O xeneral Espartero percorre as barricadas en Madrid durante a revolta progresista de 1854.

D UNHAS CONSTITUCIÓNS POUCO DURADEIRAS

As diferenzas entre as distintas tendencias do liberalismo implicou que cada unha delas quixese plasmar o seu modelo de Estado nunha constitución propia.

Cando os progresistas alcanzaban o poder, promulgaban unha constitución de carácter progresista, que recoñecía amplas liberdades individuais e ampliaba o dereito de sufraxio. Asemade, os moderados impoñían unha constitución moito máis restritiva en materia de sufraxio e dereitos cidadáns e que facilitaba a intervención da Coroa na vida pública.

Esta tendencia a implantar un texto constitucional acomodaticio ás tendencias políticas mantívose durante todo o século XIX, e implicou que os cambios constitucionais fosen frecuentes e que algunhas constitucións tivesen unha vida moi curta. Tan só a **Constitución de 1876** tivo un carácter máis flexible e foi o resultado dun consenso pactado entre as dúas principais forzas políticas.

CONSTITUCIÓNS ESPAÑOLAS DO SÉCULO XIX

Constitución	Anos de vixencia	Carácter
1812	7	progresista
1837	8	progresista
1845	23	moderada
1856	non nada	progresista
1869	4	democrática
1873	non nada	republicana
1876	47	flexible (conservadores/liberais)

1. En que se diferenciaban as monarquías constitucional e absoluta? Cando se implantou o liberalismo en España? En que contexto político?
2. Que dúas grandes opcións conformaban o liberalismo? Que prácticas políticas obstaculizaron o libre xogo electoral en España? Que consecuencias se derivaron?
3. Por que o exército tivo un gran protagonismo na vida política? Como se concretou a súa intervención?
4. Por que ao longo do século XIX se promulgaron moitas constitucións diferentes? A que respondían?

Argumenta a resposta

5. Sintetiza as características peculiares que tivo en España a implantación do liberalismo político. Cres que contribuíron a lle dar estabilidade política ao sistema? Razoa a túa resposta.

2 Guerra e revolución liberal (1808-1814)

A crise da monarquía de Carlos IV

Un ano despois da chegada ao trono de **Carlos IV** (1788-1808) iniciouse a Revolución francesa. Por temor ao contaxio das ideas liberais, o rei de España uniuse á coalición internacional contra Francia. No entanto, as tropas españolas foron vencidas polo exército da Convención francesa (1793-1795).

A derrota provocou un cambio de estratexia e **Manuel Godoy**, primeiro ministro de Carlos IV, optou por unha alianza con Napoleón para se enfrontar a Inglaterra, o principal inimigo de Francia. A sinatura do **Tratado de Fointeneblau** (1807) permitiu o paso de tropas francesas por España para invadir Portugal, aliada dos británicos.

A ameaza revolucionaria

As alteracións de Francia eran cada día máis graves; o perigo de contaxio, máis ameazador. A tormenta estalaba, ruxía por todas partes.

En medio deste tremor de terra, nos bordos dun volcán cuxa fumareda negra anunciaba a inmediata explosión, cando o terror ameazaba as nosas portas vinme eu, meu Deus!, de súpeto, no temón do Estado.

Memorias de Godoy, 1836.

A invasión napoleónica

A presenza de tropas francesas en territorio español e as intrigas de Fernando, o fillo maior de Carlos IV, contra o seu pai provocaron o popular **Motín de Aranjuez** (1808). O resultado foi a dimisión de Godoy e a abdicación do rei no seu fillo Fernando VII.

Napoleón aproveitou estas discrepancias para reunir en Baiona (Francia) a Carlos IV e Fernando VII. Baixo presións conseguiu que ambos os dous aceptasen abdicar no seu irmán Xosé Bonaparte (**abdicacións de Baiona**).

Xosé I (1810-1813) puxo en marcha determinadas reformas co apoio dalgúns liberais españois, os chamados afrancesados. O monarca outorgou unha carta constitucional (Estatuto de Baiona), proclamou medidas para abolir o Antigo Réxime e promulgou diversos códigos (penal, civil...).

A rendición do mariscal francés perante o xeneral do exército español tras a batalla de Bailén, 1808.

A Guerra da Independencia

Contrariado ante a ocupación, o 2 de maio de 1808, o pobo de Madrid levantouse en armas. O seu exemplo foi seguido en todo o país, dándolle inicio á Guerra da Independencia. As súas fases máis importantes foron:

- **Resistencia popular** (1808) formáronse guerrillas* de patriotas (nome que designaba aos que se opoñían á invasión) para fustrigar os franceses. O exército, apoiado por voluntarios, conseguiu frear o avance francés cara ao sur na batalla de Bailén.
- **Ofensiva francesa** (1808-1812). Napoleón interveu directamente no conflito e ocupou a meirande parte de España. Algunhas cidades resistiron asediadas* varios meses, como Xirona ou Zaragoza. Unha vez controlado o territorio en 1812, Napoleón desprazou boa parte das súas tropas para invadir Rusia.
- **Vitorias anglo-españolas** (1812-1814). O exército británico, comandado polo mariscal Wellington, introduciuse desde Portugal en auxilio das tropas españolas, vencendo aos franceses nos Arapiles (1812).

Napoleón tivo que recoñecer a súa derrota e, mediante o **Tratado de Valençay** (decembro de 1813), retirou as súas tropas de España e liberou os reis en Baiona.

O DESENVOLVEMENTO DA GUERRA DA INDEPENDENCIA

AS CORTES DE CÁDIZ E A CONSTITUCIÓN DE 1812

As abdicacións de Baiona déronlle o trono español a un monarca estranxeiro. Este baleiro de poder estimulou a formación dunhas **Xuntas locais** integradas por patriotas. O seu obxectivo era rexeitar a invasión e crear un goberno lexítimo que representase o pobo español.

En 1810 creouse a **Xunta Suprema Central**, co fin de coordinar os esforzos das diferentes Xuntas. A Xunta Central convocou unha reunión de **Cortes en Cádiz** coa finalidade de redactar unha Constitución.

En Cádiz reuníronse representantes das Xuntas de todo o país, a maioría deles liberais. A **constitución**, aprobada en **1812**, establecía a soberanía nacional, a división de poderes, o sufraxio universal masculino e recoñecía amplas liberdades individuais.

As Cortes tamén aprobaron unha serie de reformas destinadas a abolir o Antigo Réxime, a poñerlles fin aos privilexios da sociedade estamental e a implantar un réxime liberal en España.

Así e todo, as vicisitudes da guerra dificultaron a aplicación efectiva da Constitución e a consolidación do liberalismo.

As Cortes levaron a cabo a súa primeira sesión no Teatro Cómico da Illa de León (Cádiz), o 24 de setembro de 1810.

Viva a Pepa!

A aprobación da Constitución produciuse o 19 de marzo de 1812, día de San Xosé.

Desde entón, o berro de Viva a Pepa! Converteuse nunha aclamación dos principios liberais e dos ideais das Cortes de Cádiz.

A CONSTITUCIÓN DE CÁDIZ

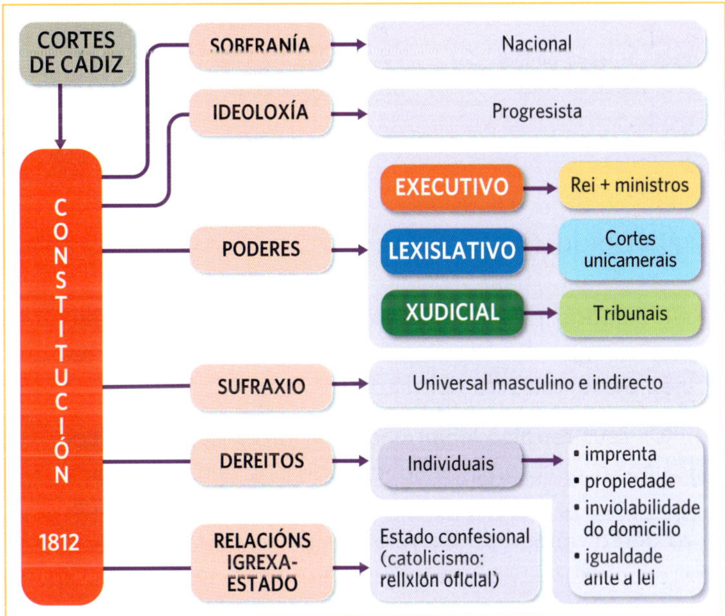

1. Que cambio de estratexia nas relacións entre España e Francia propuxo Godoy? Explica que ocorreu no Motín de Aranjuez e que obxectivos perseguía.
2. Como se levou a cabo a invasión napoleónica? Que foron as abdicacións de Baiona?
3. Que medidas puxo en marcha Xosé I? Quen eran os afrancesados? A que cres que se debía a súa existencia?
4. Como se desenvolveu a Guerra da Independencia? Que papel desempeñaron as guerrillas? Por que foi decisiva a intervención inglesa? Coa axuda do mapa indica cales foron as principais batallas e asedios.
5. Que foron as Xuntas? Para que se crearon? Coidas que a Xunta central actuaba como un goberno paralelo?
6. Con que finalidade se convocaron as Cortes de Cádiz? Quen as compoñían? Que medidas tomaron?
7. Analiza o esquema e describe as características da Constitución de 1812. Cres que implicaba a fin do Antigo Réxime? Xustifica a túa resposta.

3 Goya e o nacemento da arte contemporánea

Francisco de Goya (1746-1828) foi un dos grandes artistas españois de todos os tempos e está considerado como un dos precursores da arte contemporánea.

O artista, nado en Fuendetodos (Zaragoza), formouse como un pintor do Barroco serodio e do Rococó, pero posteriormente atopou o seu propio estilo, máis profundo e crítico, a partir da súa enfermidade (xordeira) e do encerro na súa residencia da Quinta del Sordo (Madrid).

Retrato de Goya pintado por Vicente López en 1826.

Goya foi un pintor total, que dominou distintas técnicas: cartóns para tapices, pintura ao fresco (*San Antonio da Florida*), pintura ao óleo (retratos e escenas) e gravados (*Caprichos, Os desastres da guerra*).

Tamén cultivou diferentes temáticas: as escenas populares, o retrato, a pintura relixiosa (*Cristo Crucificado*) e a temática mitolóxica (*Saturno devorando os seus fillos*).

A PINTOR COSTUMISTA

Goya foi un excepcional debuxante, cuxos primeiros traballos foron cartóns para a elaboración de **tapices** para decorar as estancias dos palacios reais.

Cun estilo de influencia rococó, pintou o ambiente, os tipos, as paisaxes e as escenas cotiás das clases populares cunha visión alegre e optimista.

A vendimia, 1787.

B PINTOR DE CORTE

Nomeado pintor da Corte en 1775, retratou múltiples escenas das familias de **Carlos III** e **Carlos IV** e tamén personaxes da nobreza española.

Os seus retratos teñen una gran profundidade psicolóxica, e reflicten a personalidade dos retratados, aos que envolve nunha atmosfera que lembra a perspectiva aérea aprendida de Velázquez.

A familia de Carlos IV, 1800.

C PRECURSOR DA ARTE CONTEMPORÁNEA

A xordeira que se lle declarou en 1792 condicionou a súa arte, provocándolle unha actitude máis pesimista, que destacaba os defectos e supersticións da sociedade da época. As súas cores escuras e as súas complexas composicións lévannos a un mundo onírico relacionado coa imaxinación e os soños.

A súa serie de ***Pinturas Negras*** (1814-1820) amósano como un precursor do expresionismo, e lenzos como *A leiteira de Bordeos*, como un antecesor do impresionismo.

Peregrinación á Fonte de Santo Isidro, 1819. Detalle dunha das pinturas negras da Quinta del Sordo.

D TESTEMUÑA DA CRISE DO ANTIGO RÉXIME

O pintor aragonés foi un cronista de excepción da crise do Antigo Réxime. Nalgúns cadros, como a serie dos *Caprichos*, o pintor realizou unha crítica do fanatismo relixioso e das supersticións da súa época.

Impresionado pola violencia desatada durante a Guerra da Independencia, o pintor quixo deixar constancia das escenas, que el mesmo presenciou, en cadros como *O tres de maio de 1808 en Madrid* e *A carga dos mamelucos*.

Nunha serie de gravados, ***Os desastres da guerra***, denunciou os crueis efectos da guerra sobre a poboación civil e a dureza do conflito.

Na súa condición de ilustrado, Goya sentiuse afín ás ideas liberais, herdeiras da Revolución francesa. Iso explicaría o seu retiro tras a volta de Fernando VII e o seu exilio a Francia despois do Trienio Liberal.

O tres de maio de1808 ou *Os fusilamentos na montaña do Príncipe Pío*, 1808.

Carretadas ao cemiterio, 1814. Gravado da serie *Os desastres da guerra*, 1810-1814.

FICHAART

Busca na Internet información sobre este cadro e elabora a súa ficha:

a) **Identificación**. Sitúa cronolóxica e xeograficamente o cadro. Que feito amosa? Onde sucedeu este feito? Que personaxes aparecen no cadro?

b) **Análise artística**. Que planos se poden distinguir no cadro? Que lugar ocupa cada grupo de personaxes? Que papel desempeñan as diferentes tonalidades do cadro?

c) **Relación entre arte e sociedade**. Que diferenzas observas entre este cadro e calquera dos que pintou Goya na súa primeira época? Que quixo amosar Goya neste lenzo? Que cres que simboliza o autor coa cor branca do personaxe central?

1. Que diferentes etapas artísticas coñeceu a pintura de Goya? Describe unha pintura de cada etapa e explica os distintos estilos que reflicten.
2. Indaga quen son cada un dos personaxes do cadro *A familia de Carlos IV*.
3. Como influíu a enfermidade na súa arte? Que son as s *Pinturas Negras*? Son personaxes reais ou están relacionados co mundo dos soños?
4. De que xeito reflectiu o pintor a crise do Antigo Réxime? Como o plasmou na súa obra?

Aprecia a arte

5. Observa o gravado titulado *Os desastres da guerra*. Que nos amosa? Que sentimentos che produce a súa observación? Que cres que pretendía o pintor?
6. Cres que se pode denominar Goya un "artista total"?

4 Fernando VII: a volta ao absolutismo (1814-1833)

Fernando VII, aclamado como "o Desexado", regresou a España en 1814. O seu obxectivo era reinar como un monarca absoluto, pero a difusión das ideas liberais durante a Guerra da Independencia dificultou a súa pretensión de restaurar o absolutismo.

O Sexenio Absolutista (1814-1820)

Logo de recuperar o trono e co apoio dos absolutistas (**Manifesto dos Persas**), Fernando VII derrogou a Constitución de 1812 e anulou a obra reformista das Cortes de Cádiz. O país retornaba á situación anterior á Guerra da Independencia.

A súa acción de goberno foi acompañada da **represión** dos liberais, que confiaran en que o rei se convertería nun monarca constitucional. Para forzar o rei a acatar a Constitución, os liberais levaron a cabo diversos **pronunciamentos** (Espoz e Mina en 1814, Porlier en 1815 e Torrijos en 1817) que fracasaron. Moitos dos seus participantes tiveron que exiliarse e outros foron executados.

O Trienio Liberal (1820-1823)

En 1820, o pronunciamento do coronel **Rafael del Riego** en Cabezas de San Juan (Sevilla) atopou suficientes apoios para triunfar e o rei viuse obrigado a aceptar a Constitución de 1812. Para protexer a Constitución e facerlle fronte á oposición absolutista, organizouse a **Milicia Nacional**, un corpo de voluntarios liberais armados.

Fernando VII sempre foi contrario á nova situación e pediulles axuda aos monarcas absolutos de Europa para derrotar os liberais. En 1823, a **Santa Alianza** enviou os **Cen Mil Fillos de San Luís**, unhas tropas ao mando do duque de Angulema, que instauraron de novo o absolutismo.

A Década Ominosa (1823-1833)

A derradeira década do reinado de Fernando VII implicou a anulación de toda a obra lexislativa do Trienio Liberal e a volta ao absolutismo. No entanto, os problemas políticos e económicos levaron a monarquía absoluta á súa crise definitiva.

A **nivel económico**, a guerra contra os franceses debilitara a economía e deixou a Facenda en bancarrota. Ademais, a independencia das colonias americanas privou as arcas do Estado dunha importante fonte de ingresos.

Para superar a crise, propúxose unha **reforma fiscal** na que os privilexiados pagasen impostos. Pero estes eran os principais defensores do absolutismo e o rei non podía contrariar os seus intereses.

O nacemento en 1830 de Isabel, a filla de Fernando VII, provocou un conflito dinástico porque a **Lei Sálica*** lles impedía reinar ás mulleres. Para asegurarlle o trono, Fernando VII ditou a **Pragmática Sanción***, que abolía esta prohibición e convertía en herdeira a súa filla.

Os sectores máis intransixentes do absolutismo opuxéronse a esta decisión e reclamaron o trono para **Carlos**, irmán do rei e fervente partidario do absolutismo.

A defensa do absolutismo

A monarquía absoluta é unha obra da razón e da intelixencia; está subordinada á lei divina, á xustiza e ás regras do Estado; por iso foi necesario un poder soberano absoluto, para prescribirlles aos súbditos todo o que mira o interese común, e obrigar á obediencia aos que se negan a ela.

Manifesto dos Persas, 1814.

Fernando VII pintado por Francisco de Goya, 1814.

A defensa da Constitución

España está vivindo a mercé dun poder arbitrario e absoluto (...). O rei, que lles debe o seu trono a cantos loitaron na Guerra da Independencia, non xurou a Constitución de 1812. É necesario, para que España se salve, que o rei xure e respecte esta Constitución (...) de todos os españois.

Proclama de Riego, 1820.

Retrato do coronel Rafael del Riego.

Fernando VII recibe o duque de Angulema e os Cen Mil Fillos de San Luís, segundo un gravado da época.

A INDEPENDENCIA DA AMÉRICA HISPANA

A crise do Antigo Réxime en España coincidiu co movemento de independencia das colonias en América.

O levantamento estivo dirixido pola burguesía crioula (descendentes de españois nados en América), que viñan a España como un obstáculo para o desenvolvemento da economía americana.

O movemento emancipador estivo dirixido por militares liberais, entre os que destacaron **Simón Bolívar**, **Antonio José de Sucre** e **José de San Martín**.

A perda das colonias significou un duro golpe para a Península porque perdeu o seu prestixio como potencia colonial e se viu privada dos mercados americanos e de importantes ingresos para a Facenda.

Causas do movemento independentista

- Difusión dos principios de liberdade e igualdade da Revolución francesa, así como a proclamación da independencia dos Estados Unidos en 1776.
- Descontento da burguesía crioula ante as fortes cargas fiscais e o monopolio que España exercía sobre o comercio.
- Acaparamento da maioría dos cargos da administración colonial por españois peninsulares, que eran un grupo privilexiado.
- Debilidade da monarquía española, que perdera parte da súa armada na derrota de Trafalgar (1805) e sufriu a invasión napoleónica.

PROCESO DE INDEPENDENCIA DA AMÉRICA HISPANA

@ Amplía na Rede...

Para saberes máis sobre as causas da independencia da América hispana, entra en: www.tiching.com/ /49756

ETAPAS DO PROCCESO DE INDEPENDENCIA

Primeira fase (1808-1814)

Durante a Guerra da Independencia tamén se formaron en América xuntas controladas polas elites crioulas. Destacaron as de Bogotá, Quito, Caracas e Bos Aires. Paraguai foi pioneira ao proclamar a súa independencia en 1811.

O regreso de Fernando VII freou o proceso de autogoberno e obrigou as xuntas a disolverse.

Segunda fase (1816-1826)

En 1816, tras a independencia de Arxentina, a insurrección xeneralizouse por todo o territorio e iniciouse unha guerra contra as tropas coloniais.

Tras varias vitorias militares (Chacabuco, Maipú, Bocacá, Carabobo e Ayacucho) sobre os exércitos españois, conseguiron a independencia México, os países centroamericanos, Venezuela, Chile, Ecuador, Colombia, Perú e Bolivia e Uruguai.

En 1826, España perdera todas as súas colonias agás Cuba, Porto Rico e Filipinas.

1. Realiza no teu caderno un cadro como o seguinte, que sintetice as tres etapas do reinado de Fernando VII:

Etapa	Cronoloxía	Características	Problemas
...	...	...	...

2. Que grupo social e por que causas puxo en marcha a independencia das colonias?

3. Observa o mapa anterior e confecciona unha táboa co nome do país e a data da independencia ordenada cronoloxicamente. Cales foron as principais campañas e batallas militares?

Os carlistas, defensores do Antigo Réxime

A implantación dun Estado liberal en España realizouse no medio dun conflito armado: a guerra carlista (1833-1839). Nesa guerra non só estaba en xogo a persoa que debía ocupar o trono de España, senón tamén se debía manterse un sistema político absolutista ou cederlle o paso a unha monarquía liberal.

Os absolutistas apoiaban a candidatura de don Carlos, que defendía o Antigo Réxime, e os liberais apoiaban a Isabel II, que apostaba por unha monarquía constitucional.

Que sectores sociais apoiaron o carlismo? Que intereses e ideais defendían? Cantos anos durou este enfrontamento pola lexitimación do trono?

A O XURDIMENTO DO CARLISMO

Á morte de Fernando VII en 1833, os grupos sociais favorables ao absolutismo negáronse a recoñecer a **Isabel**, que contaba soamente con tres anos de idade, como lexítima sucesora á Coroa, e apostaron por **Carlos María Isidro**. Para defender o seu candidato, iniciaron unha sublevación contra o goberno de María Cristina de Borbón, que exercía a rexencia* no nome da súa filla.

Ante a sublevación absolutista, a rexente buscou o apoio dos liberais (chamados **isabelinos** ou cristinos) para preservar o trono da súa filla. Deste xeito, formouse un goberno liberal moderado que emprendeu reformas encamiñadas a construír unha nova monarquía constitucional en España.

O novo Goberno liberal tivo o apoio dalgúns privilexiados e da maioría do exército, que se mantiveron fieis á monarquía establecida. Pero, sobre todo, contou coa axuda da burguesía e dos sectores populares das cidades.

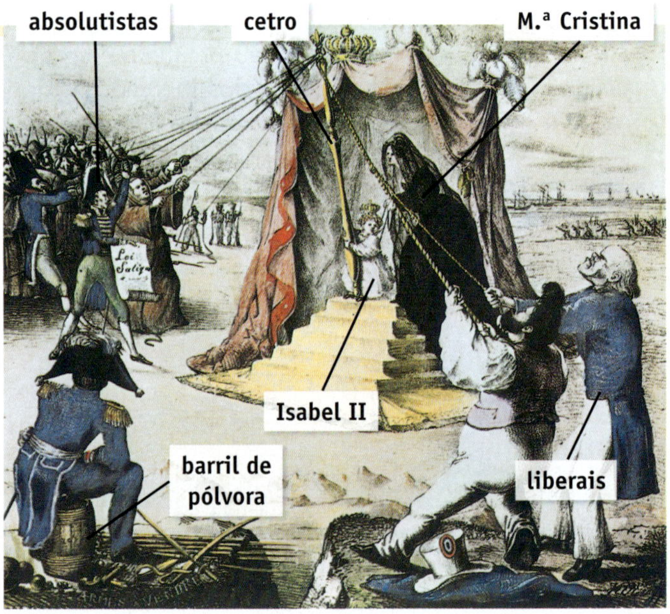

Absolutistas e liberais pugnan por derrocar ou soster o trono de Isabel II, segundo unha caricatura dun xornal francés de 1833.

B AS BASES SOCIAIS DO CARLISMO

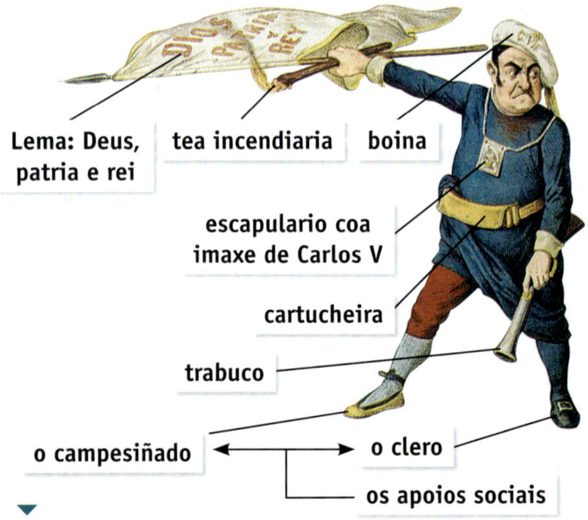

Caricatura do pretendente carlista nunha revista satírica da época, 1873.

O carlismo foi un punto de encontro de diferentes sectores sociais remisos ao liberalismo. Entre os **privilexios**, a nobreza rural e o clero temían verse na obriga de pagar impostos sobre as súas terras e a perder parte das súas propiedades. No caso da Igrexa, tamén receaba da perda de poder e influencia social.

Entre os **non privilexiados** abundaban os campesiños, temerosos de perder o acceso aos bens comunais se o liberalismo os privatizaba, e do desamparo que podía implicarlles a abolición do réxime señorial.

Os carlistas tiveron seguidores sobre todo nos medios rurais máis tradicionais, mentres as grandes cidades permaneceron fieis a Isabel II e defenderon a opción liberal.

A súa forza residía no País Vasco, Navarra e en zonas montañosas de Cataluña, Aragón e Valencia, que defendían as súas antigas tradicións e o mantemento dos seus foros.

C OS IDEAIS DO CARLISMO: "DEUS, PATRIA, REI E FOROS"

"Deus, patria, rei e foros" era o lema do carlismo, que defendía a orixe divina da monarquía, o poder absoluto do rei, a presenza activa da Igrexa na vida pública e o mantemento dos foros. Representaban unha sociedade rural, que vía no liberalismo a perversidade da nova sociedade urbana.

O seu arraigo no País Vasco, Navarra e Cataluña ía unido á **reivindicación foral**, isto é, á permanencia dos dereitos e privilexios dos antigos reinos da Coroa de Aragón e de Navarra.

Consecuentemente, defendían as súas institucións tradicionais, o seu sistema fiscal propio e a exención do sistema de recrutamento militar obrigatorio (quintas).

Unha proclama carlista

Biscaíños: unha facción antirrelixiosa e antimonárquica apoderouse do mando durante a longa enfermidade do noso defunto rei, e trata de ir adquirindo ascendentes para expoñervos sen defensa aos ataques da revolución e da anarquía que combatemos en 1823.

Os seus partidarios aparentan que consideran as leis antigas e fundamentais do reino abolidas por outras novas, e despois de ter alterado a orde de sucesión ao trono cunha audacia da que non presenta outro exemplar a historia, queren facer a España cómplice das súas abominables maquinacións que a propaganda revolucionaria inventa para destruír a orde social en Europa.

Proclama da Deputación de Biscaia, 1833.

D AS GUERRAS CARLISTAS

A PRIMEIRA GUERRA CARLISTA (1833-1840)

Durante o século XIX sucedéronse dúas grandes guerras carlistas e un alzamento localizado en Cataluña:

- A **primeira guerra carlista** (1833-1839) foi a máis importante de todas elas. O levantamento iniciouse no País Vasco, e malia contar con militares experimentados como Zumalacárregui, os carlistas foron derrotados polas tropas liberais do xeneral Espartero. A paz asinouse no Convenio de Vergara (1839).
- A pesar da súa derrota, os carlistas continuaron organizados como defensores da tradición, cunha notable base social e cunha liña sucesoria propia. Entre 1846 e 1848 houbo importantes levantamentos carlistas en Cataluña (**Revolta dos Matiners**).
- A **segunda guerra carlista** (1872-1876) siniciouse durante o Sexenio Revolucionario ante a nova vacante no trono español tras o exilio de Isabel II. Os carlistas levantáronse en amplos territorios e chegaron a formar un goberno paralelo en Estella ata a súa definitiva derrota familiar.

1. Por que se orixinou o conflito carlista? Que defendía cada bando? Que apoios sociais tiña cada un?
2. Indica o significado dos catro elementos do lema da ideoloxía carlista.
3. Observa o mapa e explica onde tiñan forza os carlistas e como se desenvolveu a primeira guerra. Que outros conflitos carlistas houbo no século XIX?

Ponte no seu lugar

4. Reunídevos en parellas. Un alumno ou alumna de cada parella debe realizar unha proclama defendendo o trono para don Carlos e o mantemento do absolutismo. O outro debe escribir unha proclama liberal defendendo o trono de Isabel II e a conveniencia de acabar co Antigo Réxime e construír un Estado liberal en España.

6 Isabel II e a construción do Estado liberal

Durante a minoría de idade de Isabel II (1833-1843) iniciouse a construción dun Estado liberal en España, que se institucionalizou durante a Década Moderada e entrou en crise a partir de 1866.

A rexencia de María Cristina (1833-1840)

Ao iniciar a rexencia, María Cristina apoiouse nos liberais moderados, que iniciaron tímidas reformas. No entanto, unha serie de levantamentos militares (sublevación de La Granja, 1836) e de revoltas populares provocaron que lles entregase o poder aos liberais progresistas, cuxa pretensión era afondar no liberalismo.

O líder dos progresistas, **Juan Álvarez Mendizábal**, iniciou a abolición do Antigo Réxime: reforma fiscal, disolución do réxime señorial, desvinculación da propiedade e desamortización dos bens da Igrexa. Tamén se suprimiron o décimo, os privilexios da Mesta, as alfándegas interiores e os gremios.

Unha nova **Constitución** (1837) de carácter progresista recoñeceu a soberanía nacional, aínda que con sufraxio censatario, a división de poderes coa existencia de dúas Cámaras (Congreso de Deputados e Senado) e outorgaba amplos dereitos e liberdades individuais.

A rexencia de Espartero (1840-1843)

En 1837, os moderados subiron ao poder co apoio da rexente e intentaron darlle un xiro conservador á revolución liberal. Un forte movemento de oposición forzou a dimisión de María Cristina e o nomeamento como rexente do progresista **xeneral Espartero**.

O talante autoritario do novo rexente e a promulgación de medidas librecambistas, que desprotexían a incipiente industria española, xeraron unha forte oposición. Daquela, decidiuse o adianto da maioría de idade de Sabela II e a súa proclamación como raíña.

A Década Moderada (1843-1854)

A súa chegada ao trono significou o predominio dos moderados, baixo a dirección do **xeneral Narváez**. As novas Cortes proclamaron unha **Constitución moderada** (1845), que restrinxía o voto, limitaba as liberdades e compartía a soberanía entre as Cortes e a Coroa.

Varias medidas axudaron a consolidar un sistema político de carácter moderado e centralista. Reorganizouse a **administración estatal e municipal**, segundo un criterio uniformista, e só o País Vasco e Navarra conservaron os seus antigos dereitos forais.

Outras reformas foron a de Facenda, que centralizou os impostos no Estado; ademais elaborouse un **Código penal** (1848) e creouse un sistema de **instrución pública nacional**. Tamén se asinou un **Concordato coa Santa Sé** (1851), que aseguraba o mantemento do culto e do clero e freaba o proceso de desamortización. Para manter a lei no medio rural creouse a **Garda Civil** (1844).

A deriva autoritaria dos seus líderes (Narváez e Bravo Murillo), a forte influencia das **camarillas** e o **falseamento electoral** fixeron que os progresistas recorresen de novo ao pronunciamento militar.

A rexente María Cristina e as súas fillas, Isabel e Luísa Fernanda, en 1835.

Desamortización e desvinculación

- A desamortización consiste na expropiación dunhas terras por parte do Estado e a súa posterior venda a particulares.
- A desvinculación anula todos os vínculos señoriais que recaían nunha propiedade e convérteos en bens privados, que se poden comprar e vender libremente.

AS FORZAS POLÍTICAS NO SÉCULO XIX

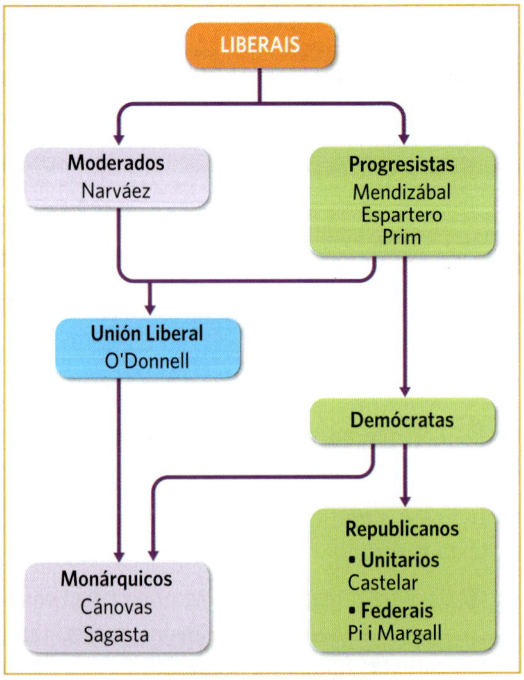

(1833-1868)

O Bienio Progresista (1854-1856)

En 1854, o **xeneral O'Donnell** encabezou unha revolta popular contra os moderados. Foi o **pronunciamento de Vicálvaro**, no que participou a Milicia Nacional e se formaron Xuntas revolucionarias.

Isabel II cedeu ás presións e deulles o poder aos progresistas, que recorreron de novo a Espartero. As Cortes redactaron unha nova **Constitución** (1856), que non chegou a aprobarse, e o goberno afondou nas reformas económicas con tres leis fundamentais:

- Unha **nova desamortización** que afectou os bens comunais e dos Concellos (Desamortización de Madoz, 1855).
- Unha **lei de Ferrocarrís** e unha **lei de Minas** para impulsar a rede ferroviaria e a explotación mineira, aínda que as puxeron en mans de capital estranxeiro.

A IDEOLOXÍA DE MODERADOS E PROGRESISTAS

	MODERADOS	PROGRESISTAS
Tipo de soberanía	• Compartida entre o Rei e as Cortes. • Dereito do Rei a intervir na política.	• Nacional. Reside exclusivamente nas Cortes. • Non aceptan a intervención da Coroa.
Sufraxio	• Censatario e moi limitado.	• Censatario e un pouco máis amplo. • Os demócratas defenderán o sufraxio universal.
Poder local/central	• Maior peso dos poderes centrais do Estado.	• Maior autonomía aos poderes locais (rexión, municipio).
Dereitos individuais	• Recoñecen dereitos individuais, pero con tendencia a restrinxilos.	• Recoñécenlles máis amplamente dereitos individuais (liberdade de imprenta) e algúns colectivos (de reunión e asociación).
Exército	• Exército e Garda Civil, únicos corpos armados.	• Defenden a Milicia Nacional.
Reformismo	• Reformas restrinxidas, respectando algúns dereitos dos privilexiados. • Freo á desamortización.	• Reformas máis profundas. • Impulsan a desamortización.
Relacións coa Igrexa	• Estado confesional e sen liberdade de cultos.	• Estado confesional con liberdade de cultos. • Os demócratas defenderán a separación de Igrexa e Estado.

A descomposición do sistema (1856-1868)

Unha nova crise do goberno do xeneral Espartero impulsou a raíña a confiarlle o goberno a O'Donnell, que creara a **Unión Liberal**, un novo partido de carácter centrista.

Dende 1856, unionistas e moderados alternáronse no poder, mentres que os progresistas quedaron marxinados. A actuación do goberno foi moi autoritaria, prescindindo das Cortes para gobernar e exercendo unha forte represión sobre a oposición.

Nestes anos impulsouse unha política exterior colonialista, que se concretou nas campañas militares en Marrocos, Indochina e no apoio internacional a unha coalición para intervir en México.

A oposición ao réxime moderado ampliouse e naceron novos grupos entre os excluídos do sistema, como os **demócratas** (que defendían o sufraxio universal masculino) e os **republicanos**, partidarios de derrocar a monarquía e proclamar a república.

En 1866, unha grave crise económica converteu en imparable a degradación do réxime isabelino, fixo aumentar o descontento social e sentou as bases dun novo pronunciamento militar.

Fusilamento dos sarxentos sublevados contra a raíña Isabel II no ano 1866, que contou co apoio de progresistas e demócratas.

1. Elabora no teu caderno un esquema como o que tes a continuación, no que analices as diferentes etapas do reinado de Isabel II:

Etapa	Cronoloxía	Características	Problemas
...	...	...	...

2. Que partidos políticos dominaron a vida política en España durante o reinado de Isabel II? Observa o cadro da ideoloxía dos moderados e os progresistas e describe as principais diferenzas entrambos os dous.

3. Que causas explican a deterioración do prestixio da monarquía isabelina? Que grupos políticos se viron excluídos do sistema?

7 O Sexenio Democrático (1868-1874)

En setembro de 1868, a crise da monarquía isabelina conduciu á "Gloriosa Revolución", unha insurrección para derrocar a Isabel II e democratizar o sistema político.

Así e todo, os gobernos xurdidos da revolución non conseguiron darlle estabilidade ao novo sistema democrático e durante o Sexenio propuxéronse distintas fórmulas políticas, que tiveron que lles facer fronte a numerosos problemas.

Que diferentes fórmulas políticas se intentaron? Que problemas impediron a consolidación dun sistema democrático?

A A REVOLUCIÓN E O GOBERNO PROVISIONAL (1868-1869)

A Revolución de 1868, impulsada por progresistas e demócratas, aos que se uniron os unionistas, foi dirixida polo almirante **Topete**, e os xenerais **Prim** (progresista) e **Serrano** (unionista).

En todo o país formáronse Xuntas revolucionarias en apoio ao movemento revolucionario, e as tropas leais á raíña foron vencidas na **Batalla de Alcolea**. A raíña Isabel II e o seu herdeiro Afonso partiron ao exilio.

Ese mesmo ano creouse un Goberno provisional coa misión de democratizar o sistema político. Convocáronse unhas Cortes constituíntes que redactaron unha nova Constitución de carácter democrático, que foi aprobada en 1869.

Nela recuperábase a soberanía nacional, incorporábase o sufraxio universal masculino e outorgábanse amplos dereitos e liberdades. A Igrexa separábase do Estado, pero este comprometíase a manter o culto e o clero católicos.

A Constitución establecía a monarquía constitucional como forma de Estado, polo que foi necesario buscar un novo rei.

Causas da Revolución de 1868

- Descontento popular derivado da crise económica de 1866, que implicou un aumento do paro e a suba dos prezos.
- Oposición ao monopolio do poder exercido por moderados e unionistas, que gobernaban de forma autoritaria.
- Pouca imparcialidade da monarquía que apoiaba os moderados, e impopularidade de Isabel II.
- Difusión entre as clases populares dos ideais democráticos e republicanos, baseados no sufraxio universal masculino e na ampliación dos dereitos e liberdades.

Caricatura do xeneral Juan Prim.

B A MONARQUÍA DE AMADEO I (1870-1873)

A opción elixida foi **Amadeo de Savoia**, representante dunha monarquía liberal que contribuíra á unificación de Italia. Uns días antes da chegada do novo rei, o seu principal valedor, o xeneral Prim foi asasinado.

Amadeo I contou co apoio de progresistas, unionistas e demócratas, e o goberno puxo en marcha novas medidas para a recuperación económica e para a democratización real do país.

No entanto, tivo que lle facer fronte a unha forte oposición: os moderados e parte da igrexa mantivéronse leais aos Borbón. Os carlistas aproveitaron a oportunidade para proclamar rei a Carlos VII, dando inicio unha nova guerra, mentres que os republicanos aspiraban a proclamar a República.

Ante a gran cantidade de problemas, aos que se uniu unha insurrección independentista na illa de Cuba (1869), Amadeo I decidiu renunciar á Coroa e abandonar o país.

Amadeo I xura a Constitución en xaneiro de 1871.

C A PRIMEIRA REPÚBLICA (1873-1874)

Ante a abdicación do rei, en febreiro de 1873, as Cortes votaron a proclamación da República. Pero ese resultado non reflectía un apoio real da Cámara á nova forma de goberno, xa que a maioría de deputados se recoñecían como monárquicos.

A República foi recibida con entusiasmo polos sectores populares das grandes cidades e o goberno republicano puxo en marcha un programa de reformas económicas e sociais.

As eleccións de 1873 foron gañadas polos republicanos federais e as Cortes redactaron un proxecto de constitución federal que repartía as competencias lexislativas entre o goberno central e as repúblicas federadas, que nunca chegou a aprobarse.

A República tivo catro presidentes (**Figueras**, **Pi y Margall**, **Salmerón** e **Castelar**), pero unha serie de problemas imposibilitaron a súa consolidación:

- As divisións no republicanismo entre unitaristas e federais e entre moderados e intransixentes, que aspiraban a unha maior revolución social.
- A dificultade de lle facer fronte á insurrección en Cuba e o inicio dunha nova guerra carlista en 1872.
- Unha insurrección cantonal* en Cartaxena, en 1873, que se proclamou como cantón independente.
- A oposición dos monárquicos que conspiraron para preparar a restauración da monarquía en Afonso, o fillo de Isabel II.

En xaneiro de 1874, un golpe de Estado liderado polo **xeneral Pavía** disolveu as Cortes e entregoulle a presidencia do goberno ao **xeneral Serrano**, que intentou estabilizar unha república conservadora e presidencialista.

A proclamación da República

A República veu por onde menos esperábamos. Ao abrirse a sesión do Congreso o 10 de febreiro de 1873, as resistencias están xa vencidas. Lida a abdicación do rei, refúndense nunha soa asemblea as dúas cámaras e case sen debate aceptan a República.

Que República era proclamada? Nin a federal, nin a unitaria. Había mediado acordo entre os antigos e os modernos republicanos e conviñeran en lles deixar a unhas Cortes Constituíntes a definición e organización da nova forma de Goberno.

PI Y MARGALL: *A República de 1873.*

Debuxo satírico sobre a oposición entre republicanos unitarios e federais na forma de organizar o Estado. Revista *La Flaca*, 1873.

1. Que foi a Gloriosa Revolución de 1868? Que causas a provocaron? Cales foron os seus obxectivos?
2. Cales son os aspectos máis destacados da Constitución de 1869? Que elementos atopas que non existiran nas de 1837 ou 1845?
3. Explica como se proclamou rei a Amadeo de Savoia, quen o apoiaron e a que problemas tivo que lles facer fronte.
4. Como se proclamou a Primeira República? Valora a frase en cursiva do texto de Pi y Margall.
5. Que nova forma de organización do Estado promoveu a República? A que problemas se enfrontou?
6. Por que non se conseguiu durante o Sexenio estabilizar un réxime democrático? Razoa a túa resposta con exemplos de cada unha das súas etapas.

Investiga

7. Elabora un eixe cronolóxico coas diferentes etapas do Sexenio Democrático, os líderes políticos e os acontecementos máis relevantes de cada unha delas.

8 A Restauración borbónica (1874-1902)

En decembro de 1874, o pronunciamento en Sagunto do xeneral **Martínez Campos** proclamaba rei a **Afonso XII**, e iniciaba a restauración da monarquía borbónica.

O sistema canovista

O ideólogo da restauración monárquica foi **Antonio Cánovas del Castillo**, un político conservador que aspiraba a unha monarquía constitucional que garantise a orde social, sen pronunciamentos militares nin revoltas populares.

Un dos primeiros obxectivos foi a pacificación do país. Deste xeito, en 1876, púxoselle fin á guerra carlista, e en 1878, a **Paz de Zanjón** acabou coa insurrección cubana.

Para garantir a estabilidade do novo réxime proclamouse a **Constitución de 1876**. O texto propoñía a monarquía constitucional, con soberanía compartida entre as Cortes e o rei, unhas Cortes bicamerais (Congreso e Senado), amplos poderes ao monarca –que podía nomear goberno–, e declaraba o Estado confesional.

Tratábase dun texto moderado, pero flexible e consensuado, xa que deixaba moi abertos os repertorios de dereitos e as formas en que se debía exercer o sufraxio. Deste xeito, cada goberno (conservador ou liberal) podía modificalos, segundo as súas necesidades, sen necesidade de promulgar unha nova Constitución.

Para impedir os pronunciamentos militares de etapas anteriores, o exército quedaba subordinado ao poder civil.

Martínez Campos "restaura" a monarquía na persoa de Afonso XII. Caricatura de 1875.

Cánovas ensínalle a Sagasta como aplicar a Constitución de 1876.

Bipartidismo e quenda pacífica

O funcionamento político baseábase na **alternancia no poder** de dous partidos dinásticos: o Conservador, liderado por Cánovas, e o Liberal, encabezado por Sagasta.

Ambos os dous partidos coincidían no esencial: defensa da monarquía, da Constitución, da propiedade privada e dun Estado centralizado e unitario. Diferían en que o conservador se declaraba confesional e se consideraba o garante da orde social, mentres que o liberal era partidario de reformas sociais e tiña un carácter máis laico.

Conservadores e liberais alternábanse no poder mediante a chamada quenda pacífica. Excluídos do poder quedaban os partidos marxinados do sistema (carlistas, demócratas, republicanos e socialistas), que tan só podían aspirar a unha pequena minoría parlamentaria.

Tras a morte do rei en 1885, a sinatura do **Pacto do Pardo** consolidou a alternancia no poder durante a rexencia da súa esposa María Cristina (1885-1902). O ascenso ao poder dos liberais implicou a adopción do sufraxio universal masculino en 1890.

A CONSTITUCIÓN DE 1876

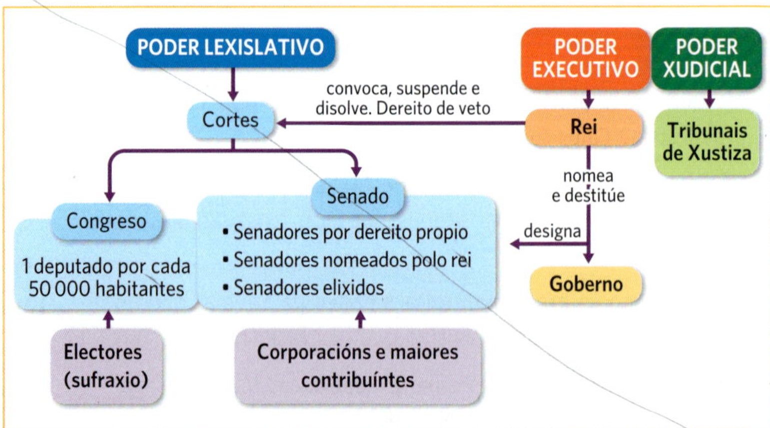

O caciquismo e o falseamento electoral

A alternancia no poder de conservadores e liberais quedaba asegurada mediante o **caciquismo**. Este era un sistema de coerción social que se daba nas zonas rurais mediante o cal determinadas persoas podían coaccionar os votantes e orientar o seu voto.

Os caciques, que podían ser tanto conservadores coma liberais, conseguían a elección do candidato gobernamental mediante todo tipo de trampas (**fraude electoral**). Así, non dubidaban en falsificar actas, comprar votos, ameazar os electores...

O xurdimento dos nacionalismos

O afianzamento do Estado centralizado e uniformista provocou o xurdimento de movementos nacionalistas que reivindicaban o recoñecemento da súa propia identidade:

- En **Cataluña** creáronse partidos nacionalistas en demanda da autonomía (Unió Catalanista e a Lliga Regionalista).
- No **País Vasco**, a abolición dos foros tras a Segunda Guerra Carlista xerou movementos de protesta que converxeron na creación do Partido Nacionalista Vasco (1894).
- En **Galicia** xurdiu o Rexurdimento, un movemento de corte máis cultural e literario ca político.

A crise de 1898

En 1895 estalou unha nova **insurrección en Cuba**, como consecuencia da incapacidade da administración española para facer reformas políticas na illa, dotala de autonomía e reducir o control económico exercido desde España. Nesta ocasión, os insurrectos contaron co apoio dos Estados Unidos, país prexudicado polos aranceis que lle impedían o comercio coa illa.

En 1898, os Estados Unidos declaráronlle a guerra a España, tras o afundimento do acoirazado *Maine* na Habana. España sufriu unha rápida derrota e a sinatura do **Tratado de París** (1898) selou a independencia de Cuba, Filipinas e Porto Rico.

O fracaso de 1898 provocou na sociedade española un estado de frustración e pesimismo. Como reacción xurdiron **movementos rexeneracionistas**, que pedían unha verdadeira democratización do Estado e a fin do caciquismo e da corrupción.

A lacra do caciquismo

Consecuencia deste sistema é o caciquismo, isto é, o entronizamento de certos individuos nas localidades, os cales, como instrumento do deputado, son donos dos resortes administrativos.

O cacique dá e quita míseros empregos dos que gozan os máis pobres da vila; seus son o carteiro e o peón camiñeiro.

O cacique é quen ao facer a repartición da contribución carga a man ao adversario, aliviando o amigo, do que se orixinan porradas e mesmo puñaladas.

B. Pérez Galdós: *Política española* (antoloxía de artigos), 1884.

Viñeta de denuncia da corrupción electoral, 1905.

O descubrimento de América: como empezou e como rematou. Viñeta de 1898.

1. Que obxectivos se propoñía o sistema político da Restauración? Cales eran as súas características? Que mecanismos aseguraban a quenda pacífica?
2. Le o texto de Galdós. Como define o caciquismo? Que atribucións ten o cacique? Que consecuencias políticas se derivaron do caciquismo?
3. Que causas explican o xurdimento dos nacionalismos? Onde emerxeron? Que pretendían?
4. Como perdeu España as últimas colonias? Que papel desempeñaron os Estados Unidos?
5. Observa as dúas viñetas sobre Cuba e descríbeas. Que mensaxe quere transmitir cada unha delas?

9 Galicia na política española do século XIX

A lenta entrada do liberalismo en Galicia

O século XIX significou a implantación do **liberalismo** en Galicia. Os ideais liberais entraron da man de burgueses e ilustrados, pero de forma lenta porque o absolutismo estaba moi arraigado entre as clases dominantes (clero e nobreza) e tamén entre as populares. Diversos acontecementos demóstrano:

- A invasión napoleónica supuxo a formación da **Xunta Suprema do reino de Galicia**, pero axiña a rexión quedou nas mans dos franceses (xaneiro de 1809). A ocupación francesa durou pouco, pois a **resistencia galega**, que quería evitar a entrada do réxime liberal invasor, expulsou os seus inimigos en xuño de 1809. Fixéronse lendarias a defensa de Vigo e a batalla de Ponte Sampaio.
- Os galegos mandaron 24 deputados ás Cortes de Cádiz, pero só un deles era claramente liberal. O carácter absolutista de Galicia fíxose patente cando, unha vez promulgada a Constitución de 1812, tiveron lugar eleccións e a vitoria dos absolutistas foi contundente.
- A Coruña foi a cidade máis aliñada co liberalismo; así o demostra o fracasado levantamento de Díaz Porlier en 1815, os apoios a Rafael del Riego en 1820 e a rebelión contra Narváez en 1846. Da Coruña foise espallando cara a outras cidades como Vigo ou Lugo.
- O **carlismo** estivo presente e mantivo os seus apoios entre o clero e os sectores máis conservadores da rexión, agrupados na **Xunta Apostólica**. O principal foco carlista foi Santiago, e entre os seus defensores destacaron algúns cargos eclesiásticos. Malia estes apoios e a ter impulsado partidas guerrilleiras, o carlismo non foi decisivo en Galicia.

Caciquismo e clientelismo

O caciquismo predominou na **Galicia rural**; os candidatos electorais controlaban con certa facilidade o voto dos campesiños mediante prácticas fraudulentas.

Durante a Restauración, tanto o Partido Conservador como o Partido Liberal contaban con figuras clave nas redes clientelares. Destacaron os santiagueses Eugenio Montero Ríos (liberal) e Aureliano Linares Rivas (conservador e ministro de Cánovas).

Outras ideoloxías políticas

O **republicanismo**, sobre todo federal, tamén tivo o seu arraigamento en Galicia. Entre as súas reivindicacións estaban a abolición dos foros, o acceso do campesiñado á terra e a chegada do ferrocarril a Galicia para rematar co seu illamento.

Nesta época tamén deu os seus primeiros pasos en Galicia o movemento obreiro de signo **anarquista** e **socialista**. No entanto, o fenómeno de maior importancia foi a consolidación do **rexionalismo**, no derradeiro terzo do século XIX.

Galicia organiza a resistencia

Galegos: chorastes a sorte do voso amable Fernando; arde nos vosos corazóns o horror da perfidia con que foi seducido, temedes pola vosa sagrada relixión, (...). Chegou o caso: o voso reino (...) reasumiu a autoridade soberana que en tales circunstancias lle compete por dereito, e fai dela o primeiro exercicio, condescendendo aos vosos desexos tan ruidosamente declarados. Tedes xa caudillo; tómanse as decisións máis vigorosas; correde pois ás armas, imos defender a causa de Deus, a honra da nosa Patria, as nosas vidas e facendas (...).

Galegos: alistádevos de dez a corenta anos, pois mellor é morrer pola vosa relixión e os vosos fogares e a vosa Patria, que ir ao patíbulo por satisfacer a ambición desmesurada.

Proclama da Xunta Suprema do reino de Galicia, 1808.

1. Por que motivos se anima o pobo galego a loitar contra os franceses?

@ Amplía na Rede...

Visualiza en www.tiching.com/749994 o vídeo sobre o caciquismo en Galicia.

DIVISIÓN PROVINCIAL DE GALICIA

En 1833, Javier de Burgos fixou a división provincial de España. As sete provincias do antigo reino de Galicia foron substituídas polas catro actuais. A gran prexudicada foi Santiago, a quen o goberno liberal non lle perdoou o seu apoio ao carlismo.

O GALEGUISMO: PROVINCIALISMO, REXURDIMENTO E REXIONALISMO

O século XIX en Galicia tivo, como unha das súas características máis importantes, a formación dunha **identidade rexional**. O galeguismo é un proceso propio deste século que se apoia en tres aspectos: provincialismo, Rexurdimento e rexionalismo.

O **provincialismo**, asociado á forza do Partido Progresista a partir de 1840, xurdiu para reivindicar que Galicia era moito máis que as catro provincias acabadas de crear e que o poder político debía respectar a historia do pobo galego mediante medidas descentralizadoras.

O **Rexurdimento** literario, nado no contorno do Romanticismo, reivindicaba o uso do galego como lingua culta, en especial na poesía, a través de figuras como Rosalía de Castro, Manuel Curros Enríquez e Valentín Lamas Carvajal.

O **rexionalismo**, entendido como a creación dunha entidade política superadora das diferenzas ideolóxicas (chegou a unir republicanos e carlistas), solicitaba a autonomía política, o recoñecemento da lingua galega e a modernización do país para frear a emigración. As súas figuras máis representativas foron Manuel Murguía e Alfredo Brañas.

▸ *O Catecismo do Labrego* (1889), de Lamas Carvajal. É unha boa mostra das denuncias rexionalistas contra os responsables das precarias condicións de vida dos campesiños.

O sentimento do provincialismo

O pobo conquistará nesta revolución o que lle arrebataron os cómicos dos pronunciamentos: PAN e DEREITOS. Galicia, arrastrando ata aquí unha existencia oprobiosa, convertida nunha verdadeira colonia da Corte, vaise erguer da súa aldraxe e abatemento.

Esta Xunta, amiga sincera do país, consagrarase constantemente a engrandecer o antigo reino de Galicia, daralles proveitosa dirección aos numerosos elementos que atesoura no seu seo, erguerá os alicerces dun porvir de gloria.

Para conseguilo esforzarase sen descanso en fomentar intereses materiais, crear costumes públicos, abrir as fontes naturais da súa riqueza, a agricultura e o comercio, e poñer en harmonía coa época os hábitos e mais as ideas que deixou unha sociedade decrépita fundada sobre a ignorancia.

Espertando o poderoso sentimento do provincialismo, e encamiñando a un só obxecto todos os talentos e todos os esforzos, chegará a conquistar Galicia toda a influencia de que é merecente. Colocarase así no alto lugar ao que está chamado o antigo reino dos suevos. Que a espada de Galicia faga inclinar unha soa vez a balanza en que pesan os destinos de España.

Manifesto da Xunta Superior Provisional de Goberno de Galicia, 1846.

Unha nova visión da Historia de Galicia

Un aspecto fundamental do Rexurdimento galego foi a elaboración dunha nova visión da historia de Galicia que sentou as bases do discurso rexionalista e nacionalista posterior.

O historiador **Manuel Murguía** (1833-1923) foi o mellor historiador galego do século XIX e principal ideólogo do rexionalismo. Dirixiu, entre outros xornais, *La Ilustración Gallega y Asturiana*, que acadou unha gran difusión.

Desenvolveu na súa *Historia de Galicia*, o concepto de Galicia-nación: o pobo celta, asentado en terras galegas, desenvolveu un carácter nacional, perfeccionado pola incorporación do cristianismo e fortalecido por unha lingua propia.

2. Explica brevemente os acontecementos que amosan que o absolutismo era unha ideoloxía moi arraigada en Galicia.
3. Que características presentaban o caciquismo e o clientelismo no territorio galego?
4. Fai unha listaxe coas principais demandas do galeguismo.
5. Investiga que xornais e revistas recollían as ideas de Manuel Murguía e Alfredo Brañas.
6. @ Busca información na Internet sobre as institucións que se crearon antes de 1900 en defensa do rexionalismo galego.

COMPLETA O MAPA CONCEPTUAL

Coa información do tema, completa no teu caderno o seguinte esquema:

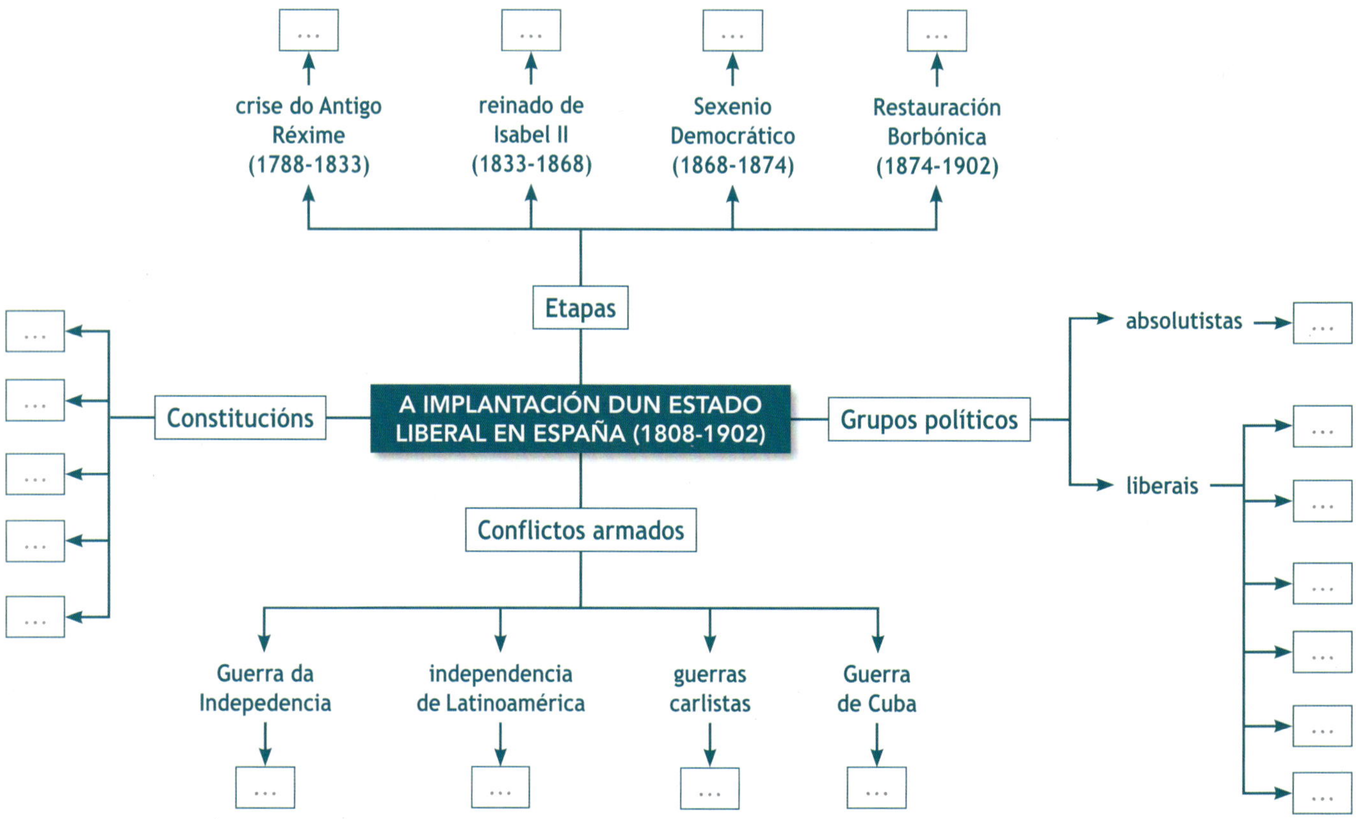

1 CONSOLIDA O APRENDIDO

a) Que papel desempeñaron os militares na España do século XIX? Por que se produciu esa situación?

b) Cales foron os acontecementos máis importantes da crise do Antigo Réxime? Que legado quedou da Constitución de Cádiz?

c) Cal foi a posición adoptada por Fernando VII ante o liberalismo? Por que fases atravesou?

d) Que consecuencias tivo a independencia das colonias para América e para España?

e) En que grupo social se apoiou Isabel II para reinar? Por que se foi deteriorando o sistema isabelino?

f) Por que non tivo éxito a Primeira República? Que outras fórmulas políticas se experimentaron durante o Sexenio?

2 DEFINE CONCEPTOS CLAVE

- pronunciamento
- Milicia Nacional
- ley sálica
- carlismo
- Xunta revolucionaria
- caciquismo

3 IDENTIFICA OS PERSONAXES

- Fernando VII
- Espartero
- Amadeo de Savoia
- Xosé I
- Isabel II
- Prim
- Carlos M.ª Isidro
- Narváez
- Cánovas del Castillo

4 ESTABLECE A CRONOLOXÍA

- Motín de Aranjuez
- Trienio Liberal
- independencia de Cuba
- Primeira República

5 EXPLICA AS DIFERENZAS

- absolutistas/afrancesados
- carlistas/isabelinos
- moderados/progresistas
- demócratas/republicanos

RESPONDE A PREGUNTA INICIAL

Como se desenvolveu a implantación dun Estado liberal en España?

APRENDE A... COMPARAR DÚAS CONSTITUCIÓNS

	CONSTITUCIÓN DE 1869	CONSTITUCIÓN DE 1876
Suxeito de soberanía	Nación	Rei e Cortes
Carácter ideolóxico	Progresista/demócrata	Conservadora
Relación entre poderes	Recoñece a separación	Recoñece a separación pero o rei participa nos poderes lexislativo e executivo
Papel da monarquía	Limitado: poder executivo	Amplo: poder executivo e comparte o lexislativo coas Cortes
Cortes	Bicamerais elixidas por sufraxio	Bicamerais pero só se elixe por sufraxio o Congreso e unha pequena parte do Senado
Elaborada por	Cortes constituíntes plurais	Cortes constituíntes restrinxidas
Tipo de sufraxio	Universal masculino	Censatario
Declaración de dereitos	Moi ampla	Ampla pero restrinxida mediante leis
Relación Igrexa-Estado	Non-confesional, liberdade de cultos	Confesional católica

1. Identificación e presentación

- Explica en que momento histórico e durante que proceso se aprobaron estas constitucións.
- Para que se elabora unha constitución? En que se diferencian unhas das outras?

2. Análise e comparación

- Explica con outras palabras cada unha das fileiras, buscando no tema argumentos que xustifiquen o que significa cada concepto.
- Busca na táboa os elementos comúns que comparten ambos os dous textos e onde radican as principais diferenzas.
- Que dous elementos fan que a Constitución de 1869 sexa moi diferente das outras aprobadas no século XIX?

3. Contexto histórico

- A que aspiraba cada unha destas constitucións?
- Que diferentes modelos de liberalismo defende cada unha delas?
- Resume o período de 1868-1876 da historia de España.

4. Conclusións

- Que efectos tiveron estas constitucións sobre os períodos políticos en que se produciron?
- Investiga canto tempo estiveron en vigor e quen foron os principais ideólogos de cada unha delas.
- Cres que a nosa Constitución actual garda algunha relación coas que acabas de analizar? En que aspectos se asemella e en que aspectos difire?

RAZOA HISTORICAMENTE

Argumentación. Explica en que consistía o caciquismo, quen eran os caciques e a súa influencia nos procesos electorais. Era o caciquismo un obstáculo á verdadeira democratización do sistema político liberal en España? Argumenta a túa resposta.

Tempo histórico. Elabora un eixe cronolóxico do século XIX no que sitúes os diferentes reinados, as etapas de cada un deles, as diferentes constitucións, os conflitos bélicos e algúns feitos que consideres que foron especialmente relevantes.

Empatía. Despois de dous anos de reinado, Amadeo I abdicou do trono español e abandonou o país desbordado polos graves problemas que tiña que afrontar.

Ponte no lugar do rei e escribe un "Manifesto ao pobo español" no que expliques as razóns que te levaron a tomar esa decisión.

Despois consulta en www.tiching.com/749757 o manifesto que fixo Amadeo I e establece similitudes e diferenzas entre a túa proclama e a que escribiu o monarca. Utilizastes unha linguaxe similar?

1 Espazo e tempo. A división provincial de 1833

En 1833, o ministro de Fomento, Javier de Burgos, asinaba o decreto de división provincial de España. Observa o mapa e responde as seguintes cuestións:

a) En cantas provincias quedou dividido o territorio? Enumera tamén as rexións.

b) Que obxectivo cres que tiña a división de España en provincias e rexións?

c) Valora se este mapa sufriu moitas ou poucas modificacións ata a actualidade. Enumera algúns casos.

d) No noso mapa autonómico actual existen tres cidades que pretendían ser capital de provincia en 1833 e non o conseguiron, pero que na actualidade si son capitais das súas comunidades. Indaga cales son.

2 Fontes documentais. A volta ao absolutismo

Públicos e notorios foron a todos os meus vasalos os escandalosos sucesos que precederon e seguiron o establecemento da Democrática Constitución de Cádiz.

(...) O desacato máis horrendo á miña real Persoa e a violencia máis inevitable foron os elementos empregados para variar o Goberno paternal dos meus reinos nun código democrático, orixe de desgrazas (...).

Europa enteira, coñecendo profundamente o meu cativerio (...) determinou poñerlle fin a un estado de cousas que era o escándalo universal, que camiñaba a trastornar todos os tronos e todas as institucións antigas, cambiándoas pola irrelixión e a inmoralidade (...).

Vin decretar o seguinte: son nulos e de ningún valor os actos do Goberno chamado constitucional (...).

Real decreto, 1 de outubro de 1823.

a) Quen cres que é o autor do texto? En que momento histórico foi publicado este decreto? Cal era a súa finalidade?

b) Como valora o autor os acontecementos do Trienio Liberal? Foi sincero o seu acatamento da Constitución de 1812?

c) A que se refire o autor na frase que está en cursiva? Explica os feitos que lle puxeron fin ao Trienio Liberal.

3 Fontes estatísticas. O dereito a voto

EVOLUCIÓN DO NÚMERO DE ELECTORES

Ano	Total de electores segundo o censo electoral	% respecto da poboación española	Total de votantes
1837	257 984	2,2	143 026
1839	381 853	3,1	246 291
1844	635 517	5,2	415 647
1846	99 149	0,8	64 630
1853	139 641	1,14	95 163
1854	696 420	5,7	484 551
1857	148 975	0,9	91 093
1869	3 801 071	24,2	2 660 749

a) Que información nos amosa a táboa? Como evolucionou ao longo do século IX?

b) Que era o sufraxio censatario? Que relación podes establecer entre este sufraxio e os datos da táboa?

c) Cos datos da táboa, podes establecer unha relación entre o número de persoas con dereito a voto e as etapas de goberno moderado e progresista durante reinado de Isabel II?

d) Cando se estableceu o sufraxio universal? En que consistía? Como podes recoñecelo na táboa? Describe o contexto histórico en que foi proclamado.

4 Fontes iconográficas. A quenda pacífica

a) Describe ambas as dúas caricaturas. Lembras que características ten unha caricatura?

b) Podes identificar os personaxes cun número? Que trazos de ambos esaxerou o caricaturista para permitir recoñecelos?

c) Cal é a intencionalidade política da caricatura? Que recursos utilizou o debuxante para ofrecer o seu punto de vista?

d) Por que cres que as caricaturas foron tan importantes durante o século XIX?

Caricaturas publicadas na revista *El loro*, 1881.

5 Organización da información. Moderados e progresistas

a) Coa información da lección, copia no teu caderno e enche o seguinte cadro:

PRINCIPAIS PARTIDOS POLÍTICOS NA ESPAÑA DE ISABEL II (1833-1868)

Períodos de goberno		Moderados	Progresistas
Líderes		...	...
Base social		...	...
Bases ideolóxicas. Tipo de Estado	Tipo de sufraxio	...	...
	Tipo de soberanía	...	...
	Recoñecemento de dereitos	...	...
	Relacións Igrexa-Estado	...	...

6 Empatía. Mariana Pineda

Mariana Pineda foi unha muller granadina de ideas liberais que morreu executada. A súa xuventude e a inxustiza que se cometeu con ela convertérona nun mito e nun símbolo da liberdade.

Busca información na Internet sobre Mariana Pineda para coñecer a súa vida, as súas ideas e a situación da súa época. Despois responde as seguintes preguntas:

a) En que época viviu Mariana Pineda? Onde naceu e onde morreu?

b) Que monarca reinaba en España? Cal era o contexto histórico nese momento? Que enfrontamentos políticos dominaron ese período?

c) Cales foron os ideais de Mariana Pineda? Por que foi perseguida e condenada? Que castigo recibiu?

d) Razoa por que Mariana Pineda se converteu nun símbolo e un mito da loita pola liberdade.

e) En que páxina web atopaches a información? Cres que é unha fonte fiable? Por que?

7 Fontes audiovisuais. O desastre do 98

Visualiza o documental en www.tiching.com/749758 sobre a Guerra de Cuba e responde as preguntas:

a) Por que os Estados Unidos apoiaron os independentistas cubanos e lle declararon a guerra a España?

b) Como reaccionou a sociedade española ante a declaración de guerra?

c) Que dúas estratexias desenvolveu o goberno español para intentar pacificar a illa?

d) Como rematou o conflito entre España e Cuba? Quen foron os principais prexudicados por esta guerra? Razoa a túa resposta.

RETOS NA REDE

DETECTIVE DO PASADO: Desamortización a xuízo.

ACTIVIDADES DE AUTOCORRECCIÓN: Resolve estas actividades e repasa o que aprendiches.

www.vvd.link/012207/4

5 INDUSTRIALIZACIÓN E CAMBIO SOCIAL NA ESPAÑA DO SÉCULO XIX

Cales foron os logros e os problemas da industrialización en España?

ECONOMÍA

- 1802 Prohibición de importar algodón fiado
- 1831 Bolsa de Madrid
- 1833 Primeira máquina de vapor
- 1836 Desamortización de Mendizábal
- 1848 Ferrocarril Barcelona-Mataró
- 1855 Desamortización de Madoz
- 1868 Creación da peseta
- 1882 Altos Fornos de Bilbao
- 1902 Altos Fornos de Biscaia

1800 · 1810 · 1820 · 1830 · 1840 · 1850 · 1860 · 1870 · 1880 · 1890 · 1900 · 19

OBREIRISMO

- 1821 Sucesos de Alcoi
- 1835 Incendio da fábrica Bonaplata
- 1840 Fundación da Asociación de Teceláns de Barcelona
- 1855 Primeira folga xeral
- 1879 Fundación do PSOE
- 1888 Fundación da UXT
- 1910 Fundación da CNT

Darío DE REGOYOS: *Altos Fornos de Bilbao*, 1908.

O proceso de Revolución Industrial en España realizouse cun certo atraso respecto dos países máis avanzados do norte de Europa.

Os sectores téxtil e siderúrxico, asentados fundamentalmente en Cataluña e no País Vasco, foron os primeiros en industrializarse, aínda que o seu crecemento se viu dificultado pola falta dun mercado articulado.

O resultado foi o excesivo peso do sector agrario na economía e no mantemento do predominio social da oligarquía rural, que contrastaba cun campesiñado pobre. A burguesía e mais o proletariado, protagonistas da nova sociedade industrial, tiveron un crecemento moito máis lento.

Que sabemos?

- Cales foron os sectores punteiros da primeira industrialización?
- Observa o mapa. Cales eran as principais zonas agrícolas de España? Que se cultivaba nelas? Onde se produciu a actividade mineira e industrial?
- Que che suxire a paisaxe do cadro en relación co tema?

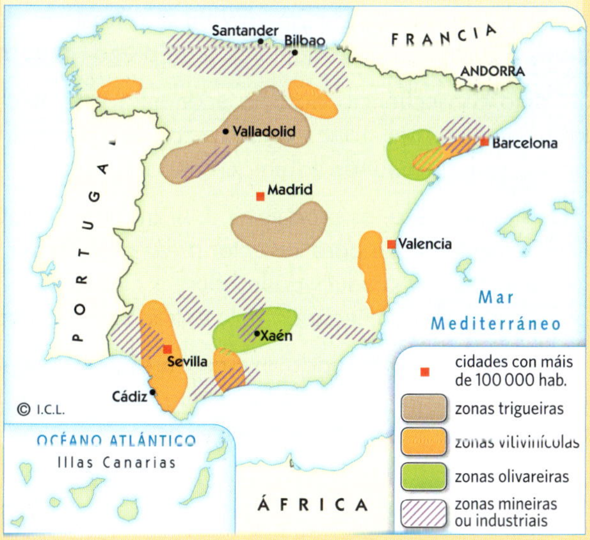

PREGUNTA CLAVE

1 A Revolución Industrial en España: éxito

En España, coma no resto de Europa, a implantación do liberalismo político implicou o desmantelamento do Antigo Réxime e o paso dunha economía basicamente agraria a outra industrial e capitalista.

Este proceso iniciouse en España a comezos do século XIX, pero segundo avanzou a centuria só o téxtil catalán e a siderurxia vasca, xunto a algúns focos puntuais en Málaga, Sevilla, Valladolid, Béjar e Alcoi, conseguiran consolidarse. O peso da agricultura continuaba a ser excesivo e o desenvolvemento das novas clases sociais, burguesía e proletariado industrial, era reducido.

Que factores explican as limitacións da industrialización española? Pode falarse de "fracaso" ou de "atraso" da Revolución Industrial en España?

A O COMPOÑENTE AGRARIO

En Gran Bretaña, a industrialización foi precedida de cambios na estrutura da propiedade que estimularon o crecemento da produción agrícola.

En España, no entanto, a meirande parte da terra seguiu nas mans de grandes propietarios, moitos deles absentistas e sen estímulos para innovar. Ademais, a abundancia de campesiños mantivo os salarios a baixo custo e facilitou o mantemento dunha **agricultura tradicional**.

Malia as dificultades, a agricultura aumentou a súa produción e conseguiu prescindir das importacións de cereais, agás en ocasións excepcionais.

Agora ben, este aumento da produción conseguiuse fundamentalmente grazas á **cavadura** de novas terras máis que á introdución das novas técnicas de cultivo e da nova maquinaria que se estaban a introducir nos países máis avanzados de Europa.

A ESTRUTURA DA PROPIEDADE DA TERRA

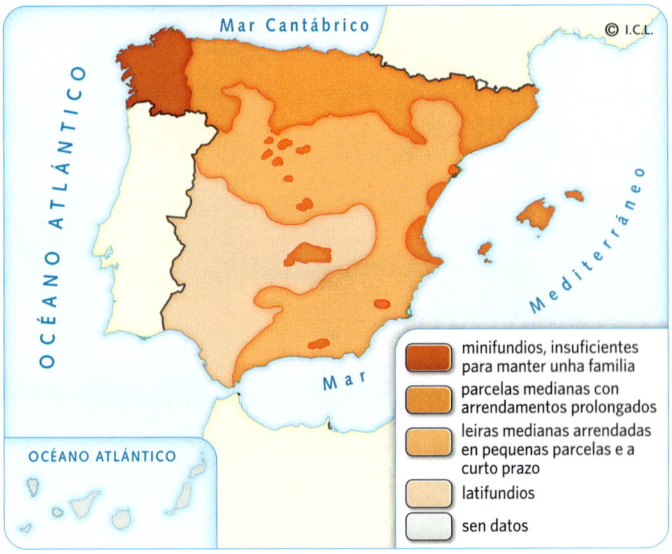

B A DIFÍCIL ARTICULACIÓN DO MERCADO E O PROTECCIONISMO

Un segundo problema provén das dificultades para integrar un mercado no que os produtos puidesen intercambiarse con facilidade. Á escaseza de compradores uníase que España non dispoñía dunha boa rede de transportes que permitise o traslado das mercadorías entre as distintas zonas produtoras a un prezo razoable.

Como consecuencia disto, a economía española quedou desarticulada: mentres nas zonas cerealísticas había abundancia de cereal e baixos prezos, noutras había que importar trigo.

Do mesmo xeito, os produtos industriais non atopaban un mercado suficientemente amplo para sustentar o seu crecemento. O incipiente sector industrial, cunha produtividade baixa e custos elevados, foi pouco competitivo e sentiuse ameazado pola entrada de produtos estranxeiros.

Por iso, o empresariado exerceu presión sobre o Estado para que aplicase **medidas proteccionistas** que encarecesen as mercadorías estranxeiras, forzando así o consumo no país das mercadorías propias.

Defensa do proteccionismo

Os librecambistas hoxe ameázannos
con deixarnos a todos cruzados de brazos,
abríndolle as portas ao xénero estraño.

Por iso nós, os que hoxe pagamos,
os que producimos, manifestámoslles
que só pedimos vivir do traballo.

Se do estranxeiro, por ser máis baratos,
viñesen os grans, as teas, os panos,
sen gañarmos o carto, con que os mercamos?

Se non producimos, se non traballamos
virá a miseria, e non o toleramos,
porque non queremos morrer de fame.

Poesía anónima, 1872.

ou fracaso?

C O DÉFICIT DA FACENDA E A ESCASEZA DE CAPITAL

Para aumentar os ingresos da Facenda pública española, en 1845 levouse a cabo unha **reforma fiscal** que obrigou os privilexiados do Antigo Réxime a pagar impostos.

No entanto, o Estado non aumentou a recadación nos termos esperados e a Facenda mantívose durante todo o século XIX en permanente déficit, tendo que recorrer aos créditos exteriores e á emisión de **débeda pública**.

O feito de que investir en débeda pública lles dese elevados xuros aos seus compradores atraeu unha boa parte dos capitais dispoñibles, e restou investidores para financiar a industria. Así, a **escaseza de capital investidor** constituíu un dos grandes problemas para a innovación e o desenvolvemento industrial.

A industria española, debido á baixa produtividade, resultaba pouco competitiva no mercado internacional, o que repercutía no comercio exterior. Durante o século XIX, as importacións foron maiores que as exportacións e a **balanza comercial** mantívose case sempre **deficitaria**.

Título de débeda do Estado, 1875.

O COMERCIO EXTERIOR DE ESPAÑA

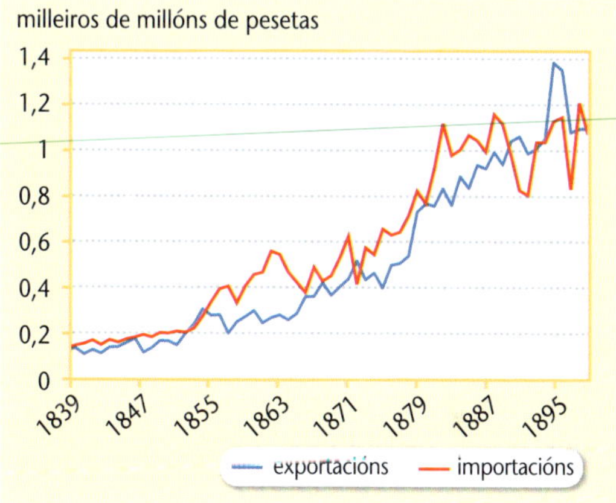

D A IDEA DE ATRASO RELATIVO

A versión máis tradicional sobre a industrialización española defendía a idea de fracaso da Revolución Industrial en España. Só o País Vasco e Cataluña foron capaces de seguir o camiño da industrialización, nun proceso do que ao principio participaran tamén Andalucía, Asturias, Cantabria e Valencia.

Hoxe deféndese máis a hipótese dun **atraso relativo**. Se ben é incontestable que a economía española do século XIX estaba moi afastada da de Gran Bretaña, Francia ou Alemaña, atopábase máis próxima ao crecemento doutros países mediterráneos e de Europa central, cuxo punto de partida sería máis similar ao caso español.

Con todo, os problemas da modernización agraria, o excesivo intervencionismo estatal sobre a economía, o abandono do sector exterior, o proteccionismo integral e un sistema financeiro atrasado dificultaron a tarefa da transformación económica de España.

A EVOLUCIÓN DO PIB PER CÁPITA

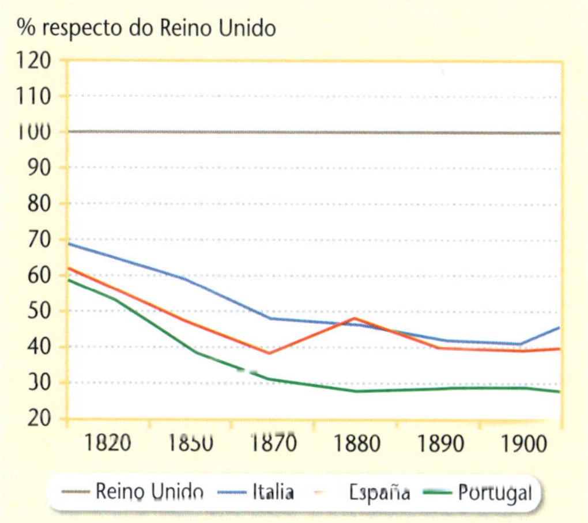

1. Que problemas dificultaron a modernización da agricultura en España? Observa o mapa e explica como se distribuía territorialmente a estrutura da propiedade.
2. Por que a industria española tivo que recorrer sistematicamente ao proteccionismo? A que dificultades tiña que lle facer fronte?
3. Le a poesía e explica con que argumentos se defende a necesidade de aranceis protectores da industria.
4. Por que a débeda pública a elevado xuro prexudicou o financiamento das novas industrias?

Argumenta a resposta

5. Cales son os países que se toman como exemplo de industrialización? Que outros países tiveron un crecemento industrial semellante ao de España?
6. Que posición adoptarías ante a disxuntiva éxito ou fracaso da industrialización en España?

2 A poboación e a agricultura

Crecemento demográfico e emigración

España pasou de ter 11,5 millóns de habitantes en 1797 a 18,6 en 1900. Trátase dun **crecemento sostido**, pero moderado en comparación a outros países europeos, que durante o mesmo período duplicaron a súa poboación. O descenso da mortalidade e o mantemento dunha natalidade elevada motivaron ese crecemento.

O dato máis interesante deste período é a **desigual distribución** do crecemento demográfico. A poboación medrou máis nas zonas costeiras (Cataluña, Murcia, País Vasco e Canarias) que no interior, coa excepción de Madrid.

O crecemento demográfico estivo acompañado de importantes movementos de poboación. A concentración da terra en poucas mans e a pobreza campesiña, unidas á mellora dos transportes, fomentaron a decisión de **emigrar**. As migracións producíronse en dúas direccións:

- **Éxito rural**, isto é, abandono das áreas rurais para buscar traballo nas zonas industriais, que experimentaron un maior aumento económico, como Barcelona, Bilbao e Madrid. Iso implicou o crecemento das cidades e o inicio dun proceso de urbanización, que foi máis lento ca noutras sociedades europeas.
- **Emigración exterior** en dirección a América Latina, en especial a Cuba e Arxentina, que se produciu nas últimas décadas do século XIX, en busca de mellores oportunidades de emprego. Canarias e toda a área cantábrica foron as rexións con maior emigración.

A transformación da agricultura

A agricultura continuou a ser a principal actividade económica do país durante o século XIX. A súa renovación iniciouse coa reforma agraria liberal, que pretendía poñerlle fin ao réxime señorial e acabar coa gran cantidade de terras amortizadas nas mans da nobreza e do clero.

Nos primeiros sesenta anos do século XIX, a superficie de terra cultivada incrementouse de 10 a 16 millóns de hectáreas. A meirande expansión de cultivos produciuse nos **cereais** e despois na vide. Tamén aumentaron o millo, a oliveira e, sobre todo, a **pataca**, que se converteu no grande alimento popular xunto ao pan.

Houbo, así mesmo, unha certa especialización rexional: árbores froiteiras e vide na costa mediterránea, millo e pataca na costa cantábrica e cereais e penso no interior. Como consecuencia disto, a **exportación** de cítricos, viño e aceite comezou a cobrar importancia.

Os rabaños transhumantes de gandaría ovina diminuíron notablemente como resultado da creba das tradicionais exportacións de la. Pola contra, aumentou a cabana porcina, para a alimentación humana, e os cabalos, asnos e mulas para o transporte.

No entanto, unha crise agraria a finais de século, derivada da chegada a Europa de trigo americano a baixo prezo, freou os avances da agricultura e provocou un aumento do proteccionismo e da emigración.

O CRECEMENTO DA POBAOCIÓN NO SÉCULO XIX

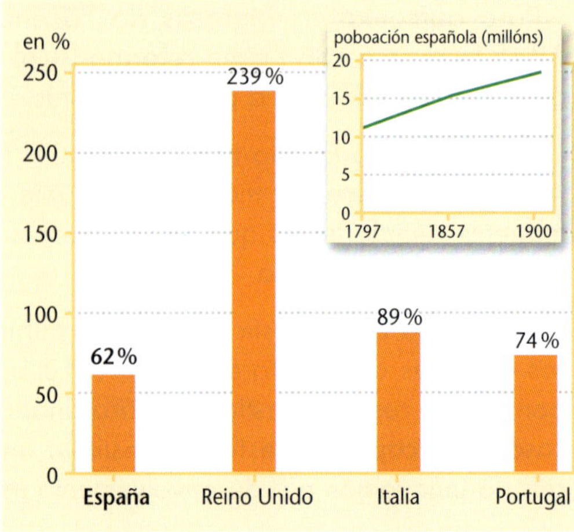

A POBOACIÓN ESPAÑOLA NO SÉCULO XIX

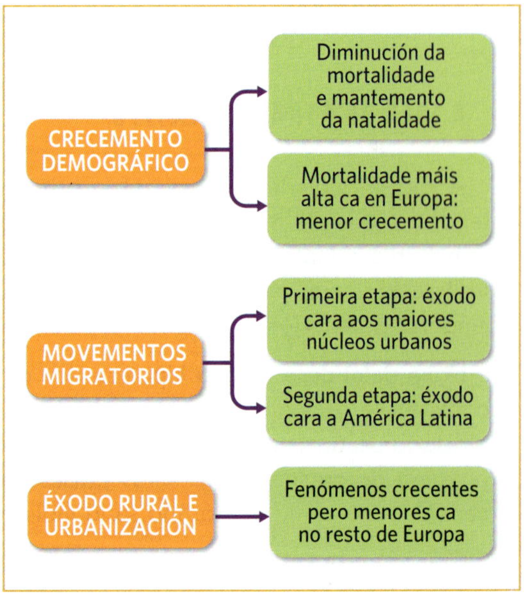

A DISTRIBUCIÓN DA PRODUCIÓN AGRÍCOLA EN ESPAÑA EN 1900

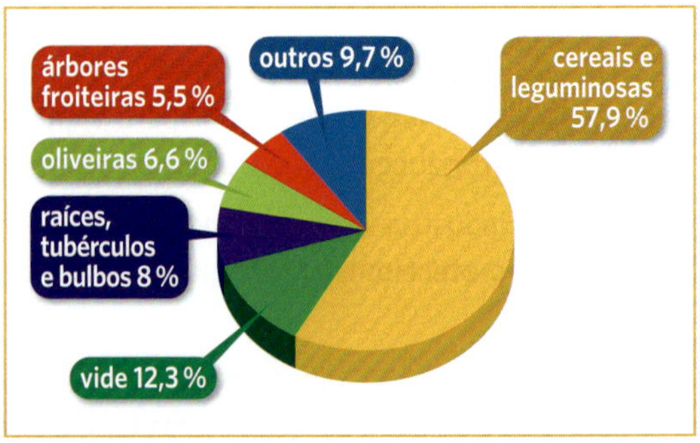

EN QUE CONSISTIU A REFORMA AGRARIA LIBERAL?

A reforma agraria liberal foi un conxunto de reformas que se realizaron en España a partir da suba ao poder dos progresistas en 1836. O seu obxectivo era a disolución do Antigo Réxime no campo e a introdución de formas de propiedade e de produción capitalistas.

Estas reformas implicaron a abolición do réxime señorial*, a desvinculación da propiedade e a desamortización da maioría das terras da Igrexa (**desamortización de Mendizábal** en 1836) e dos concellos (**desamortización de Madoz** en 1855).

Estas reformas consolidaron a propiedade privada da terra e sentaron as bases da transformación agraria.

A REFORMA AGRARIA LIBERAL

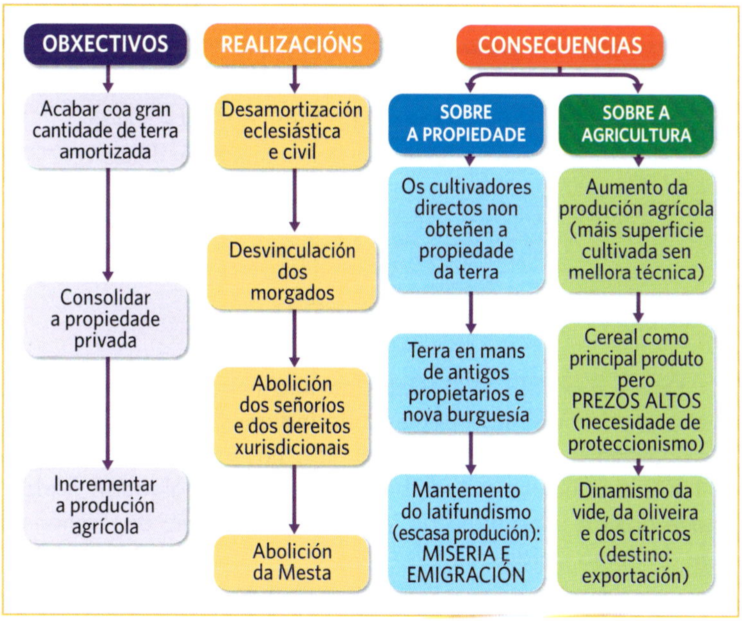

AS DESAMORTIZACIÓNS

- Consistiron na expropiación e posterior venda en poxa pública das terras da Igrexa (desamortización de Mendizábal, 1836) e dos concellos (desamortización de Madoz, 1855).
- A meirande parte das terras en venda foron compradas por antigos propietarios rurais e burgueses. A maioría de campesiños non puido acceder á compra.
- Os efectos esperados sobre a modernización da agricultura como motor da industrialización foron moito menores porque a meirande parte dos novos e vellos propietarios usaron as terras adquiridas para arrendalas e vivir das rendas que xeraban.
- Ademais, ao privatizarse os bens comunais, o campesiñado perdeu un complemento esencial da súa economía (pastos, leña, hortas...).

Joaquim VAYREDA: *A sega*, cara a 1881.

1. Observa os gráficos do crecemento da poboación nalgúns países europeos. Compara o crecemento de España co dos outros tres países. Por que aumentou de xeito moderado a poboación española?
2. Por que motivos emigraron os españois no século XIX? Cara a que lugares foron?
3. Como conseguiu a agricultura aumentar a produción? Cales eran os principais produtos agrícolas e gandeiros? Cales se exportaban?
4. Coa información do documento sobre a reforma agraria liberal, responde:
   - Que conxunto de medidas incluía a reforma agraria liberal? Con que obxectivos?
   - En que consistiu a desamortización? Que finalidade perseguía? Quen foron os máis beneficiados da desamortización? E os menos favorecidos? Razoa a túa resposta.
   - Conseguiron as desamortizacións os obxectivos perseguidos? Cales foron as súas consecuencias inmediatas?

3

DESCUBRE

Os inicios da industrialización española

A Revolución Industrial en España non afectou a todo o territorio por igual. A falta de materias primas (algodón) e fontes de enerxía (carbón) supuxo unha limitación que reduciu as posibilidades da industrialización e dificultou o seu crecemento.

Os dous sectores máis importantes foron o téxtil e a siderometalurxia. No caso do téxtil, malia os intentos en diferentes lugares da Península, só se fixo realidade en Cataluña. No caso da siderurxia, tras o efémero foco andaluz, foi na área cantábrica onde se consolidou, de forma moi especial no País Vasco.

Como se iniciou a industrialización española do século XIX? Que vantaxes e problemas presentou nas diferentes zonas?

A A INDUSTRIA TÉXTIL ALGODOEIRA

Desde o século XVIII, **Cataluña** tiña unha tradición comercial de exportación de augardentes e de indianas, uns tecidos de algodón estampados de grande aceptación no mercado internacional. En 1802 produciuse a prohibición de importar algodón fiado, o que deu orixe a unha industria téxtil propia ao estilo das rexións do norte do Reino Unido.

Na década de 1830 introduciuse a **máquina de vapor** e iniciouse o proceso de **mecanización** coa introdución das novas máquinas chegadas do Reino Unido. Estas innovacións permitiron un notable aumento da produción de tecidos de algodón e o abaratamento do seu prezo.

A falta de carbón foi un obstáculo ao crecemento do sector téxtil catalán. A solución ideada polos empresarios foi situar as fábricas preto do porto de Barcelona, para abastecerse con maior facilidade, ou situar as industrias próximas a saltos de auga para aproveitar a enerxía hidráulica.

Tamén dificultou a súa expansión a debilidade do mercado español, composto, sobre todo, por campesiños con escaso poder adquisitivo.

O crecemento da industria algodoeira desprazou, pola súa mellor calidade e prezo, as industrias tradicionais da la, espalladas polo territorio español.

Santiago Rusiñol: *A fábrica*, 1889.

As colonias industriais

As colonias industriais situáronse nas ribeiras dos ríos Ter e Llobregat para aproveitar a enerxía hidráulica. Ademais da fábrica, albergaban as vivendas obreiras e todo aquilo que os traballadores necesitaban para a súa vida diaria (igrexa, escola, teatro, economato...).

Tamén se crearon colonias noutras zonas de España como Valencia e Béjar (Salamanca).

UNHA COLONIA TÉXTIL

B A SIDERURXIA VASCA

O ferro e os seus derivados foron un elemento central da industrialización. A súa produción debía realizarse en altos fornos que requirían unha gran cantidade de carbón, que en España se localizaba en Asturias, aínda que era de baixo poder calorífico e de complexa extracción.

O problema do abastecemento de carbón e de ferro dificultou a consolidación da industria siderúrxica, que pasou por diferentes etapas e localizacións:

- Entre 1830 e 1860 creáronse varios altos fornos na provincia de **Málaga**, rica en mineral de ferro. Así e todo, a súa produción foi moi modesta debido aos altos custos que supoñía o traslado do carbón.
- A partir de 1860, entre **Mieres** e **La Felguera**, no corazón da conca mineira asturiana, instaláronse fábricas de ferro. A proximidade das minas de carbón compensaba os elevados custos de extracción.
- Na década de 1880, na **ría do Nervión**, preto das minas de ferro biscaíñas, creáronse os Altos Fornos de Biscaia, que sentaron as bases da consolidación da siderurxia no País Vasco.

  A ría converteuse na vía de saída do ferro biscaíño que se exportaba ao Reino Unido, onde se adquiría carbón galés, de maior poder calorífico que o asturiano.

  A zona amosou desde entón os trazos dunha área industrializada: concentración empresarial (metalúrxica e naval), protección do Estado (proteccionismo) e financiamento bancario (Banco de Bilbao e Banco de Vizcaya).

Fábrica do Carmen da Sociedad de Altos Hornos de hierro y acero de Barakaldo, Biscaia.

A PRODUCIÓN SIDERÚRXICA

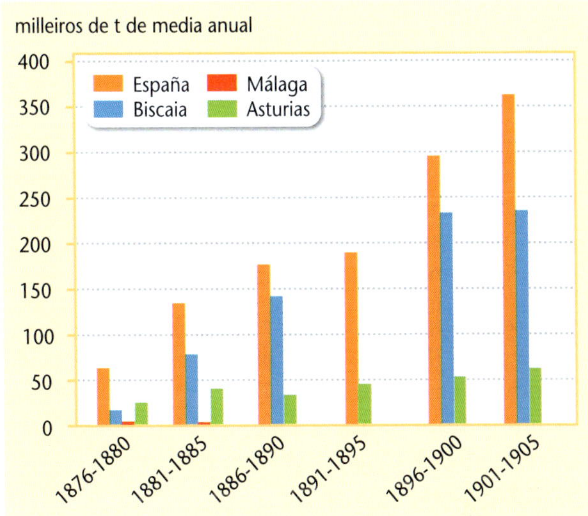

@ Amplía na Rede...

Para saberes máis sobre a industrialización española do século XIX, entra en: www.tiching.com/749760

1. Que eran as indianas? Como se estimulou a fabricación de tecidos de algodón en Cataluña? Que obstáculos tivo que afrontar a nacente industria téxtil? Como se amañaron?

2. Observa o debuxo da colonia téxtil. Por que se situaron as colonias ao carón de leitos fluviais? Describe as partes de que constaba unha colonia.

3. Que dúas materias primas necesita a industria siderúrxica? Onde hai minas de ambas as dúas en España?

4. Explica as tres fases da siderurxia española. A continuación, observa o gráfico da produción siderúrxica e explica a súa evolución entre 1876 e 1905.

Investiga

5. Consulta en www.tiching.com/749763 a información sobre as colonias téxtiles de Cataluña. Explica como se conseguía a enerxía necesaria para o funcionamento da fábrica e como vivían nelas os obreiros e os empresarios. Que función desempeñan estas colonias na actualidade?

4 Minaría, banca e rede ferroviaria

A explotación da minaría

Durante a Revolución Industrial, a demanda de produtos mineiros na meirande parte de Europa aumentou de xeito considerable. España contaba con abundantes minas e a súa explotación sistemática iniciouse en 1868 coa aprobación da **Lei de Minas**.

Como a extracción mineira necesitaba gran cantidade de capital, o goberno optou por outorgarlles a súa explotación a **compañías estranxeiras**, sobre todo francesas e inglesas. Ademais, o pagamento da concesión axudaría a diminuír a débeda da Facenda española.

Os recursos máis importantes do subsolo español eran o ferro (Málaga, Cantabria e, sobre todo, Biscaia), o chumbo (Cartaxena), a hulla e o cinc (Asturias), e o cobre e a pirita (Huelva). O aumento da produción influíu positivamente no desenvolvemento do ferrocarril e de industrias como a naval.

A explotación do carbón, a principal fonte de enerxía industrial, presentou diversos problemas: o carbón asturiano tiña escaso poder calorífico e, diferenciándose do galés, encontrábase a gran profundidade, o que encarecía a súa extracción.

A escasa demanda interior de minerais implicou que a maioría do mineral **se exportase**, e a finais do século XIX, o sector mineiro significaba unha terceira parte das exportacións do país. O ferro biscaíño enviábase maioritariamente ao Reino Unido.

A banca e as finanzas

A mediados do século XIX iniciouse o proceso de substitución das antigas casas de banca e de préstamos, características do Antigo Réxime, por un novo sistema financeiro capaz de lles facer fronte ás necesidades do capitalismo industrial.

Dunha banda, consolidouse unha **banca pública**, e o **Banco de España** obtivo o monopolio de emisión de moeda e a xestión da débeda pública. En 1868 creouse unha nova moeda oficial, a peseta de 100 céntimos, que lle puxo fin á diversidade de moedas existentes en España ata aquel momento.

Doutra banda, no **sector privado** creáronse novos bancos como o Banco de Barcelona, o de Santander, o de Bilbao e o de Biscaia, vinculados ao financiamento dos ferrocarrís e do sector mineiro.

En 1831 comezou a funcionar a **Bolsa de Madrid** e en 1845 creouse o **Bolsín de Barcelona**, que favoreceu a aparición de numerosas sociedades anónimas mercantís, industriais etc., que emitían accións e obrigas.

DEPÓSITOS MINEIROS EN ESPAÑA

A importancia do carbón

Carbón, carbón, carbón e sempre carbón é o que necesitamos agora! Este combustible ha de ser o elemento da nosa felicidade, a base de toda a nosa industria (...).

Se hai carbón, hai bombas de vapor, e se hai bombas faise canto se quere con abundancia, equidade e presteza. A aplicación química do lume mediante o vapor de auga debe causar antes de dous séculos unha revolución extraordinaria nos progresos da civilización.

G. González Azaola: *Fornaguera e ferro*, 1829.

Billete de 500 pesetas emitido polo Banco de España no ano 1884.

As primeiras moedas de peseta tiñan a efixie do rei Amadeo de Savoia.

QUE EFECTOS TIVO A CONSTRUCIÓN DO FERROCARRIL?

A mellora dos sistemas de transporte para estimular o comercio e vertebrar o mercado interior era unha das grandes necesidades da industrialización española. Por iso dedicáronselle grandes esperanzas ao ferrocarril, e o Estado deulles grandes facilidades ás empresas privadas para que emprendesen a súa construción.

No entanto, os problemas derivados da súa rápida planificación e construción limitaron o papel do ferrocarril como difusor da industrialización, aínda que é innegable que supuxo unha gran mellora da rede española de transportes.

Ademais, o elevado custo da súa construción e a escaseza de mercadorías e viaxeiros transportados levaron á creba en 1866 de moitas compañías ferroviarias.

OS PROBLEMAS DA REDE FERROVIARIA

- Consolidou unha **estrutura radial** da rede que, con centro en Madrid, non favorecía a conexión entre os centros industriais máis activos.
- Elixiuse un **ancho de vía diferente ao europeo**, xustificado nas dificultades do relevo español, que obrigaba a transbordar as mercadorías na fronteira, encarecendo os custos e aumentando os tempos de transporte.
- Autorizóuselles ás compañías ferroviarias a **importar**, libre de aranceis (impostos), todo o **material** que necesitaban (raís, locomotoras, vagóns...). Iso prexudicou a nacente industria siderúrxica e metalúrxica española.

A CONSTRUCIÓN DA REDE FERROVIARIA

Inauguración do traxecto Barcelona-Mataró, 1848.

O tendido da rede iniciouse en 1855 coa aprobación da **Lei de Ferrocarrís**. Anteriormente só funcionaban as liñas Barcelona-Mataró (1848) e Madrid-Aranjuez (1851).

A grande etapa construtiva realizouse entre 1855 e 1865, e supuxo a maior mobilización de capitais na Bolsa española da súa época.

1. Cando comezou a ser importante a explotación mineira? Que zonas eran as máis produtivas? Cales eran as rochas e minerais que se extraían?
2. Le o texto sobre o carbón. Que se esperaba da súa extracción? Cal sería a súa utilidade? Que consecuencias traería?
3. Por que era importante a creación dunha nova banca e unha bolsa? Cres que a creación da peseta facilitou os intercambios? Razoa a túa resposta.
4. Observa o mapa sobre o ferrocarril e identifica as diferentes fases de construción. Que estrutura se lle deu á rede e que ancho ás vías? Por que?
5. Confecciona unha táboa comparativa do sector mineiro e ferroviario coas seguintes filas: leis importantes, efectos da lexislación, financiamento, principais problemas cos que se atoparon e efectos sobre a actividade económica.

5 O cambio social e os seus límites

Do privilexio á clase

Durante o século XIX produciuse en España o paso dunha sociedade estamental a unha sociedade de clases, cunhas fondas diferenzas entre elas. Malia a transformación social, a **nobreza**, os **altos cargos do exército** e a **xerarquía eclesiástica** continuaron a manter a súa preeminencia social e unha grande influencia política.

Ao longo da reforma agraria liberal, unha parte da nobreza soubo adaptarse aos novos tempos e conservar a propiedade da terra. No entanto, tamén se produciu a decadencia dalgunhas das grandes familias terratenentes, que foron incapaces de manter o seu patrimonio e tiveron que vendelo.

A burguesía aumentou durante o século XIX, pero o atraso industrial implicou que fose máis escasa e con menos poder político ca noutros países de Europa.

A **alta burguesía** estaba composta por empresarios industriais, banqueiros e grandes comerciantes. A **pequena e mediana burguesía** incluía os pequenos empresarios, comerciantes e profesións liberais (avogados, médicos, arquitectos...), os funcionarios e empregados do Estado e os profesores universitarios.

Antonio GISBERT: *O minué*, 1900. A nobreza continuaba a manter os seus costumes refinados de antano.

A SOCIEDADE ESPAÑOLA CARA A 1860

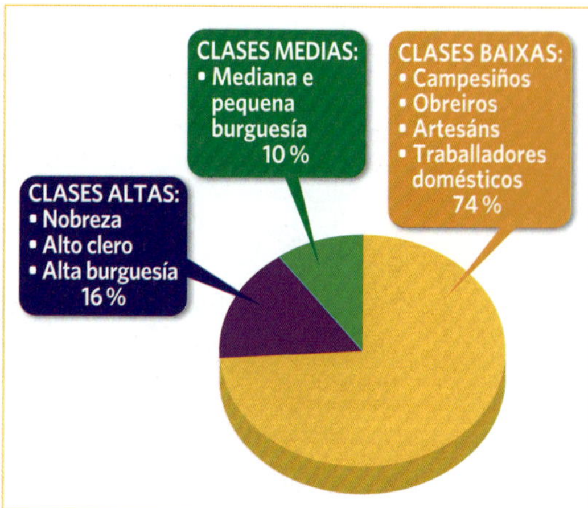

As clases populares

A maioría da poboación española, aproximadamente dous terzos, eran **campesiños**, pero a súa situación era diferente segundo as rexións. Na metade norte predominaba a pequena e mediana propiedade, e na metade sur, os grandes latifundios traballados por xornaleiros.

No primeiro caso, algunhas explotacións eran tan pequenas que apenas garantían a subsistencia familiar. No segundo, os baixos xornais abocaban á miseria as familias campesiñas. Tan só nalgunhas zonas, como Cataluña e Valencia, existía unha mediana propiedade, que especializou os seus cultivos (viño, cítricos...) e permitiu a mellora das condicións dos campesiños.

A industrialización implicou o xurdimento do **proletariado industrial** composto por antigos artesáns e emigrantes do campo. Tivo maior peso nas zonas que concentraban a poboación fabril, en especial Cataluña, o País Vasco, Asturias e Madrid.

Nas cidades mantívose un gran número de **artesáns** que subsistían nos seus pequenos obradoiros ata que a competencia das fábricas os foi obrigando a pechar os seus negocios. Tamén existían traballadores de servizos (limpeza, iluminación...), empregados de comercio e traballadores domésticos.

Contrariamente á muller burguesa, que se dedicaba ao coidado do fogar e da familia, as **mulleres das clases populares** traballaban fóra do fogar porque o seu salario era imprescindible para a supervivencia familiar. No campo, participaban nos labores agrícolas, e nas cidades traballaban nas fábricas ou empregábanse no servizo doméstico (criadas, pasadoras do ferro, lavandeiras...).

Gonzalo BILBAO: *A sega en Andalucía*, 1894. A escena reflicte o esforzo e a fatiga dos traballadores baixo o sufocante sol do verán.

O LIMITADO AVANCE DA EDUCACIÓN

O avance da educación constituíu un dos grandes indicadores de progreso nas sociedades máis avanzadas. Tamén niso, España sufriu un atraso en comparación con outros países europeos.

A mediados do século XIX, o acceso á ensinanza estaba reservado ás clases acomodadas e a maioría da sociedade española non sabía ler nin escribir.

A primeira iniciativa para ampliar a educación foi a **Ley Moyano** de 1857, pero bateu con graves limitacións orzamentarias, xa que o Estado apenas investía en educación. Esta lexislación estipulou tres niveis de ensinanza e estableceu a ensinanza privada e a pública, que debía financiarse con recursos do Estado.

Malia o progreso que significou esta lei, en 1887, o 52 % dos varóns maiores de 10 anos e o 77 % das mulleres seguían a ser analfabetos.

A ensinanza primaria proporcionáballes uns coñecementos básicos a nenos e nenas que axiña se incorporaban ao traballo no campo ou a industria.

A reforma educativa de Moyano

A primeira ensinanza abrangue as nocións rudimentarias de máis xeral aplicación aos usos da vida. A segunda ensinanza abrangue os coñecementos que amplían a primeira e tamén preparan para o ingreso ao estudo das carreiras superiores. A ensinanza superior inclúe as que habilitan para o exercicio de determinadas profesións.

Lei de Instrución Pública, 1857.

OS TRES NIVEIS EDUCATIVOS

- A **ensinanza primaria** dependía dos concellos e era obrigatoria e de carácter gratuíto para ambos os dous sexos entre os 6 e os 9 anos. A pesar diso, a escolarización dos nenos era moi superior á das nenas, pois non se consideraba necesaria a súa alfabetización.
- A **ensinanza secundaria** dependía da provincia e en cada capital construíuse un instituto público. No entanto, só accedían a ela as familias con recursos. As mulleres tiveron vetado o acceso, agás contadas excepcións, ata 1883.
- O **sistema superior** dependía do Estado, era moi centralista e existían poucas universidades. O grao de doutor só se podía lograr na Universidade Central de Madrid.

A Institución Libre de Ensinanza

A mediados do século XIX introduciuse en España unha corrente filosófica alemá, o krausismo, baseada no racionalismo e no laicismo como base da ensinanza.

A adopción do seu modelo educativo debeuse a Francisco Giner de los Ríos, quen en 1876 inaugurou a Institución Libre de Ensinanza.

A institución fomentou un novo modelo escolar baseado no coñecemento científico, na liberdade de crenzas e pensamentos e na formación integral dos estudantes.

Aula de educación primaria en 1903.

1. Cales foron as clases dirixentes na España do século XIX? Que características presentaban?
2. Observa o gráfico da sociedade española cara ao ano 1860. Como se distribuían os diferentes grupos sociais?
3. Que grupos compoñían as clases populares? Cal era o maioritario? Por que?
4. Por que en España o desenvolvemento da burguesía e do proletariado foi menor ca noutros países europeos?
5. Visto o paso dunha sociedade estamental a outra de clases, por que falamos dos límites do cambio social?
6. Como estruturaba a ensinanza a Lei Moyano? Cales foron as súas contribucións e limitacións? Que semellanzas e diferenzas podes establecer coa educación actual?
7. Que nova corrente de pensamento introduciu en España un modelo educativo máis innovador? En que consistiu? Quen foi a figura clave deste proceso?

6 Os pioneiros do movemento obreiro

Ante as duras condicións de vida e traballo que sufrían, os traballadores das fábricas asociáronse para loitaren pola mellora da súa situación e para propoñeren formas máis igualitarias de organización social. Eles foron os pioneiros do movemento obreiro.

O obreirismo tivo maior impacto nas zonas máis industrializadas, como Cataluña, o País Vasco, Asturias e Madrid.

Nas zonas de predominio agrario desenvolvéronse movementos campesiños en demanda dunha repartición máis equitativa das terras, e foron especialmente importantes en Andalucía.

Entrambos os dous sectores difundíronse as ideas do marxismo e do anarquismo, pero este último foi o que logrou un maior grao de implantación.

A AS PRIMEIRAS ASOCIACIÓNS OBREIRAS

As primeiras protestas da nova clase traballadora en España tiveron un carácter ludista e consistiron na destrución de máquinas de fiar. Así sucedeu en Alcoi en 1821 e no incendio da fábrica Bonaplata de Barcelona (1835), que introducira unha máquina de vapor.

Paralelamente, creáronse as primeiras asociacións de obreiros para defender as súas demandas (melloras salariais, redución do horario laboral, regulación do traballo de mulleres e nenos e dereito a asociarse).

En 1840 fundouse a **Asociación de Tecedores de Barcelona**, unha primeira organización de carácter sindical, que foi clausurada por estaren prohibidas as asociacións de obreiros.

A **folga** configurouse como o principal instrumento de presión sobre os patróns. A primeira folga xeral tivo lugar en 1855, en Barcelona, como reacción á introdución de novas máquinas que lles quitaban postos de traballo aos obreiros e reducían os seus salarios.

Lámina conmemorativa da fundación da Asociación de Tecedores de Barcelona en 1840.

B AS REVOLTAS CAMPESIÑAS

Xornaleiros detidos no cárcere de Xerez por teren participado nunha revolta campesiña, a finais do século XIX.

Os efectos da reforma agraria liberal condenaron moitos pequenos labradores á condición de **xornaleiros**, sometidos a baixos salarios e á temporalidade do traballo.

As frecuentes crises orixinadas pola escaseza de trigo, o aumento do prezo do pan, a extensión da fame e a imposibilidade de pagar os impostos provocaron o xurdimento de protestas campesiñas, que se concretaron no roubo de colleitas ou na ocupación de terras para cultivalas.

Unha das protestas de maior impacto desenvolveuse en 1861 nas poboacións andaluzas de Loja, Iznájar e Archidona, debido ás pésimas condicións de vida dos traballadores do campo.

A concienciación entre algúns grupos católicos das consecuencias sociais da industrialización estimulou a creación de pequenos **sindicatos católicos** en zonas rurais para axudar os campesiños e fomentar o crédito agrícola.

C A CHEGADA DA PRIMEIRA INTERNACIONAL

Coincidindo co Sexenio Democrático (1868-1874), chegaron a España as ideas e organizacións da Asociación Internacional de Traballadores (AIT), e en 1870 creouse a **Federación Española da Primeira Internacional**.

Deste xeito, as correntes marxistas e anarquistas introducíronse en España. O socialismo arraigou con forza en Madrid, Asturias e o País Vasco, mentres que o anarquismo o facía en Cataluña e no campo andaluz.

Gravado de 1870 que amosa como a Internacional acabaría coas clases privilexiadas.

MARXISMO

- Difundiuse grazas ao labor de propaganda de Paul Lafargue, xenro de Marx.
- A súa influencia propagouse sobre diversos grupos obreiros, de onde xurdiron en 1879 o **Partido Socialista Obrero Español** e, en 1888, o sindicato da **Unión Xeral de Traballadores (UXT)**.
- Baixo o liderado de **Pablo Iglesias**, utilizaron a folga para defender as reivindicacións obreiras, apoiaron a revolución social e participaron de forma activa na política nacional a través dos seus representantes no Congreso de Deputados.

Publicación conmemorativa do Primeiro de Maio, 1896.

ANARQUISMO

- Introducido por Giuseppe Fanelli, conseguiu ser maioritario dentro da sección española da Internacional.
- Os anarquistas defenderon a folga xeral como fórmula para promover a revolución social e defenderon a "propaganda polo feito" a través de magnicidios (Cánovas del Castillo) ou atentados simbólicos (bomba do Liceo de Barcelona).
- En Andalucía creouse a Man Negra, unha sociedade anarquista andaluza (1883), e en Barcelona, en 1910, fundouse a **Confederación Nacional do Traballo (CNT)**, o sindicato obreiro con maior número de afiliados.

Os obxectivos do socialismo

O ideal do Partido Socialista Obreiro é (...) a abolición de todas as clases sociais e a súa conversión nunha soa clase de traballadores, donos do froito do seu traballo (...). E como medios para achegarnos á realización deste ideal temos os seguintes:

- Liberdades políticas, dereito de asociación e legalidade da folga.
- Redución das horas de traballo, prohibición de traballar aos nenos menores de nove anos (...), leis protectoras da vida e da saúde dos traballadores (...), pensións aos inválidos do traballo (...).

Programa do PSOE, 1888.

1. Que formas adoptaron as primeiras accións colectivas do movemento obreiro? Cales foron as súas principais reivindicacións?
2. Cales foron as causas das loitas campesiñas? Que actuacións levaron a cabo?
3. Como se difundiron en España as ideas socialistas e anarquistas? Onde tivo maior impacto cada unha delas? Que diferentes camiños de acción desenvolveron os grupos socialistas e anarquistas?

Ponte no seu lugar

4. Imaxina que es un traballador dunha fábrica téxtil e vas reunir o resto dos teus compañeiros para debater sobre a dureza das vosas condicións laborais e salariais.

   Elabora unha táboa de reivindicacións e sinala que accións poderías levar a cabo para exercer presión sobre os propietarios da fábrica.

7 Economía e sociedade de Galicia no século XIX

OS PROBLEMAS DA AGRICULTURA

A reforma agraria liberal e mais o proceso de desamortización non tiveron importantes consecuencias na estrutura da propiedade galega porque **o sistema de foros se mantivo** durante todo o século XIX; a finais da centuria máis do 75% das terras aínda se mantiñan suxeitas a este réxime de propiedade.

A desamortización eclesiástica só significou un transvasamento da meirande parte das propiedades, que estaban nas mans da Igrexa, a outros propietarios: fidalgos, comerciantes, nobres e burgueses, que continuaron a percibir as rendas forais. Por iso, e aínda que a desamortización de Madoz foi máis limitada –mantivéronse a maioría dos montes veciñais– non se produciu a necesaria transformación da agricultura.

Durante o derradeiro terzo do século XIX comezaron os intentos por **redimir os foros**, isto é, por lograr que os campesiños obtivesen a propiedade das terras que traballaban, mais os rendistas obstaculizaron por todos os medios estes intentos.

O mantemento do sistema foral non era o único problema do campo galego. Os **cultivos agrarios** continuaron a ser os mesmos (millo, pataca e cereais como o trigo e o centeo) e as **técnicas de cultivo** apenas se modernizaron, manténdose os barbeitos e as rotacións longas. Ademais, as dificultades das familias labregas para manteren as explotacións levaron á división das parcelas, dando lugar ao fenómeno do **minifundismo**, que limitaba aínda máis o crecemento agrario.

O fracaso da industrialización

Polo xeral, o sector secundario en Galicia caracterizouse pola **ausencia de industrias**. A competencia doutras rexións, a falta de demanda e os escasos investimentos locais (os rendistas preferían a seguridade da terra) non favoreceron a industrialización.

Produciuse un declive definitivo do **sector do liño**, florecente durante o século anterior, porque os tecidos británicos e cataláns supuxeron unha competencia que reduciu este sector ao autoconsumo familiar.

A produción de ferro quedou relegada ás **ferrarías**, e non aos altos fornos, e só tiveron certa importancia as situadas nas montañas de Lugo.

Unha das poucas excepcións a este panorama foi o **sector pesqueiro e conserveiro**: a conserva substituíu a salgadura e a demanda de sardiña galega medrou axiña. Con isto, a flota pesqueira foi aumentando e os establecementos conserveiros das Rías Baixas, en especial de Vigo, iniciaron o seu desenvolvemento.

Entre as escasas iniciativas industriais salientou a **fabricación de curtidos**, e polo elevado número de traballadores que empregaron, a **Fábrica de Tabacos** da Coruña e o **Arsenal** de Ferrol, que construía buques.

Na Fábrica de Tabacos da Coruña traballaron ao redor de 3000 mulleres.

A chegada do ferrocarril a Galicia

O desinterese por investir en Galicia no ferrocarril foi a nota característica dos grupos dirixentes. O tren chegou con máis de medio século de atraso respecto aos principais eixes de comunicación de España. Así perpetuouse aínda máis a situación de desvantaxe do noso territorio.

No ano **1873** inaugurouse o primeiro tramo, entre **Santiago** e **Carril**, por iniciativa da burguesía compostelá, e en 1885 abriuse o tramo Astorga-Monforte de Lemos, de onde saía un ramal en dirección a Vigo e outro cara á Coruña.

Mais a comunicación polo sur de Galicia, a través da comarca de Sanabria, cara a Madrid e entre A Coruña e Vigo tivo que agardar ata ben entrado o século XX.

Viaduto da Chanca, no ferrocarril do Noroeste (Lugo-A Coruña).

Poboación e sociedade galega

Durante o século XIX a **poboación galega** medrou de forma moderada, pasando de 1,4 millóns de habitantes ao comezo da centuria a pouco máis de 2,1 ao final. A maioría da poboación concentrábase en áreas do litoral, en contraste cun interior apegado á vida rural e azoutado por periódicas crises demográficas, como a provocada polo cólera a mediados de século.

O fenómeno máis característico da demografía galega foi, desde a segunda metade do século XIX, a **emigración a Ultramar**, en especial cara a Cuba e a Arxentina. Un 20% da poboación galega, aproximadamente unhas 400 000 persoas, optaron por emigrar para melloraren as súas condicións de vida.

A sociedade rural galega mantívose dividida entre os **rendistas**, perceptores dos beneficios da propiedade dos foros, e os que pagaban as devanditas rendas, coñecidos como **rendeiros**. Unha parte da burguesía comerciante engadiuse aos rendistas.

Dentro da sociedade agraria, tamén había os **fidalgos**, que mantiveron con frecuencia a súa propiedade simbolizada a través dos pazos. O **campesiñado** dividiuse entre pequenos propietarios, arrendatarios ou caseiros e campesiños pobres ou caseteiros, que tiñan que traballar asalariados nalgún pazo para poder sobrevivir.

O resto da sociedade estaba formada polos pescadores e as **clases urbanas** (traballadores das escasas fábricas, profesionais liberais e funcionarios).

Conflitos sociais en Galicia

A presión fiscal que sufriron os foreiros galegos durante o século XIX provocou movementos de **resistencia ao pagamento dos impostos**. Porén, a súa falta de unión impediu calquera cambio.

A introdución das ideas dos grandes movementos sociais foi moi lenta e case nula no campo. As ideas da **I Internacional** chegaron a Galicia a través da Fábrica de Tabacos da Coruña e do estaleiro de Ferrol, onde se difundiron propostas do **republicanismo federal**. En Ferrol, por exemplo, produciuse un pronunciamento de signo republicano en 1872.

Do mesmo xeito, no ano 1891 fundouse en Ferrol a primeira **Agrupación Socialista** de Galicia, e ese mesmo ano, a da Coruña. Posteriormente, creáronse as agrupacións socialistas de Vigo, Pontevedra e Ourense, froito das visitas do ferrolán Pablo Iglesias. Porén, os traballadores das primeiras industrias conserveiras e os pescadores das Rías Baixas foron máis receptivos ás **ideas anarquistas**.

POBOACIÓN GALEGA NO SÉCULO XIX

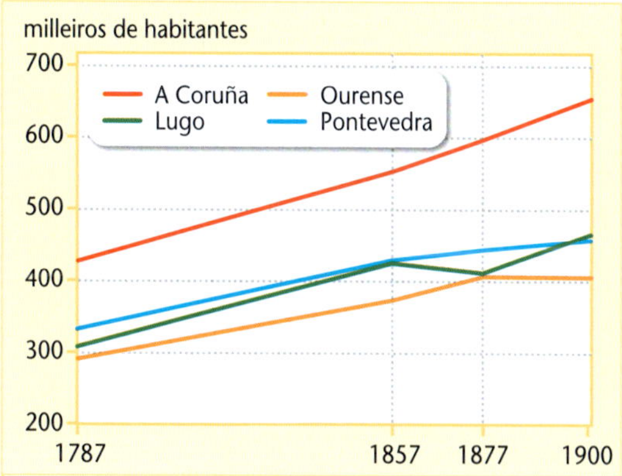

1. Explica cal foi a evolución da poboación galega, por provincias, durante o século XIX.

Os trabucos

Os campesiños galegos adoitaban pagar as rendas forais en especie, mais os novos impostos que o Estado liberal aprobara debíanse pagar en metálico. Como a produción agraria non medraba ao mesmo ritmo que a presión fiscal, a angustia para pagar fíxose habitual.

Os campesiños galegos bautizaron os pagamentos de rendas (en especie) e de impostos (en metálico) como trabucos, unha metáfora que aludía á sensación de vivir acosados polos impostos.

▸ Ricardo Mella (Vigo, 1861-Pontevedra, 1925), un dos teóricos máis importantes do anarquismo español, tratou de estender o pensamento anarquista entre o campesiñado galego.

2. Que características tivo a desamortización en Galicia?
3. Cales foron as causas principais do fracaso da industrialización galega?
4. Que trazos presentaba a sociedade galega do século XIX?
5. Como se introduciron en Galicia as ideas dos grandes movementos sociais?

8 A arte do século XIX en España e en Galicia

Os movementos artísticos do século XIX (Romanticismo, Realismo e Modernismo) amosaban as novas tendencias da sociedade liberal, que reflectían o novo gusto da burguesía.

Os artistas españois non se mantiveron alleos a este dinamismo e participaron de todas estas correntes.

Entre elas, o Modernismo supuxo a plasmación artística da nova civilización nada da industria.

A A ESCULTURA

O Romanticismo e mais o Realismo deixaron tamén a súa pegada nos numerosos monumentos públicos, onde sobresae a obra de Mariano **Benlliure** e Ricardo **Bellver**.

R. BELLVER: *O anxo caído*, 1876. O escultor consegue crear unha sabia mestura de dinamismo, expresividade e minuciosidade.

B OS MOVEMENTOS PICTÓRICOS

A pintura española do século XIX reflicte as grandes correntes artísticas europeas e nelas destacaron numerosos artistas:

- **Romántica**: na liña da pintura de temática histórica coa exaltación da identidade nacional. As figuras máis destacadas son Eduardo Rosales e Mariano Fortuny.
- **Realista**: cunha tendencia de retrato social (Ramón Martí Alsina) e outra paisaxística na que salientan Carlos de Haes e Joaquim Vayreda.
- **Modernista**: cun estilo a base de liñas onduladas e contrastes de cor unidos á temática social, tratada por autores como Ramón Casas, Santiago Rusiñol e Isidre Nonell.

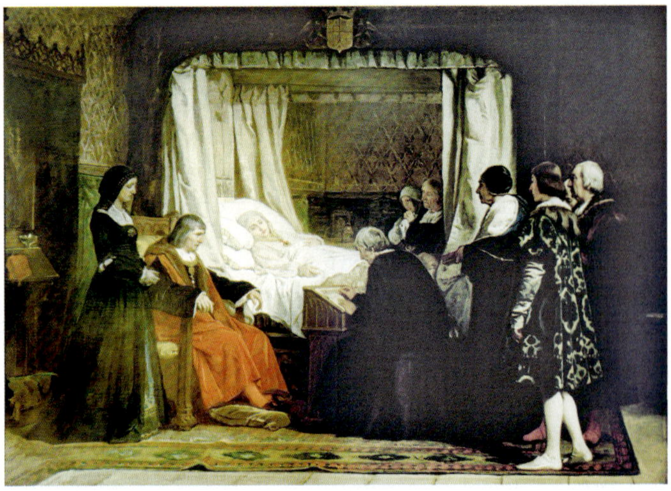

E. ROSALES: *Dona Isabel a Católica ditando o seu testamento*, 1864. A pintura respondía á visión emocional e subxectiva do Romanticismo.

Carlos DE HAES: *Telleiras da montaña do Príncipe Pío*, 1860.

FICHAART

Busca información sobre o cadro de *Dona Isabel a Católica ditando o seu testamento* e elabora a súa ficha:

a) **Identificación**. Sitúa cronoloxicamente a obra. Quen é o seu autor? A que estilo pictórico pertence? En que museo se atopa?

b) **Descrición**. Que personaxes aparecen na obra? Que escena representan?

c) **Análise artística**. Describe os rostros e a composición dos personaxes. Que sentimentos transmiten?

d) **Relación entre arte e sociedade**. Como influíu o autor e este cadro especialmente na pintura española do século XIX?

C A ARQUITECTURA MODERNISTA

O modernismo supuxo a ruptura definitiva coa tradición academicista, o aproveitamento da tecnoloxía e a industria da época e a integración das outras artes nas construcións arquitectónicas.

Nos edificios modernistas impúxose o predominio da **liña curva** e **ondulada** e da **asimetría**. Estas formas estaban inspiradas esencialmente na natureza, cuxa imitación permitiu aos arquitectos gozar de absoluta **liberdade creativa**.

O Modernismo tivo o seu principal foco en Cataluña. Destacaron Domènech i Montaner, Puig i Cadafalch e, sobre todo, **Antoni Gaudí**.

Antoni GAUDÍ: *O Capricho*, Comillas (Cantabria), 1885. É un exemplo da súa gran capacidade de fantasía.

Antoni GAUDÍ: *Casa Batlló*, en Barcelona, 1904-1906. O arquitecto inspirouse na natureza para representar as distintas partes do edificio.

D O REXURDIMENTO GALEGO

A mediados do século XIX, apareceu unha vontade de lle devolver á lingua o rango de lingua culta e literaria. Isto provocou un movemento literario denominado **Rexurdimento**, que pretendía recuperar a lingua galega.

A figura máis importante do Rexurdimento foi a poetisa **Rosalía de Castro** (1837-1885). Na súa obra *Cantares gallegos* describe a paisaxe e os costumes campesiños; en *Follas Novas* predomina a expresión dos seus sentimentos. A súa obra cumio é *En las orillas del Sar*.

Ademais de Rosalía de Castro, a poesía galega quedou consolidada por outros autores como Eduardo Pondal e Manuel Curros Enríquez.

En **pintura** cabe citar a obra de Fernando Álvarez Sotomayor; na súa obra reflicte a paisaxe e a realidade de Galicia. Máis tarde, Carlos Masine e Arturo Souto coa súa pintura demostraron a forza do Rexurdimento.

Fernando A. SOTOMAYOR: *Os avós*, 1902.

1. Que correntes artísticas se desenvolveron no século XIX?
2. Establece os temas e os autores máis importantes da pintura.
3. Que movemento e autores destacaron en Galicia?

Aprecia a arte

4. Á vista das obras de Antoni Gaudí, que che parece que fai diferente a súa arte? Observa a Casa Batlló e utiliza tres adxectivos para definila.

COMPLETA O MAPA CONCEPTUAL

Coa información do tema, completa no teu caderno o seguinte esquema:

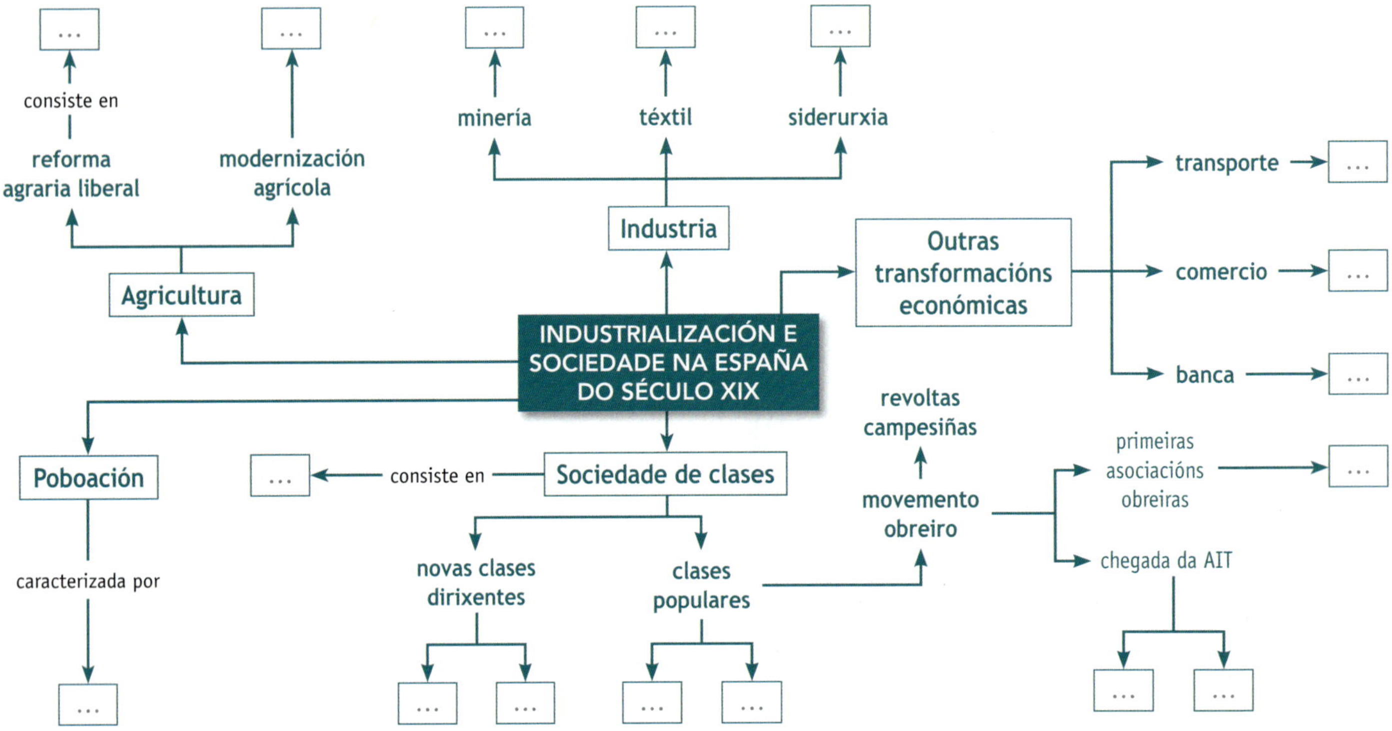

1 CONSOLIDA O APRENDIDO

a) Que evolución seguiu a poboación española durante o século XIX? De que xeito se distribuía a poboación?

b) Que elementos integran a reforma agraria liberal? En que consistiu a desamortización? Que consecuencias económicas e sociais tivo?

c) Como se produciu o nacemento das industrias téxtil e siderúrxica? Onde se situaron? Que problemas houbo de afrontar cada unha delas?

d) Á vista da industrialización española, é posible falar de éxito ou de fracaso? Que argumentos apoian cada explicación?

e) Era España un país rico en materias primas e fontes de enerxía? Cita as minas máis importantes. Quen explotaron as minas? Cal era o destino das extraccións?

f) Como era a sociedade do século XIX? Cales eran os grupos dominantes? Quen compoñían as clases populares?

g) Que correntes do movemento obreiro foron as máis importantes a partir de 1870? En que zonas tivo maior implantación cada unha?

2 DEFINE CONCEPTOS CLAVE

- éxodo rural
- proteccionismo
- débeda pública
- desamortización
- colonia industrial
- librecambismo
- sindicato obreiro
- latifundio

3 IDENTIFICA OS PERSONAXES

- Mendizábal
- Pablo Iglesias
- Gaudí
- Madoz
- Fanelli
- Rusiñol
- Moyano
- Fortuny
- Rosales

4 ESTABLECE A CRONOLOXÍA

- desamortización de Madoz
- incendio fábrica Bonaplata
- Lei de Ferrocarrís
- fundación da UXT
- primeira folga xeral
- sucesos de Loja
- fundación do PSOE
- creación da peseta

RESPONDE A PREGUNTA INICIAL

Cales foron os logros e os problemas da industrialización en España?

APRENDE A... ANALIZAR UN ENSANCHE URBANO

Durante o século XIX, o crecemento industrial e a chegada de poboación procedente do campo fixeron que o antigo perímetro das cidades quedase pequeno. A expansión realizouse derrubando as antigas murallas e construíndo novos barrios, denominados ensanches, con rúas máis anchas e dotados de boas infraestruturas (auga corrente, rede de sumidoiros...). Neles instaláronse as novas clases burguesas.

1. Identificación e presentación

- Que información presenta o plano? Que pretende amosar?

2. Análise

- Explica como se realizou o crecemento da Coruña no século XIX. Enumera os distintos barrios que se construíron.
- Analiza as características deses novos ensanches:
  - Como eran os bloques de casas? Existían algúns eixes en diferentes direccións?
  - Que diferenzas no trazado urbano podes observar entre a zona vella e os ensanches?

3. Contexto histórico

- Por que foi necesario crear novos barrios urbanos? Que se pretendía coa súa construción?
- Indaga quen foi o autor deste proxecto e se existiron outros semellantes en España durante esa época.

4. Conclusións

- Que vantaxes debía presentar un ensanche en canto á circulación de persoas e mercadorías?
- Cales debían ser os efectos en materia de vivenda? Que outras infraestruturas se construíron neles?

A CORUÑA

RAZOA HISTORICAMENTE

Causalidade. Enumera cinco factores que contribuíron ao atraso da industrialización en España e describe como influíron niso.

Consecuencias. Establece as vantaxes e os inconvenientes que se derivaron do constante recurso ao proteccionismo para protexer a industria e a minaría españolas.

Cambio e continuidade. Que semellanzas e diferenzas podes establecer entre a sociedade estamental do século XVIII e a sociedade de clases nada da Revolución Industrial?

Argumentación. Por que cres que o anarquismo se impuxo en Andalucía e en Cataluña malia que ambas as dúas zonas tiñan estruturas sociais e económicas moi diferentes?

1 Fontes cartográficas. A economía española no século XIX

DISTRIBUCIÓN TERRITORIAL DA ACTIVIDADE ECONÓMICA

a) Cales eran as principais zonas agrícolas de España? Que produtos se cultivaban en cada unha delas?

b) Onde se situaban as minas máis importantes? Cales eran os principais produtos extraídos? Cales se exportaban maioritariamente?

c) Por que tivo tanta importancia a exportación de minerais?

d) Que rexións se atopaban máis industrializadas? Que sector predominaba en cada unha delas?

e) Cales eran as cidades máis poboadas? E os principais centros financeiros? Relacíonao coa actividade económica da época.

f) Cres que na España do século XIX existía un dualismo económico? Razoa a túa resposta.

2 Fontes gráficas. O peso da industria na economía española

DISTRIBUCIÓN SECTORIAL DA INDUSTRIA EN 1900

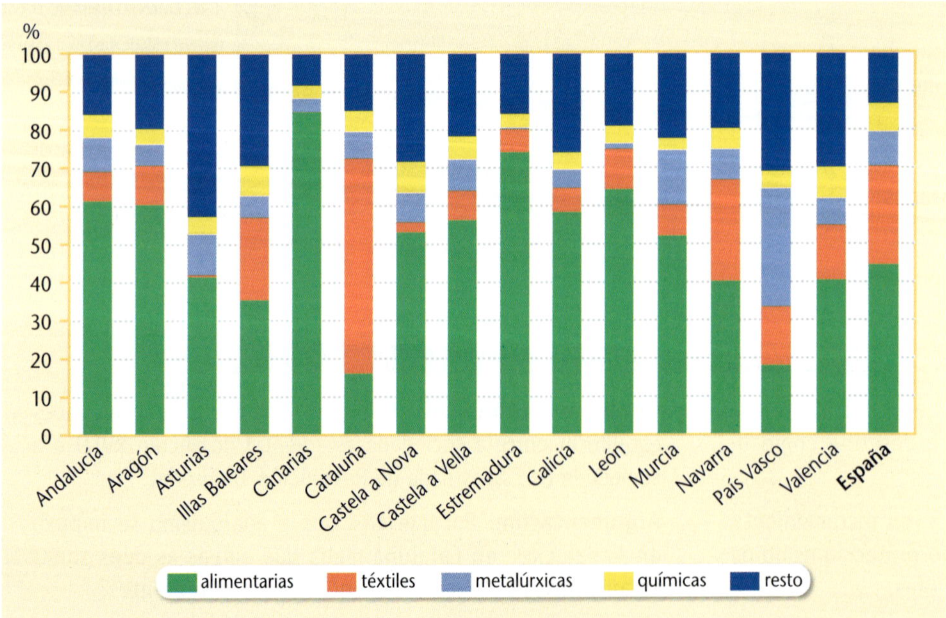

a) Cal era o sector industrial predominante na maior parte de España? Que porcentaxe tiña? Tratábase dunha industria tradicional ou dun sector punteiro da Revolución Industrial?

b) En que rexións predominaba outro sector industrial? Que sectores eran? Que porcentaxe da súa industria representaban?

c) Podes deducir do gráfico en que rexións o predominio da agricultura era moi importante? Como o deduciches?

d) A partir do gráfico, fai unha valoración do peso da industria na economía española do século XIX e relacíonao co atraso do proceso de industrialización.

3 Organización da información. O atraso industrial

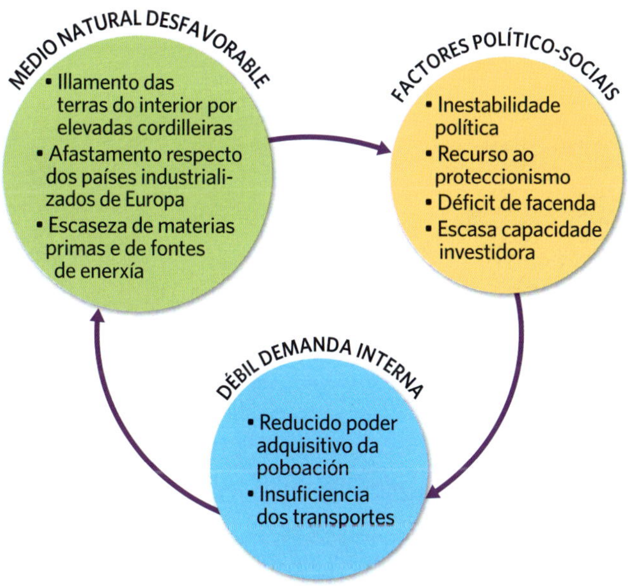

a) Observa o esquema e sintetiza e relaciona os factores que explican a débil industrialización de España durante o século XIX.

4 Fontes documentais. O traballo nas minas

Os pobres mineiros vense diariamente atacados, en gran número, polas doenzas que ocasiona o traballo nas minas de azougue, como son o ptialismo, producido por respirar gases mercúricos, e o tremor que padecen case todos os que entran na mina.

Ambas as dúas enfermidades ocasionan terribles estragos; por primeira vez vense mozos de 20 a 30 anos sen dentes, cun fedor insoportable na boca, e os atacados da segunda sono ás veces con tal forza que é preciso darlles de comer á man.

Pascual Madoz: *Dicionario histórico*, 1850.

a) Que son as minas de azougue? Que producen?

b) Que enfermidades adoitaban contraer os mineiros? Por que razón?

c) Cales eran as consecuencias sobre os mozos?

d) Cal cres que é a intención de Madoz ao denunciar estes feitos? Consideras que se tomaron naquela época medidas para paliar eses danos? Por que?

5 Fontes dixitais. A muller obreira

A industrialización significou a incorporación ao traballo asalariado de centos de milleiros de mulleres da clase obreira. Para coñeceres máis a fondo esa situación, consulta a monografía *Mujer y trabajo* en www.tiching.com/749765 e responde:

a) En que ámbitos traballaba a muller antes da industrialización?

b) A que sectores se incorporou a partir do século XVIII?

c) Que tipo de actividades desenvolvía nas primeiras fábricas?

d) A muller cobraba o mesmo soldo que o home? Por que?

e) Con que problemas tivo que enfrontarse?

6 Fontes audiovisuais. A vivenda burguesa

Visualiza en www.tiching.com/749769 o vídeo dunha vivenda burguesa e responde as preguntas seguintes:

a) De que eran reflexo as casas do século XIX?

b) Analiza a estratificación social da vivenda:

- A que estaban dedicadas as plantas baixas?
- Quen habitaba o primeiro andar ou principal? Por que? Que características tiña?
- Quen vivía nos andares superiores? E na bufarda, situada no último andar?
- Explica que diferenzas observas entre cada planta.

RETOS NA REDE

DETECTIVE DO PASADO: Un paseo polas terras dos bandoleiros.

ACTIVIDADES DE AUTOCORRECCIÓN: Resolve estas actividades e repasa o que aprendiches.

www.vvd.link/012207/5

6 A ÉPOCA DO IMPERIALISMO

Que características tivo a expansión imperialista europea do século XIX?

EXPANSIÓN COLONIAL | **APOXEO IMPERIALISTA**

1850 · 1860 · 1870 · 1880 · 1890 · 1900 · 1910

- **1850** Apertura da China
- **1856 1860** Segunda guerra do opio
- **1858** Expedición de Livingston (Cataratas Vitoria)
- **1860** Descubrimento das fontes do Nilo
- **1867** Modernización do Xapón. Canadá, dominio británico
- **1869** Inauguración do Canal de Suez
- **1875** Expedición de Stanley (África Central)
- **1877** Vitoria I, emperatriz da India
- **1880** Máxima emigración europea. Conflito anglo-bóer
- **1885** Conferencia de Berlín
- **1887** Indochina francesa
- **1898** Anexións estadounidenses: Porto Rico, Filipinas, Hawai. Incidente de Fachoda
- **1899** Rebelión dos bóxers
- **1905** Guerra Ruso-Xaponesa por Manchuria
- **191** Apertura c Canal de Panam

SEGUNDA REVOLUCIÓN INDUSTRIAL

- **1869** Dínamo
- **1876** Teléfono
- **1885** Motor de explosión
- **1895** Cinematógrafo
- **1897** Transformador
- **1903** Taylorismo. 1.^{eiro} voo dos irmáns Wright

Gravado que amosa a conquista de Alxer por parte dos franceses, 1830.

A partir do derradeiro terzo do século XIX, unha nova revolución industrial transformou á vez a economía e mais a sociedade das principais potencias europeas.

A aplicación de importantes descubrimentos científicos e técnicos, unha nova organización do traballo e novas fórmulas empresariais permitiron un espectacular desenvolvemento da produción, do comercio e dos transportes.

Aproveitando a súa superioridade técnica, militar e financeira, Europa lanzouse ao dominio político e económico do resto do mundo.

Mediante esta expansión, algúns países europeos conseguiron, dunha banda, a explotación dos recursos de África, de América Latina e de Asia e, doutra, a dominación política de gran parte destes continentes.

Que sabemos?

- Que foi a Segunda Revolución Industrial? Que novidades presentou?
- Como definirías o termo Imperialismo? Por que cres que o aplicamos á dominación do mundo a finais do século XIX por parte das potencias industriais?

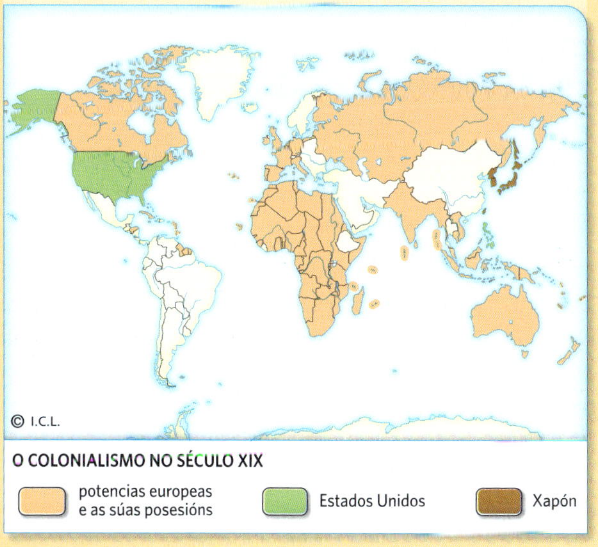

O COLONIALISMO NO SÉCULO XIX

1 PREGUNTA CLAVE

Por que se produciu a expansión imperialista?

Os países europeos, aproveitando a súa superioridade económica, técnica e militar, lanzáronse ao dominio do resto do mundo, especialmente a zonas sen Estados organizados. Entre 1870 e 1914 ocuparon territorios en África e Asia principalmente, e crearon imperios coloniais.

Que levou os países industrializados a botarse a conquistar e dominar territorios no mundo enteiro?

Como xustificaron estes países o dominio e a explotación aos que someteron as poboacións dos territorios colonizados?

A OS INTERESES ECONÓMICOS

Os países industrializados de Europa precisaban buscar **novos mercados** onde venderen o excedente da súa produción industrial.

Tamén aspiraban a mercar **materias primas** (carbón, ferro, algodón, caucho...) e **produtos coloniais** (azucre, chocolate, té...) ao mellor prezo posible.

Finalmente, querían investir os seus **excedentes de capital** en lugares fóra de Europa, onde a man de obra, máis barata, lles permitía obter maiores beneficios.

O PESO DE EUROPA EN 1914

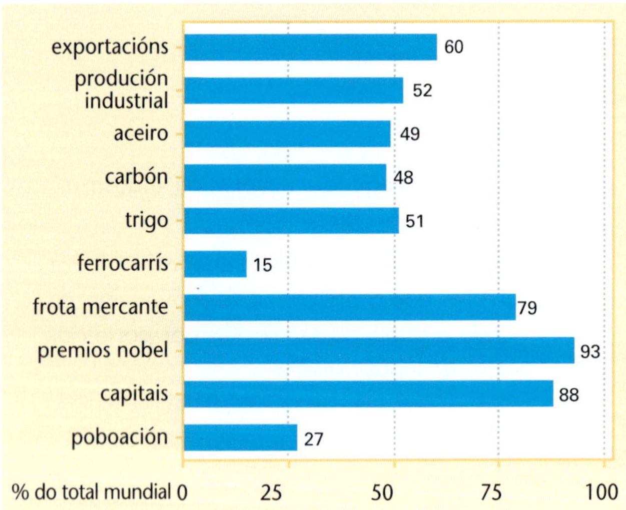

Representación das riquezas das diversas colonias do Imperio francés nunha pintura de 1931.

A necesidade económica da explotación colonial

Onte estiven no East End de Londres (un barrio obreiro) e asistín a unha asemblea de parados. Escoitei discursos exaltados que eran coma un berro: pan! De volta á casa reflexionei sobre o que oíra, máis ca nunca convencido da importancia do imperialismo. (...) Temos que tomar posesión de novos territorios para colocar o exceso de poboación, para atopar novos mercados onde podermos vender os produtos das nosas fábricas e minas. (...)

Cecil Rhodes, empresario e político británico, 1895.

B UNHA POBOACIÓN EN ASCENSO

Os cambios económicos ao longo do século XIX deron como resultado un grande **aumento da poboación europea**, que acadou os 450 millóns de habitantes en 1900.

Esta expansión demográfica xerou un volume de poboación excedente, sobre todo na agricultura, que estimulou a **emigración** cara a outros continentes. A posibilidade de contar con colonias cara ás que emigrar era unha solución para as metrópoles* que así evitaban, en parte, problemas de malestar social (paro, folgas...).

O CRECEMENTO DA POBOACIÓN

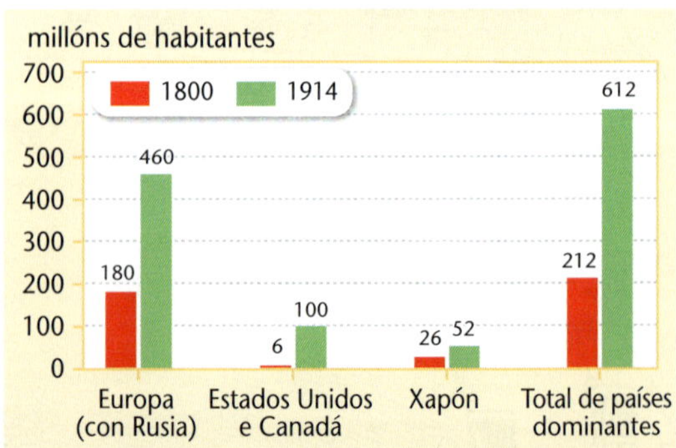

C A RIVALIDADE ENTRE AS POTENCIAS

A expansión imperialista estivo tamén provocada polo desexo de **ampliar as zonas de influencia** de cada unha das potencias industriais, como forma de aumentar o seu poder político e de obstaculizar a expansión das potencias competidoras.

En Europa, a partir da unificación de Italia e de Alemaña, que estabilizou as fronteiras, os desexos dos países de ampliar o seu poder político só se podían facer realidade ocupando outros continentes. Os imperios coloniais eran a demostración da súa capacidade de influencia no contexto diplomático internacional.

Todo isto promoveu unha **carreira por controlar novos territorios**. Os principais dirixentes políticos europeos consideraron a expansión colonial como unha necesidade, pois querían utilizala como base estratéxica do seu poder militar e para tratar de impedir a expansión dos seus rivais.

Na procura de influencia internacional

Eu afirmo que a política colonial de Francia (...) está inspirada nunha verdade (...). A saber: que unha Mariña coma a nosa non pode pasear polos mares sen sólidos refuxios, defensas, centros de abastecemento (...). As nacións, nos tempos en que vivimos, son grandes pola actividade que desenvolven (...).

Exercer unha influencia sen actuar, sen mesturarse nos asuntos do mundo, manténdose afastados de todas as alianzas europeas, considerando como unha trampa, como unha aventura, toda expansión cara a África ou cara a Oriente (...) para unha gran nación, crédeme, é abdicar.

Jules Ferry, político francés, 1885.

Cartel de propaganda do exército colonial francés.

D O MITO DA RAZA SUPERIOR

As causas profundas do imperialismo* son incomprensibles sen as **concepcións racistas e nacionalistas**. A idea dunha raza branca superior, cuxos atributos de intelixencia e laboriosidade a lexitimaban para impoñerse sobre o resto, deuse como un feito, é máis, como unha verdade científica en case todos os países europeos.

Filósofos, científicos, escritores e políticos subscribiron sen rubor esa idea e arrastraron tras deles gran parte da poboación. Así mesmo, impúxose a idea de que para exercer ese dominio lexítimo, todos os medios eran válidos, mesmo o da guerra.

Era considerada un xeito de reafirmar a forza e a superioridade cultural de cada país. Así, espallouse o convencemento de que os europeos tiñan o deber de difundir a súa cultura e civilización entre os pobos considerados inferiores.

As razas dominantes

É a británica a máis grande das razas dominantes que o mundo coñeceu e, por conseguinte, o poder determinante na historia da civilización universal. (...) O Imperio británico, firmemente unido, e os Estados Unidos deben asegurar xuntos a paz do mundo e asumir a pesada responsabilidade de educar para a civilización dos pobos atrasados.

Joseph Chamberlain, ministro británico, 1895.

As potencias occidentais tutelan os pobos colonizados, caricatura de 1886.

1. Que peso tiña Europa na economía mundial? Cal era o seu interese ao ocupar colonias? Que esperaba tirar delas?
2. Que tendencia tiña a poboación europea no século XIX? Relaciónaa co interese polas posesións coloniais.
3. No século XIX, as posibilidades de expansionismo territorial e militar eran factibles no continente europeo? Como xustifica Jules Ferry a necesidade de colonias?
4. Que afirma no seu discurso Joseph Chamberlain? Era esta unha posición maioritaria en Europea no século XIX?

Argumenta a resposta

5. Escribe un texto sobre as causas do imperialismo colonial e as xustificacións que se deron para lexitimar o dominio desas poboacións e territorios. Valora se na actualidade se continúan a producir situacións similares.

2 O triunfo do capitalismo industrial

A finais do século XIX, o mundo entrou nunha nova fase do proceso de industrialización. É a chamada Segunda Revolución Industrial, na que Europa occidental e os Estados Unidos se converteron en economías industrializadas.

Cartel publicitario sobre as vantaxes do uso da electricidade.

1. Describe as primeiras aplicacións domésticas que permitiu a electricidade.

A Segunda Revolución Industrial (1880-1914)

A partir do derradeiro terzo do século XIX apareceron novas **fontes de enerxía**. A invención da dínamo (1869) permitiu producir **electricidade** en centrais hidroeléctricas, mentres o alternador e mais o transformador (1897) fixeron posible o traslado da corrente eléctrica.

A electricidade logrou múltiples aplicacións na industria (forza motriz das máquinas), nos transportes (ferrocarril, tranvía...), nos sistemas de comunicación (teléfono, telégrafo, radio...), no ocio (fonógrafo, cinematógrafo...) e na iluminación.

Doutra banda, o **petróleo** comezou a extraerse nos Estados Unidos a mediados do século XIX, e a invención do **motor de explosión** posibilitou a súa utilización como combustible para os automóbiles (1885), un medio de transporte fundamental no século XX.

Neste mapa tamén se desenvolveron novos sectores industriais: a **química** (tinturas, medicinas etc.), a **metalurxia** do aluminio, a fabricación de **automóbiles** e a **aeronáutica**, así como o enorme aumento da produción de bens correntes (mobles, aparellos para o fogar etc.); e continuaron a desenvolverse as **industrias tradicionais**: téxtil, siderurxia, minaría do carbón etc.

Gran parte do enorme salto tecnolóxico de finais do século XIX debeuse a unha unión entre a investigación científica e a industria, a través da creación de laboratorios financiados polas empresas industriais, o Estado ou fundacións.

Os descubrimentos científicos aplicáronselles rapidamente á técnica e a instrumentos que revolucionaron a vida cotiá: lámpada, aspiradora, cámara de fotos, radio, teléfono, plástico, aspirinas etc.

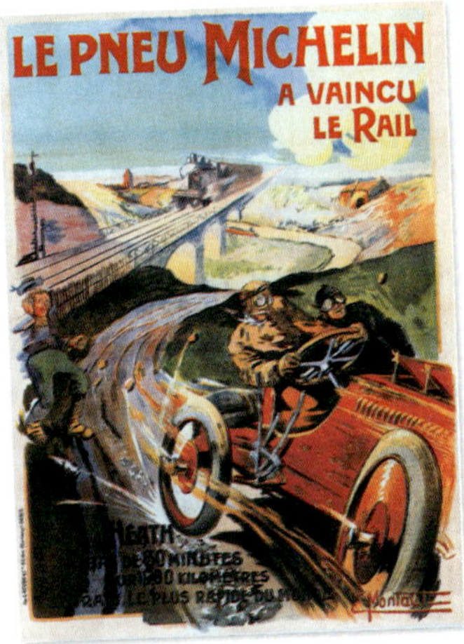

Cartel publicitario de pneumáticos para os novos automóbiles.

Unha nova organización da produción

En 1903, Frederick Taylor revolucionou os métodos de produción inventando a organización científica do traballo ou **taylorismo***. A produción orientouse cara á fabricación en serie como a mellor maneira de aumentar a produtividade, diminuír o tempo empregado e reducir custos de fabricación.

Estes novos métodos de traballo baseáronse na **cadea de produción**, na que cada obreiro realiza unha parte moi concreta do proceso produtivo.

A fábrica de automóbiles Ford, nos Estados Unidos, foi unha das primeiras en implantar unha cadea de produción en serie de automóbiles (**fordismo**). O resultado foi unha produción estandarizada e masiva cuns custos reducidos, o que permitiu espallar o consumo a sectores máis amplos da poboación.

FABRICACIÓN E PREZO DOS AUTOMÓBILES FORD

Ano	Fabricación (número de coches)	Prezo (dólares)
1909	18 664	950
1910	34 528	780
1911	78 440	690
1912	168 220	600
1913	248 317	550
1914	308 213	490

A banca e a concentración empresarial

Os elevados investimentos de capital que requirían as innovacións tecnolóxicas estimularon a relación entre banca e industria, e os bancos convertéronse en financiadores do proceso industrial.

Doutra banda, tamén se produciu unha progresiva concentración industrial e as empresas fixéronse cada vez maiores. Para restrinxir a competencia, as grandes empresas asinaban acordos entre elas para fixaren prezos e estableceren áreas de influencia. Así naceron o **cártel**, o **trust**, o **holding** e o **monopolio** (dereito exclusivo dunha empresa a comercializar un produto).

OS MÉTODOS DE CONCENTRACIÓN INDUSTRIAL

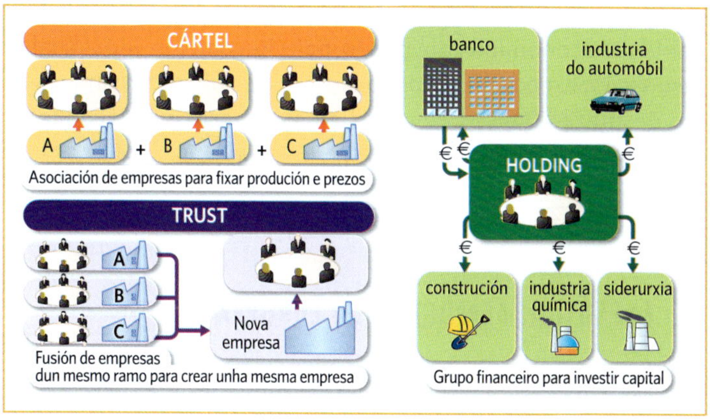

O dominio do comercio e as finanzas internacionais

A finais do século XIX, os países industriais dominaban o comercio mundial. Europa realizaba a metade das exportacións do mundo e absorbía tres cuartas partes das importacións mundiais. Así mesmo, controlaba as rutas marítimas, os grandes portos comerciais (Londres, Anveres, Hamburgo, Marsella e Nova York), e dispoñía de grandes frotas e de bolsas de comercio.

O aumento do volume comercial foi posible grazas aos progresos do transporte (ferrocarrís transcontinentais, apertura dos canais de **Suez en 1869** e **Panamá en 1914**, e ás innovacións nas formas de venda (a prazos, por correo, grandes almacéns...).

Tamén Europa, e posteriormente os Estados Unidos, tiñan o dominio financeiro do mundo. A súa enorme riqueza permitíalles investir capitais no mundo enteiro: prestábanlles cartos aos Estados Unidos e investían en terras, industrias ou medios de transporte. Estes investimentos proporcionábanlles grandes xuros ou beneficios aos bancos e aos particulares.

A PRODUCIÓN INDUSTRIAL EN 1913

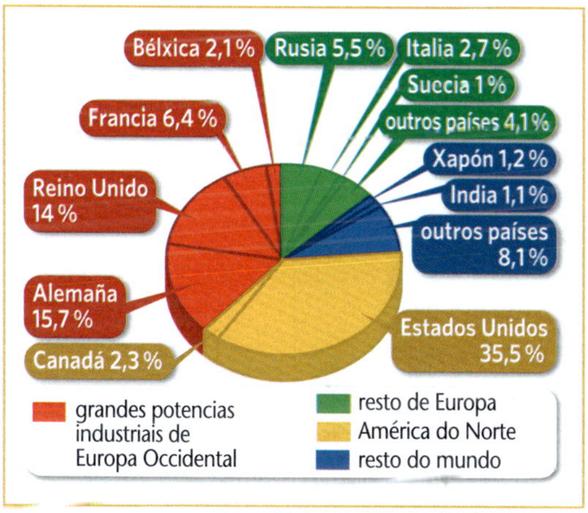

MOVEMENTOS DE CAPITAIS NO MUNDO A FINAIS DO SÉCULO XIX

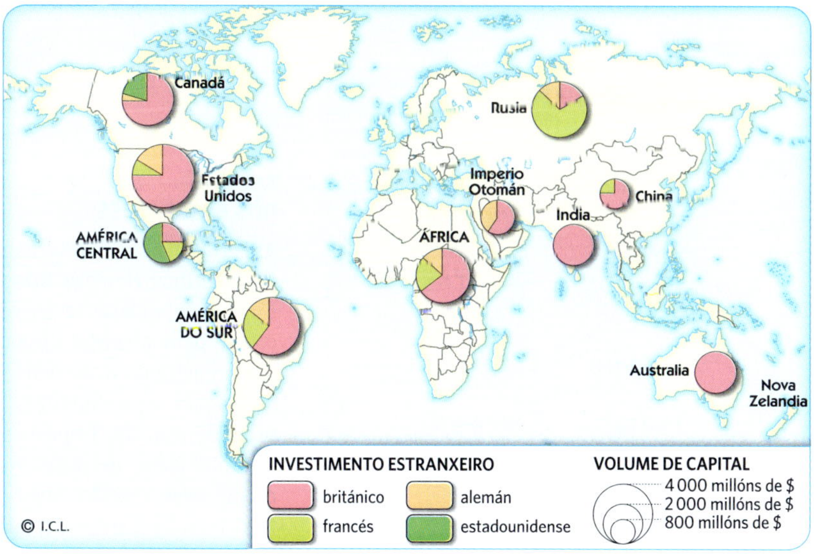

2. Que novas fontes de enerxía apareceron nesta época? Cales eran as súas principais aplicacións? Que sectores industriais se desenvolveron?

3. Que fixo posible o enorme avance industrial de finais de século?

4. Que foi o taylorismo? Cal era o obxectivo principal desa nova forma de organización do traballo? Onde se aplicou? Explica con que resultados.

5. Que formas de concentración empresarial xurdiron? Defíneas e describe o seu obxectivo.

6. Que posición tiñan os países industrializados no conxunto da produción mundial? E nos investimentos de capital? Valora se estes países tiñan capacidade para controlar a economía mundial.

Os emigrantes europeos do século XIX

A poboación europea medrou, como nunca na súa historia desde o século XIX ata os comezos do século XX. Malia o crecemento económico provocado pola Revolución Industrial, xerouse un excedente de poboación, especialmente campesiña, desprazada das súas terras e con escasas posibilidades de atopar emprego.

A emigración a outros continentes, xa fose a países independentes ou a colonias, foi a oportunidade para moita desa xente. Sesenta millóns de persoas abandonaron o vello continente no século XIX para establecerse en países extraeuropeos e convertéronse en protagonistas dunha das grandes migracións da historia contemporánea.

A EXPLOSIÓN DEMOGRÁFICA EUROPEA

Ao longo do século XIX, as reformas na agricultura, a industrialización e os avances médicos (vacinas e medicamentos) e hixiénicos provocaran un enorme descenso da mortalidade en Europa. Pero ata entrado o século XX non descendeu a natalidade ao mesmo ritmo.

O saldo entre nacementos e defuncións provocou o aumento de poboación, primeiro nos países máis industrializados e, despois, no conxunto do continente. A poboación europea duplicouse (**"explosión branca"**) e parte desta poboación emigrou a outros continentes.

PAÍSES CON MAIOR EMIGRACIÓN ENTRE 1870 E 1900

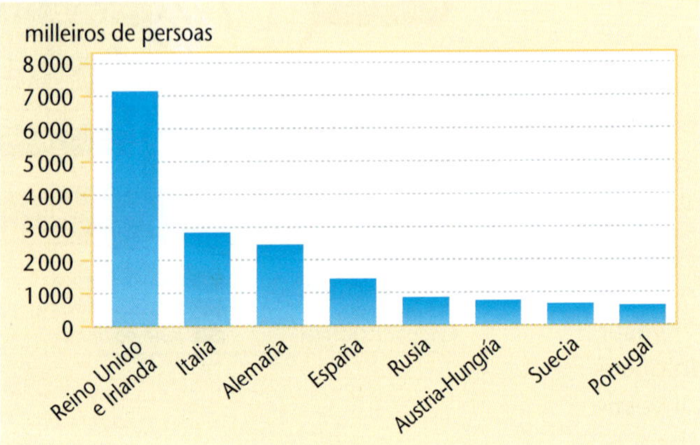

O estímulo á emigración

Informacións completas e gratuítas sobre emigracións a La Plata (Arxentina).

Todos os días, das 10 da mañá ás 12 do mediodía, bríndase información sobre as condicións desta rexión: organización, política, leis xerais e leis de terras, colonias, salarios, transportes, produtos, clima, industria, comercio, prezo dos principais artigos de consumo e pasaxes desde os principais portos de Europa a La Plata. Diríxanse persoalmente ou por carta á oficina deste xornal: Avenida Carnot 17, París.

Anuncio na *Revue Sud-Américane*, 1 de setembro de 1884.

AS EMIGRACIÓNS EUROPEAS, 1800-1914

A ORIXE DOS EMIGRANTES

Ata 1875, os emigrantes foron principalmente británicos, irlandeses e alemáns, pero a partir desa data comezaron a ser máis numerosos os emigrantes procedentes do Imperio austrohúngaro, de Rusia e os de orixe mediterránea (italianos e españois).

B AS VIAXES TRANSOCEÁNICAS

As migracións foron posibles pola existencia de novos medios de transporte e, especialmente, as transoceánicas, nos **barcos a vapor**. O tempo de duración das travesías acurtouse de xeito extraordinario. Desde Europa ao continente americano tardábase un mes no primeiro terzo do século XIX, e pouco máis de cinco días a comezos do século XX.

Milleiros de persoas de todas as clases sociais embarcaban neles, algúns nos camarotes superiores, con salóns e restaurantes. Pero a inmensa maioría viaxaban amoreados nas bodegas, coas pasaxes máis baratas, para o cal debían entregar gran parte dos seus aforros.

Os grandes barcos transatlánticos de vapor foron aumentando o seu tamaño e a súa capacidade. Podían acadar alturas próximas a un edificio de tres andares e trasladar ata 2 000 persoas.

C EMIGRANTES POBRES E ELITES COLONIAIS

A poboación que abandonaba Europa non era homoxénea. A meirande parte eran campesiños pobres, traballadores sen ocupación ou clases medias na procura de mellores oportunidades.

Existía diferenza entre a emigración de países con amplas colonias, coma no caso do Reino Unido, en que os emigrantes se instalaban nas novas terras como granxeiros ou para formar parte da administración colonial; e a daqueles países sen estas posesións (polacos, italianos etc.), onde os emigrantes arribaban ás novas terras en peores condicións e moitos deles pasaban a ser simples asalariados.

Funcionarios, militares, propietarios de terras e tamén profesionais e empregados reproduciron na India os costumes e o xeito de vida da sociedade británica, e gozaron dunha prosperidade moito maior que a dos seus lugares de orixe.

Inmigrantes na cidade de Nova York. As condicións de vida de moitos dos inmigrantes foron moi duras. Unha gran parte deles conformaron as clases traballadoras dos países aos que emigraron.

1. Cales foron as causas do crecemento demográfico europeo? Como se lle chamou a este fenómeno de crecemento? Por que cres que se lle deu este nome?
2. Indica os países que tiveron un maior número de emigrantes. Observa o mapa e sinala cales eran os principais destinos da emigración.
3. Como se realizaban as viaxes? Que invento revolucionou o transporte marítimo? Quen viaxaban? Que diferentes condicións tiñan segundo a súa categoría social?

Ponte no seu lugar

4. Imaxina que es unha das mulleres que están no patio da vivenda neoiorquina. Escríbelle á túa familia en Irlanda sobre a túa viaxe no barco, a chegada e os teus primeiros meses na cidade. Que pensas que sería diferente se foses unha das mulleres do xardín da India?
5. Na actualidade prodúcense movementos de poboación semellantes? Teñen lugar as mesmas diferenzas nas formas de viaxe e na situación social ao chegar ao novo país?

4 Europa, á conquista do mundo

A extraordinaria superioridade tecnolóxica de Europa, a súa capacidade de produción e o enorme crecemento da poboación conduciron as economías industriais a buscaren novas áreas de investimento e de negocio. Iniciouse a época do imperialismo, un sistema no que a cultura, a política e a economía do mundo se organizaban en función do dominio duns países sobre os outros.

Exploración e conquista

A mediados do século XIX, numerosas zonas do interior de África, de Asia e dos océanos eran practicamente descoñecidas. A procura de novos territorios nos que expandirse propiciou unha serie de viaxes científicas e de exploracións xeográficas.

As primeiras expedicións europeas realizáronas principalmente británicos e franceses. Destacaron os exploradores británicos **Livingstone** e **Stanley** e o francés **Brazza**, que percorreron e cartografaron África central.

Logo da exploración dos territorios, a conquista levouse a cabo de xeito relativamente rápido e doado. Para iso, os europeos aproveitaron as rivalidades internas entre as tribos e etnias indíxenas, coa finalidade de as enfrontar entre si e recrutar tropas ao seu servizo.

Os enfrontamentos entre potencias coloniais

O imperialismo do século XIX presentou un carácter belicoso, con guerras constantes. O choque de intereses entre as potencias rivais pola repartición de África impulsou a convocatoria da **Conferencia de Berlín** (1885). Nela decidíronse as normas para repartir o territorio e as zonas que ocuparía cada potencia.

Malia iso, o enfrontamento dos intereses imperialistas fíxose inevitable. Así, Francia e Gran Bretaña chocaron no ano 1889 nun territorio ao leste do lago Chad, chamado **Fachoda**, e a guerra estivo a piques de estalar.

Outro incidente grave foron os **conflitos anglo-bóeres** (1880-1881 e 1899-1902), nos que se enfrontaron os británicos cos colonos holandeses (bóeres) instalados na zona surafricana desde o século XVI, onde formaran as repúblicas do Transvaal e o Estado libre de Orange. A noticia de que se atoparan importantes depósitos de ouro no Transvaal impulsou os británicos a invadir esas repúblicas e anexionalas. Ao cabo de tres anos de guerra, os territorios bóeres foron anexionados ao Imperio británico.

Así mesmo, gran parte do **continente asiático** foi ocupado tanto polas potencias europeas (Gran Bretaña, Francia e Alemaña) como por outros países (Rusia, Estados Unidos e Xapón).

Na **China**, as potencias colonialistas querían estar presentes nun mercado tan importante pola súa numerosa poboación. A través das Guerras do Opio (1839-1860), entre a China e o Imperio británico, forzaron a apertura do comercio e a entrada de intereses occidentais na explotación das súas riquezas. A intromisión estranxeira foi contestada con diversas revoltas sociais como a dos **bóxeres*** (1899).

AS EXPEDICIÓNS EUROPEAS EN ÁFRICA

1. Que potencias impulsaron as expedicións? Describe as grandes rutas de franceses, británicos e belgas.

Un novo colonialismo

Os imperios coloniais existían desde o século XVI; mais a partir do século XIX, a velocidade de ocupación, a cantidade de territorios conquistados e a explotación dos recursos foi moito maior.

A superficie terrestre ocupada polas potencias imperialistas era, en 1800, do 35 %; en 1878, do 67 %, e en 1914, do 84,4 %.

A repartición da China, caricatura dun periódico francés, 1898.

A ORGANIZACIÓN E EXPLOTACIÓN DAS COLONIAS

Logo da conquista militar da colonia procedíase a organizar a administración e o control do territorio. Non todas as colonias tiñan as mesmas características.

Determinados territorios eran destinados esencialmente á **explotación económica**, para extraer das súas terras materias primas (café, cacao, té, caucho, cobre, ouro, diamantes etc.). Podían ser gobernados por completo pola **metrópole** (país ocupante), ou manter gobernos locais, pero baixo control.

Outras colonias, polas súas características climáticas, polo tipo de terras ou pola menor densidade de ocupación indíxena, foron esencialmente **colonias** de **poboamento**, isto é, lugares aos que acudían habitantes das metrópoles a instalarse.

Os colonizadores vistos polos colonizados

A civilización que nos vén de Europa é voraz e dominante: consome os pobos que invade e extermina as razas que se opoñen á súa conquista. (...)

Concentra todas as súas forzas no único obxectivo de se enriquecer, como o faría un millonario que vende a súa alma por unha fortuna. (...)

Nós profetizamos, sen ningunha dúbida, que isto non poderá durar sempre.

Rabindranath TAGORE, 1916.

Dirixentes indíxenas sométense aos seus colonos en Costa de Marfil, en 1893.

OS DISTINTOS TIPOS DE COLONIAS

COLONIAS DE EXPLOTACIÓN

- Dependentes da metrópole e sen goberno propio
  - **COLONIAS**: A metrópole exercía unha verdadeira política de ocupación. O gobernador, os mandos militares e os funcionarios de elite eran europeos. Os pequenos funcionarios e soldados adoitaban ser indíxenas.
- Goberno propio compartido coa metrópole
  - **PROTECTORADOS**: Territorios que, tras a ocupación europea, mantiveron un goberno indíxena, pero co exército e a política exterior controlados pola metrópole.

COLONIAS DE POBOAMENTO

- A metrópole recoñecía certa autonomía no goberno interior
  - **DOMINIOS**: É o nome que recibían as colonias de poboamento do Imperio británico. Canadá alcanzou o rango de dominio en 1867, e máis tarde Australia, Nova Zelandia e a Unión Surafricana.
  - **TERRITORIOS DE ULTRAMAR**: En Francia, as colonias de poboamento recibiron este nome. O exemplo máis relevante foi Alxeria, á que se chegou a considerar unha provincia francesa.

OUTROS TIPOS DE COLONIAS

- **CONCESIÓNS**: Zonas cedidas a unha metrópole por un tempo (por exemplo, Hong Kong aos ingleses).
- **ENCLAVES ESTRATÉXICOS**: Pequenos territorios situados nun lugar estratéxico, como por exemplo: o Canal de Suez ou Xibraltar.

2. Que había que facer en primeiro lugar para poder iniciar a colonización dun territorio? Cita algúns dos exploradores máis importantes.

3. Que sucedía tras a exploración do territorio? Era doada e rápida a conquista? Os principais conflitos bélicos eran cos indíxenas ou entre as potencias imperialistas? Cita os enfrontamentos máis importantes.

4. Le o texto de Rabindranath Tagore. De que acusa o autor os colonizadores? Que profetiza? Fíxose realidade esa profecía? Sabes se na actualidade eses países continúan a ser colonias?

5. Que diferentes tipos de colonias existían? Explica cal era a función de cada unha delas. Que diferenzas hai entre unha colonia e un protectorado? E entre unha concesión e un enclave estratéxico?

6. Relaciona as colonias de poboamento co crecemento demográfico europeo, e as colonias de explotación, coas necesidades económicas do capitalismo europeo.

5 DESCUBRE

Como repartiron o mundo os imperios coloniais?

As grandes potencias botáronse á loita pola repartición do mundo e chegaron a controlar parte de América, a maioría das illas do Pacífico, case toda Asia e África e, finalmente, a partir do ano 1919, a totalidade de Oriente Medio.

Os principais imperios coloniais europeos foron o francés e o británico, pero outros moitos países posuíron colonias. O rei de Bélxica, Leopoldo II, adquiriu como propiedade privada unha gran colonia ao longo do río Congo, que lle legou a Bélxica á súa morte.

Alemáns e italianos chegaron tarde á repartición, pero Alemaña estableceuse en Tanganica e en África Suroccidental, mentres que Italia ocupou Libia.

Holanda controlaba posesións en Indonesia, e Portugal, en África (Angola e Mozambique). Rusia espallouse por Asia desde o Turquestán ata Manchuria, e España asentouse na zona do golfo de Guinea, o Sáhara e o norte de Marrocos. Por último, dúas potencias extraeuropeas, os Estados Unidos e o Xapón, tamén se expandiron cara a América e Asia.

A O IMPERIO BRITÁNICO

A finais do século XIX, Gran Bretaña posuía o meirande imperio colonial e controlaba as rutas comerciais marítimas con bases no Atlántico, no Índico, no Pacífico e no Mediterráneo.

En **África**, os británicos formaron un imperio de norte a sur, que se espallaba desde O Cairo (Exipto) ata Cidade do Cabo (África do Sur).

A principal colonia británica foi a **India**. Cunha numerosa poboación, a India converteuse nun gran mercado para os produtos británicos e nunha importante provedora de materias primas. Para garantir un territorio de seguridade ao seu arredor, os ingleses rivalizaron con Francia para anexionar Birmania (1886), e con Rusia polo dominio de Afganistán e do Tíbet.

Mapa das colonias británicas. Nas ilustracións, o Reino Unido, representada por unha muller armada con casco, escudo e lanza, domina o mundo co seu exército. Os diferentes pobos e razas réndenlle tributo e ofrécenlle os seus bens á metrópole.

B O IMPERIO FRANCÉS

O segundo grande imperio colonial era o de Francia. Os franceses instaláronse en diversas zonas, pero especialmente en África do Norte e no sueste asiático.

O proxecto francés de ocupar en **África** un vasto territorio de leste a oeste, desde o mar Vermello ao océano Atlántico, bateu cos intereses británicos en Sudán. No entanto, Francia consolidou o seu dominio nunha ampla zona que se espallaba por Marrocos, Alxeria e Tunisia, e máis ao sur, nas chamadas África Occidental Francesa e África Ecuatorial Francesa.

A presenza francesa no **Sueste asiático** (Cochinchina*), desde mediados do século XIX, amplíouse co establecemento dunha serie de protectorados que formaron a Indochina francesa (Cambodja, Vietnam e Laos).

A ocupación de África

Deus ofrécelle África a Europa. Tomádea. (...) Consagrádevos a África, e ao mesmo tempo resolveredes as cuestións sociais, cambiaredes os vosos proletarios por propietarios. Ide e facede estradas, facede portos, facede cidades, medrade, cultivade, colonizade, multiplicade.

Victor Hugo, 1879.

OS IMPERIOS COLONIAIS EN 1914

C OS IMPERIOS EXTRAEUROPEOS: OS ESTADOS UNIDOS E O XAPÓN

Dúas potencias de industrialización máis serodia participaron na repartición colonial: os Estados Unidos e o Xapón. Nos **Estados Unidos**, logo da guerra de Secesión (1861-1865), impúxose o modelo industrial do norte e os seus enormes recursos enerxéticos e de materias primas, unidos á utilización da tecnoloxía e aos avances xa desenvolvidos en Europa, convertérona en poucas décadas nunha gran potencia.

A expansión colonial dos EUA foi cara ao Pacífico e o Caribe. Nunha guerra rápida expulsaron os españois de Filipinas e Porto Rico, e apoderáronse dunha franxa de Panamá, onde acabaron de construír o canal transoceánico.

No **Xapón**, a industrialización foi un proxecto de modernización do país, encabezado polo emperador Mitsuhito en 1868 (época *Meixi**). Co asesoramento de técnicos occidentais, o apoio de conglomerados financeiros e a sublevación do Estado, realizouse unha rápida industrialización.

O Xapón interveu para deter o avance ruso na provincia chinesa de Manchuria e ocupou as illas Kuriles, Corea e Formosa (Taiwán).

Caricatura sobre o dominio dos EUA en Centroamérica, 1905.

1. Cales foron os imperios coloniais máis importantes? Que grandes zonas ocuparon?
2. Explica a diferente expansión de británicos e franceses en África.
3. Completa o seguinte cadro sobre a colonización:

Países	Colonias
...	...

Investiga

4. @ Consulta na Internet e sinala as principais características da industrialización dos Estados Unidos e do Xapón.

DESCUBRE

6 A herdanza do colonialismo

Os territorios colonizados sufriron un fondo impacto que trastornou o modo de vida dos pobos indíxenas.

Que consecuencias tivo para os pobos colonizados a expansión imperialista? Existiron factores positivos? Cales foron os máis negativos? Algúns deles tiveron repercusións ata a actualidade?

Un oficial alemán e outro francés delimitan as fronteiras do Congo, ilustración de 1913.

A formación de países artificiais, nos que as fronteiras se trazaron seguindo meridianos e paralelos, deu lugar, tras a independencia destes países no século XX, ao enfrontamento entre comunidades radicalmente opostas dentro dun mesmo país, e foi unha das herdanzas máis conflitivas da colonización.

A A MODIFICACIÓN DO TERRITORIO

Os europeos crearon novos países e trazaron as súas fronteiras, cortaron bosques e puxeron en cultivo inmensas áreas virxes. Así mesmo, construíron infraestruturas necesarias para explotar e comunicar os territorios conquistados (portos, estradas, ferrocarrís, liñas telefónicas...) e construíron novas cidades.

Todo isto implicou unha **modificación da estrutura económica** e **política africana** que non tivo en conta as diferenzas tribais, lingüísticas ou relixiosas e que formou países con graves problemas de cohesión interna.

B O IMPACTO DEMOGRÁFICO

A introdución de medidas hixiénicas e a construción de novos hospitais nos cales se vacinaba os indíxenas permitiron a redución das epidemias.

Como consecuencia disto, a mortalidade descendeu de xeito notable e a poboación aumentou. Pero en moitas colonias, especialmente do continente africano, o aumento de habitantes rompeu o equilibrio entre poboación e recursos e comezou a producirse unha situación de **subalimentación** crónica.

POBOACIÓN APROXIMADA DE ÁFRICA

Ano	Poboación (en millóns)
1650	100
1700	90
1800	92
1870	104
1900	120
1950	207

C A COLONIZACIÓN CULTURAL

No ámbito cultural, os costumes autóctonos, de tradición oral e sen elaboracións teóricas, non ofreceron resistencia ao impacto da **cultura occidental**, que lles fixo perder unha boa parte da súa identidade e perturbou as súas crenzas e tradicións. A difusión da ensinanza contribuíu á extensión das súas linguas, crenzas e modos de vida europeos, mentres que os misioneiros difundían o cristianismo.

Este fenómeno de **aculturización** deuse máis en África que en Asia, onde importantes culturas como a chinesa ou a india resistiron mellor a colonización cultural.

Un misioneiro alfabetizando nenos no Congo a comezos do século XX.

A destrución da cultura nativa

Xa que en Europa as reivindicacións nacionais se fundamentaron sempre na unidade da lingua, negóuselles aos musulmáns o uso do seu propio idioma. Desde 1830, a lingua árabe está considerada en Alxeria como estranxeira. Pero iso non é todo: para desunir os árabes, a Administración francesa confiscoulles a relixión e recruta os sacerdotes islámicos entre os seus asalariados. (...)

J. P. SARTRE na revista *Tempos modernos*, 1956.

D AS CONSECUENCIAS ECONÓMICAS

Nas colonias impuxéronse os intereses económicos dos colonizadores, coa axuda dos grupos aristocráticos e a burguesía local, que mantiveron unha situación de privilexio.

Pola contra, a maioría da poboación indíxena quedou sometida e as súas condicións de vida foron empeorando.

Moitas terras pasaron a mans dos colonizadores e abandonáronse determinados cultivos tradicionais, que aseguraban a subsistencia das familias indíxenas, para impoñer grandes **plantacións** de produtos que beneficiaban a metrópole: cacao, café, algodón, froitas, caucho etc.

Os nativos debían traballar nas plantacións para subsistir, e tiñan que mercar os alimentos, porque se impuxo unha **economía monetaria** e de mercado, descoñecida ata daquela.

Así mesmo, a artesanía local arruinouse debido á competencia dos produtos industriais importados desde a metrópole, a prezos baratos e en grandes cantidades.

AS CONSECUENCIAS ECONÓMICAS DO COLONIALISMO

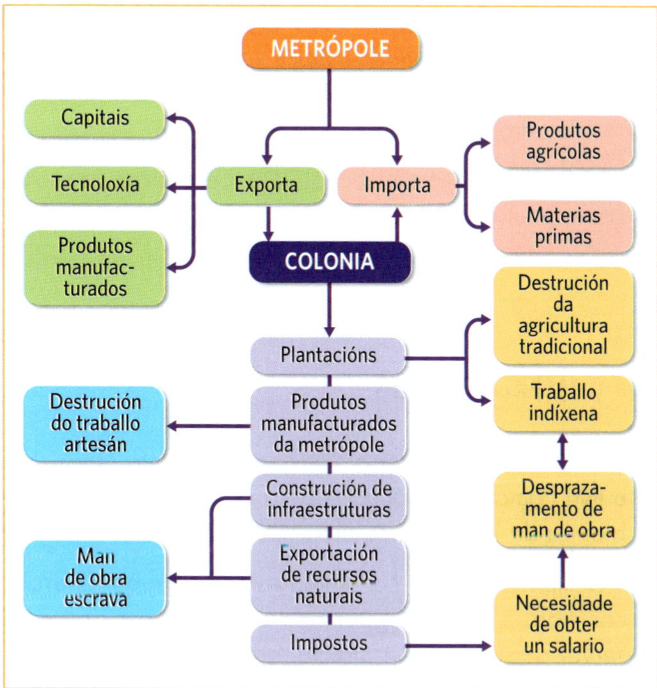

E A DESARTICULACIÓN DAS SOCIEDADES TRADICIONAIS

A estrutura social tamén mudou. Os colonizadores non mostraron respecto ningún polas formas de vida dos pobos indíxenas.

Os novos ritmos de traballo desorganizaron a vida tribal e a antigo sistema de xerarquías sociais (papel dos anciáns, tipo de familia...). Igualmente, unidades étnicas foron divididas ou unidas de xeito artificial e, deste xeito, rompéronse etnias e forzouse a convivencia de grupos enfrontados. Por último, os europeos utilizaron determinados grupos indíxenas para recrutar o seu exército e os seus funcionarios.

O desprezo ás sociedades indíxenas

O negro salvaxe e bárbaro é quen de todas as estupideces e, por desgraza, (...) semella estar condenado no seu país de orixe ao salvaxismo e á barbarie para sempre. (...).

A falta de calquera idea de progreso e de moral non lle permite decatarse do valor incalculable, do infinito poder do traballo, e as súas leis son as súas paixóns brutais, os seus apetitos feroces, os caprichos da súa imaxinación perturbada.

Armand Dubarry: *Viaxe a Dahomey*, 1879.

1. Como se trazaron en moitos casos as fronteiras africanas na época colonial? Razoa o interese de quen fixo eses trazados.
2. Xustifica razoadamente as consecuencias económicas da colonización para os pobos indíxenas.
3. De que acusou Jean-Paul Sartre os colonizadores? Como actuaban para impoñeren a cultura occidental?
4. Que posición respecto das sociedades africanas expresa o texto de Armand Dubarry?

Investiga

5. @ O colonialismo creou problemas aínda vixentes na actualidade. Indaga que comunidades rivais foron unidas artificialmente en Ruanda e que consecuencias tivo iso a finais do século XX.

7 O cambio de século, cara a unha revolución

Durante as últimas décadas do século XIX, unha serie de artistas romperon coa tradición e sentaron as bases da revolución artística do comezos do século XX.

En pintura, o desenvolvemento da fotografía facía cada vez máis innecesario copiar a realidade; deste xeito os artistas dedicáronse a explorar a linguaxe pictórica para afondar na impresión no espectador, no sentimento.

Igualmente, as novas tecnoloxías permitiron construír edificios enormes para as novas concentracións urbanas.

Édouard MANET: *O xantar campestre*, 1863.

O pintor utiliza a gradación cromática para representar os obxectos no espazo. A cor verde, por exemplo, reproduce a sombra dunha árbore e a auga do regato.

A O IMPRESIONISMO

O Impresionismo apareceu no derradeiro terzo do século XIX e tivo como principal vontade a representación dos efectos cambiantes da luz sobre os obxectos.

Deste xeito, os pintores impresionistas subordinaron a forma á cor. Para poderen captar esta sensación, os artistas debían observar a realidade en directo, ao aire libre.

Igualmente, os impresionistas utilizaron unha técnica de pinceladas soltas e rápidas, xustapoñendo as cores de tal xeito que, a unha certa distancia, se fundiron na retina do espectador. O obxectivo non era pintar o que vía o artista, senón reflectir como o vía.

Francia foi o berce deste novo estilo, cuxos principais representantes foron **Édouard Manet**, **Claude Monet**, **Auguste Renoir** e **Alfred Sisley**.

Auguste RENOIR: *A Grenouillère*, 1868.

MEMOART: O Postimpresionismo

- A mediados da década de 1880, unha serie de artistas amosaron un afastamento das formulacións impresionistas e exploraron outras vías como a xeometría, a cor, a liña e a expresividade.
- O chamado Postimpresionismo agrupa artistas excepcionais como **Edgar Degas**, **Georges Seurat**, **Paul Cézanne**, **Vincent van Gogh**, **Henri Toulouse-Lautrec** e **Paul Gauguin**.

Vincent VAN GOGH: *O cuarto de Van Gogh en Arlés*, 1888.

Paul CÉZANNE: *Os xogadores de cartas*, 1893. O artista emprega pinceladas breves de diferentes tonalidades para modelar xeometricamente os volumes e os obxectos.

artística

B A ARQUITECTURA DO FERRO E DO ACEIRO

A arquitectura tamén deu un cambio técnico e estético, a finais do século XIX, coa aparición de novos materiais construtivos e a súa produción masiva. Así, a utilización do **ferro** e do **aceiro**, máis flexible e dúctil que o ferro, a invención do **cemento** como material construtivo e a popularización do **vidro** para os cerramentos permitiron idear e construír edificios moi novos.

Doutra banda, a industria, as comunicacións e as novas cidades precisaban edificios e construcións (pontes, fábricas, almacéns, estacións de ferrocarril, bibliotecas, edificios comerciais etc.) funcionais, prácticos, espazosos e, a ser posible, rápidos e baratos de construír. Os edificios comezaron a ser importantes pola súa función, non só pola súa estética.

Nos Estados Unidos, os arquitectos da **Escola de Chicago**, como **Louis Sullivan**, construíron os primeiros rañaceos e inauguraron un modo construtivo de amplos espazos, grandes ventás e numerosos andares.

A torre que o enxeñeiro Gustave Eiffel levantou para a Exposición Universal de París de 1889 converteuse no edificio máis alto do mundo e no símbolo da modernidade.

@ Amplía na Rede...

Para saberes máis sobre a construción da Torre Eiffel, entra en: www.tiching.com/749774

FichaArt @

Busca na Internet información sobre a obra Louis Sullivan e elabora unha ficha cos seguintes datos:

a) **Identificación.** Sitúa cronolóxica e xeograficamente o arquitecto e as súas obras. A que corrente arquitectónica pertence?

b) **Descrición.** Describe o edificio e explica as súas características técnicas e artísticas e a súa función.

c) **Marco histórico.** En que contexto social e económico se realizaron estes edificios? Como expresaron a realidade dos Estados Unidos naquel momento? Que transcendencia tiveron na arquitectura moderna?

Almacéns Carson, Pirie, Scott and Company de Chicago, 1904, obra de Louis Sullivan, extraordinario exemplo de funcionalidade da obra arquitectónica.

1. Cal foi a principal preocupación dos pintores impresionistas? Como conseguían o seu obxectivo?

2. Que innovación achegaron os chamados artistas postimpresionistas? Quen foron os principais pintores desa corrente artística?

3. Que novos materiais e que novas necesidades sociais facilitaron a evolución da arquitectura?

Aprecia a arte

4. @ Consulta a páxina web que che presentamos e explica as distintas fases da construción da Torre Eiffel.

8 A influencia da arte asiática e africana na arte

A arte non europea difería no século XIX notablemente da europea. Buscaba cousas semellantes: a beleza, a expresión dos sentimentos, a plasmación da realidade, pero con principios estéticos e técnicas completamente diferentes.

Europa coñecía algo da arte desas sociedades, en especial de Oriente, pero foi a partir da expansión colonial cando se produciu unha difusión da arte asiática e africana, que influíu fondamente nos artistas da época, sobre todo nas vangardas.

A O DESCUBRIMENTO DA ARTE ASIÁTICA

A sinxeleza e mais a elegancia da pintura asiática e a beleza das súas cerámicas fascinaron rapidamente as sociedades occidentais. Pouco a pouco comprenderon, ademais, que non eran simples obxectos decorativos, senón expresión de **conceptos estéticos profundos**: o equilibrio, a harmonía, a relación entre cheo e baleiro, a capacidade de captar o esencial e de transmitir emocións.

Moitos museos occidentais iniciaron coleccións de arte asiática, e os particulares principiaron a buscar obxectos de arte oriental.

Vaso chinés da dinastía Ming.

Pintura chinesa con caligrafía realizada a pincel con trazos soltos case impresionistas.

B O XAPONISMO

É un termo empregado para describir a fascinación e a influencia que as pinturas xaponesas tiveron sobre os pintores da vangarda europea de finais do século XIX e comezos do XX.

A pintores como Manet, Klimt, Monet, Degas..., atraéronos as formas sinuosas e ondulantes, as cores planas, a abstracción de persoas e cousas, a representación da paisaxe como emoción.

A influencia do xaponés levou, dunha banda, a pintar obras de temática xaponesa e, sobre todo, a incorporar as súas técnicas.

MEMOART: Características da arte xaponesa

- O artista aprende pola repetición e a imitación ata que é quen de crear de xeito espontáneo.
- A obra de arte debe buscar a simplicidade e a austeridade de formas e mensaxes.
- A asimetría, o irregular, o curvo ou imperfecto expresa beleza porque é un reflexo da natureza.

Katsushika HOKUSAI: *A grande onda de Kanogowa*, 1829.

Gustav KLIMT: *Bosque de faias*, 1902.

occidental

C A INFLUENCIA DA ESTÉTICA AFRICANA

A arte africana era ata o século XIX pouco coñecido e apreciado. Coa colonización chegaron a Europa unha enorme cantidade de **esculturas** e **máscaras** que se consideran simples obxectos decorativos.

A arte africana é en esencia escultórica e realizada en madeira. Está formada por tallas, máscaras, cascos etc. Ten fins rituais relacionados co culto aos antepasados, ás forzas da natureza ou á identificación tribal. No caso das máscaras trátase de arte en movemento, utilizadas para portalas xunto á propia decoración en pinturas do corpo humano.

A estética africana, a súa forza expresiva, o seu estilo esquemático, a deformación da realidade para expresar o esencial, causaron impacto nos artistas das vangardas europeas, que procuraban novas formas de representación.

Escultura tradicional africana.

Alberto GIACOMETTI: *Muller culler*, 1926.

Os modelos estéticos máis rompedores aseméllanse nesta época ás formas artísticas máis tradicionais africanas, como podes observar nas tallas de madeira de Giacometti.

Pablo PICASSO: *Espido cunha toalla*, 1907.

Máscara africana.

Máscara africana.

Edvard MUNCH: *O berro*, 1893.

As vangardas artísticas europeas (o cubismo, o fauvismo, o impresionismo) desta época atoparon na arte africana, na súa deformación dos rostros, na súa expresividade e simbolismo, unha constante fonte de inspiración, como nos amosan as obras de Picasso ou de Munch.

FICHAART @

Busca na Internet información sobre a obra *O berro*, de Edvard Munch, e elabora a súa ficha:

a) **Identificación.** Sitúa cronolóxica e xeograficamente a obra. Indica os principais datos biográficos do pintor.

b) **Descrición.** Que escena se representa no cadro? Que personaxes aparecen?

c) **Análise artística.** Que técnica é a empregada? Describe que elementos da arte africana podes identificar.

1. Que características presentaba a arte asiática? Por que os pintores europeos se sentiron atraídos por el?
2. Que é o xaponismo? A quen influíu? Cales eran as principais características da arte xaponesa?
3. Que diferenzas existían entre a arte europea e a arte africana no século XIX? Como inspirou as vangardas artísticas occidentais?

Aprecia a arte

4. Observa as imaxes e realiza unha valoración persoal sobre os elementos estéticos que achegaron a arte asiática e africana á arte occidental. Cales destes elementos aprecias persoalmente?

9 Do século XIX ao XXI: unha transformación

A primeira Revolución Industrial abríralle o camiño ao progreso tecnolóxico, pero foi entre finais do século XIX e comezos do XX cando a sociedade industrial iniciou un progreso constante na investigación científica e tecnolóxica.

A partir dese momento, os avances multiplicáronse e abriron novas áreas de investigación e coñecemento que transformaron a vida económica e social das poboacións do mundo.

Louis Pasteur (1822-1895) demostrou a falsidade da hipótese da xeración espontánea, asentou as bases da bacterioloxía, investigou sobre varias enfermidades e desenvolveu algunhas vacinas.

A OS AVANCES DA MEDICINA

Desde finais do século XIX, os progresos na medicina foron enormes e contribuíron ao aumento da esperanza de vida. A comprensión dos mecanismos de transmisión das enfermidades e das infeccións xeneralizaron a esterilización do instrumental médico e a asepsia nos hospitais. As **vacinas** e os **antibióticos** axudaron á loita contra as enfermidades infecciosas e os avances en química abriron a produción de fármacos.

Desde mediados do século XX, os enormes progresos nas técnicas cirúrxicas e de diagnóstico abríronlle o camiño á **medicina computarizada** e ás terapias xénicas.

A ESPERANZA DE VIDA EN ESPAÑA DESDE 1900

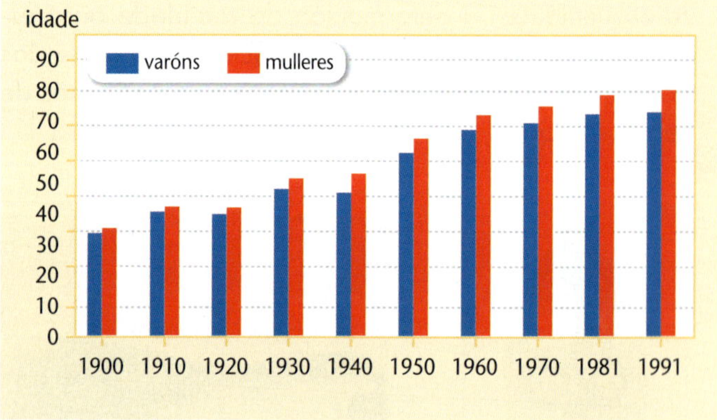

B A REVOLUCIÓN DA INFORMACIÓN E DA COMUNICACIÓN

Durante o século XIX e primeiras décadas do século XX produciuse un avance revolucionario nos medios de comunicación.

En 1838, o **telégrafo**, inventado por Samuel Morse, permitía transmitir sinais eléctricos a longa distancia e recibir as mensaxes gravadas sobre papel. Posteriormente, Graham Bell descubriu que o son tamén se podía transmitir a través dun cable eléctrico e, 1876, patentou o **teléfono**.

En 1886, Heinrich Hertz demostrou que as ondas electromagnéticas viaxaban polo aire a unha gran velocidade. Guglielmo Marconi inspirouse nelas para inventar a **radio**, un sistema de transmisión de sinais mediante a utilización destas ondas.

A partir do século XX, o avance foi aceleradísimo. A mediados do século, a fabricación de transistores revolucionou a electrónica ao aplicarse a radios, televisores, aparellos de reprodución de audio ou vídeo, ordenadores etc.

O mundo comezou a facerse pequeno, e o que acontecía nun punto afastado coñecíase rapidamente no resto do planeta. O uso dos ordenadores iniciou, desde finais do século XX, unha **nova revolución tecnolóxica**.

Modelo do primeiro teléfono comercializado a principios do século XX.

Televisor fabricado na década de 1950.

O inicio da revolución informática

En 1943, P. Eckert e J. Mauchly crearon nos Estados Unidos o primeiro ordenador electrónico para uso xeral. En 1951 fabricouse o primeiro ordenador comercial, e en 1971, a invención dos microprocesadores abriu o camiño cara aos ordenadores ou computadores persoais que foron medrando en rapidez e memoria.

constante da ciencia e da tecnoloxía

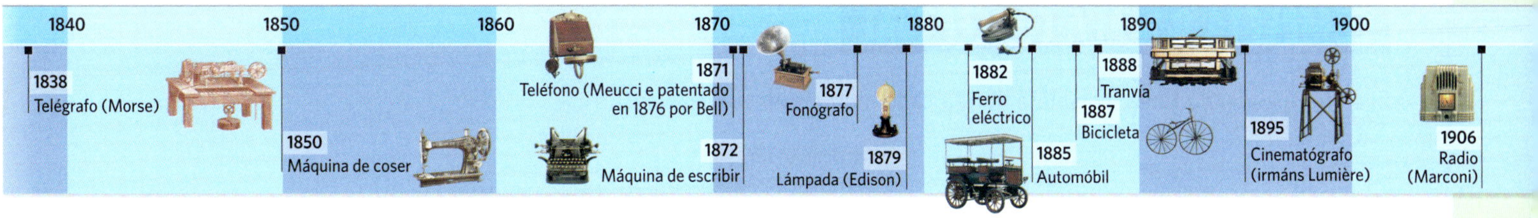

C O PROGRESO DOS MEDIOS DE TRANSPORTE

O **automóbil** e mais o **avión** fixeron a súa aparición entre finais do século XIX e comezos do século XX.

A partir dese momento, a innovación fíxose constante en todos os medios de transporte. Os ferrocarrís foron acadando velocidades inimaxinables, os voos puideron ser cada vez máis longos, rápidos e seguros, e o automóbil perfeccionouse e abaratouse ata se converter nun obxecto de uso masivo.

A mediados do século XX inventáronse os primeiros **foguetes espaciais** e, en 1969, o home pisou a Lúa por primeira vez.

Neil Armstrong e Edwin Aldrin foron os primeiros seres humanos que pisaron o noso satélite, o 21 de xullo de 1969 tras catro días de viaxe. Este fito foi transmitido en directo a toda a Terra.

O primeiro voo en avión foi realizado no ano 1903 polos irmáns Wright. A **aviación** foi a última das grandes innovacións no transporte, e o seu progreso en velocidade e seguridade foi enorme no século XX.

D AS TRANSFORMACIÓNS DA VIDA COTIÁ

O século XX estivo marcado por unha serie de innovacións tecnolóxicas que permitiron producir e ofrecerlle á poboación novos **bens de consumo**, que melloraron o seu nivel de vida e a súa confortabilidade, especialmente os **electrodomésticos**.

Así mesmo, a invención da **fotografía*** revolucionou a percepción e a lembranza que se ten das persoas, das paisaxes e dos acontecementos.

Por último, co **cinematógrafo** naceu unha nova industria e uns novos hábitos de lecer, que progresaron de xeito constante.

Cartel publicitario do cinematógrafo dos irmáns Lumière, os primeiros en ofreceren sesións de cinema comercial en París en 1895.

1. Observa a gráfica e analiza como repercutiron os avances médicos na esperanza de vida da poboación ao longo do século XX.
2. Que gran salto tecnolóxico se deu nas comunicacións a partir do século XIX? E a partir do século XX? E nos transportes?
3. Que inventos do século XX axudaron a mellorar o nivel de vida?

Relaciona onte e hoxe

4. Elabora unha listaxe con vinte obxectos que sexan habituais na túa vida cotiá. Debes indagar cando se inventaron ou se comezaron a usar de xeito xeneralizado. Establece cales deses obxectos teñen a súa orixe entre finais do XIX e principios do XX, e cales son inventos de finais do XX e principios do XXI.

COMPLETA O MAPA CONCEPTUAL

Coa información do tema, completa no teu caderno o seguinte esquema:

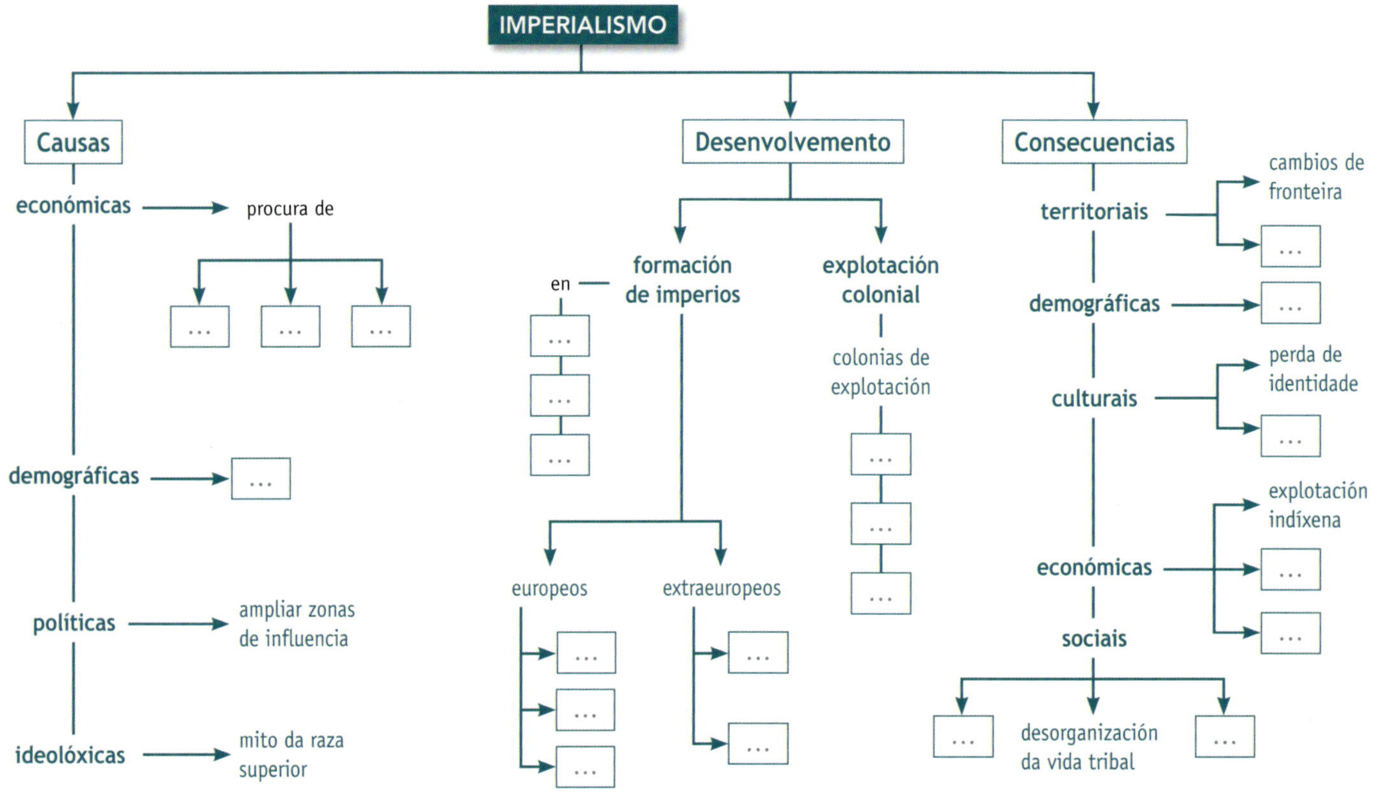

1 CONSOLIDA O APRENDIDO

a) Explica que se entende por Segunda Revolución Industrial. En que período tivo lugar?

b) Que fenómeno demográfico coñecemos como "explosión branca"? Que consecuencias provocou nos movementos migratorios?

c) Cales foron os principais factores que impulsaron a expansión imperialista no derradeiro terzo do século XIX?

d) Que territorios ocuparon os europeos? Cita os imperios máis importantes.

e) Que importancia tivo a India no conxunto do Imperio británico?

f) Explica como se organizaban as colonias desde o punto de vista económico e político..

2 DEFINE CONCEPTOS CLAVE

- imperialismo
- colonia
- aculturización
- repartición de África
- dominio
- protectorado
- taylorismo
- metrópole
- fordismo
- Migracións transoceánicas
- plantación
- dominio

3 IDENTIFICA OS PERSONAXES

- Henry Ford
- Stanley
- Livingstone
- Brazza
- Reina Victoria
- Leopoldo II

4 ESTABLECE A CRONOLOXÍA

- Conferencia de Berlín
- Guerras do Opio
- Conflito anglo-bóer
- Incidente de Fachoda
- Revolta dos bóxeres
- Construción do Canal de Suez

5 EXPLICA AS DIFERENZAS

- colonia de explotación/colonia de poboamento
- rust/cártel/holding

RESPONDE A PREGUNTA INICIAL

Que características tivo a expansión imperialista europea do século XIX?

APRENDE A... COMENTAR UN MAPA

A REPARTICIÓN COLONIAL DO MUNDO

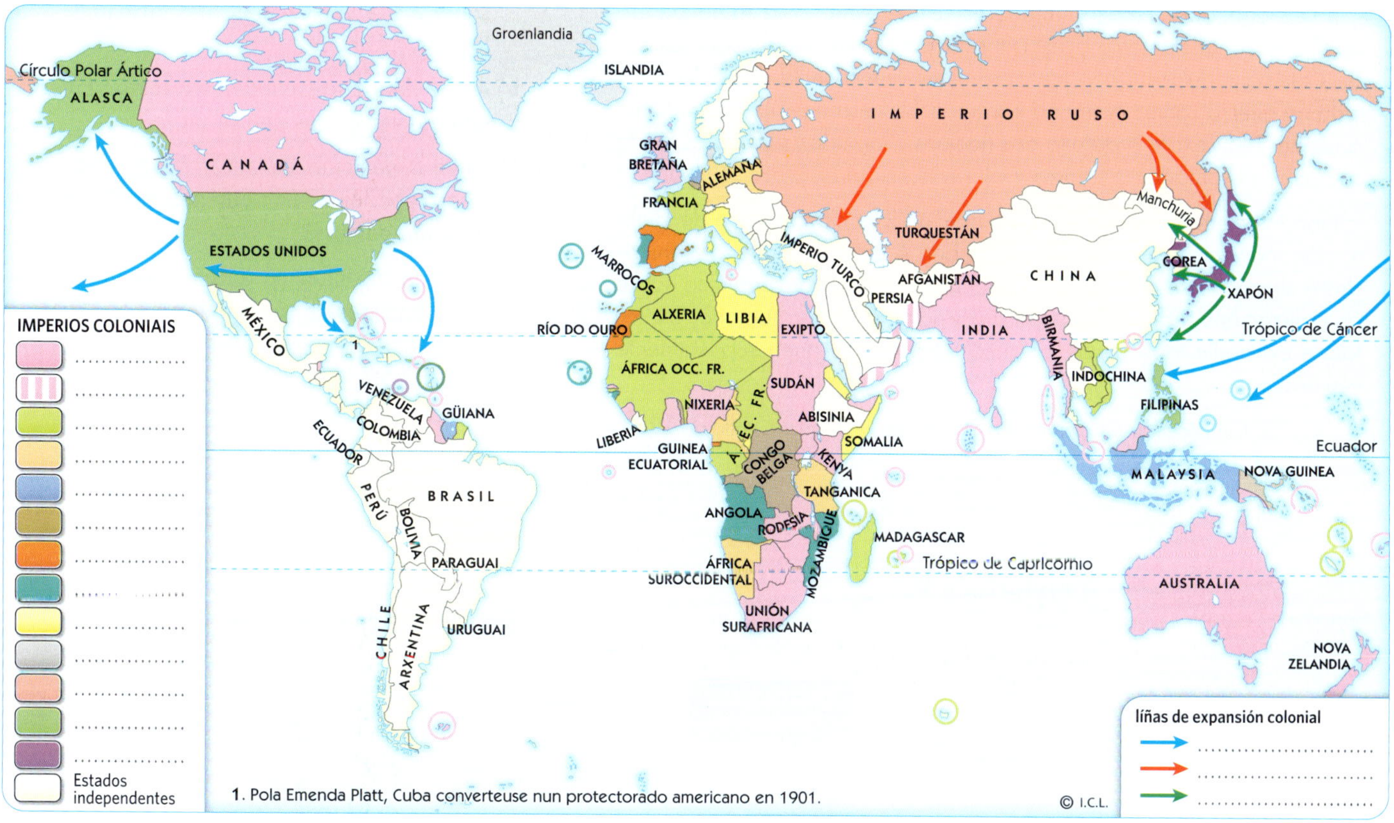

1. Pola Emenda Platt, Cuba converteuse nun protectorado americano en 1901.

1. Identificación e presentación

- Que aspecto histórico se representa no mapa? É de tipo político, económico, social ou cultural?
- En que ano se sitúa? De que período é representativo?
- Que ámbito territorial abrangue o mapa?
- Lenda. Que símbolos aparecen? Que nos indican as cores? Que marcan as frechas?

2. Análise

- Cales eran os grandes imperios coloniais europeos? Que territorios abranguía cada un deles? Que países fóra de Europa participaron na expansión colonial? Cales foron as súas liñas de expansión?
- Que imperio colonial é o máis extenso? Que continente se viu máis afectado polo proceso da colonización?

3. Contexto histórico

- En que momento histórico se produciu a expansión colonial europea?
- Cales foron os motivos da expansión colonial? Relaciónao coa Segunda Revolución Industrial.
- Como lles afectou á economía e á sociedade dos pobos dominados?

4. Conclusións

- Existe algunha relación entre os países colonizados no século XIX e os países subdesenvolvidos da actualidade?

RAZOA HISTORICAMENTE

Argumenta. Por que dicimos que o imperialismo colonial se converteu nunha necesidade para as potencias industriais a partir do derradeiro terzo do século XIX?

Empatía. Imaxina que es un habitante dun país colonizado no século XIX. Escribe tres argumentos para opoñerte ao dominio colonial.

Obradoiro de Historia • Obradoiro de Historia

1 Fontes documentais. **As xustificacións do imperialismo**

Razas superiores! Razas inferiores! Dise axiña. Pola miña banda opóñome completamente a esta afirmación desde que vin que os sabios alemáns demostraban cientificamente que Francia debía ser vencida na guerra contra Alemaña porque a francesa é unha raza inferior á alemá. Non existe o dereito das nacións chamadas superiores sobre as nacións chamadas inferiores. (...)

Non intentemos, xa que logo, revestir a violencia co nome de civilización, non falemos de dereito, de deber. A conquista que preconizades é simplemente o abuso do poderío da civilización científica sobre as civilizacións rudimentarias para apropiarse do ser humano, explotalo e extraerlle toda a súa forza en beneficio de quen supostamente vén civilizar.

G. Clemenceau á Cámara dos Deputados de Francia, xullo de 1885.

a) Quen é o autor do texto? Busca información sobre a súa persoa e as súas posicións ideolóxicas.

b) A que data corresponde este texto? É coetáneo dos feitos aos que se refire?

c) Cal é a posición do autor sobre a idea das razas superiores? Con que argumentos defende a súa postura?

d) Valora a posición do autor sobre o colonialismo e expresa a túa opinión.

2 Comenta o esquema. **O taylorismo**

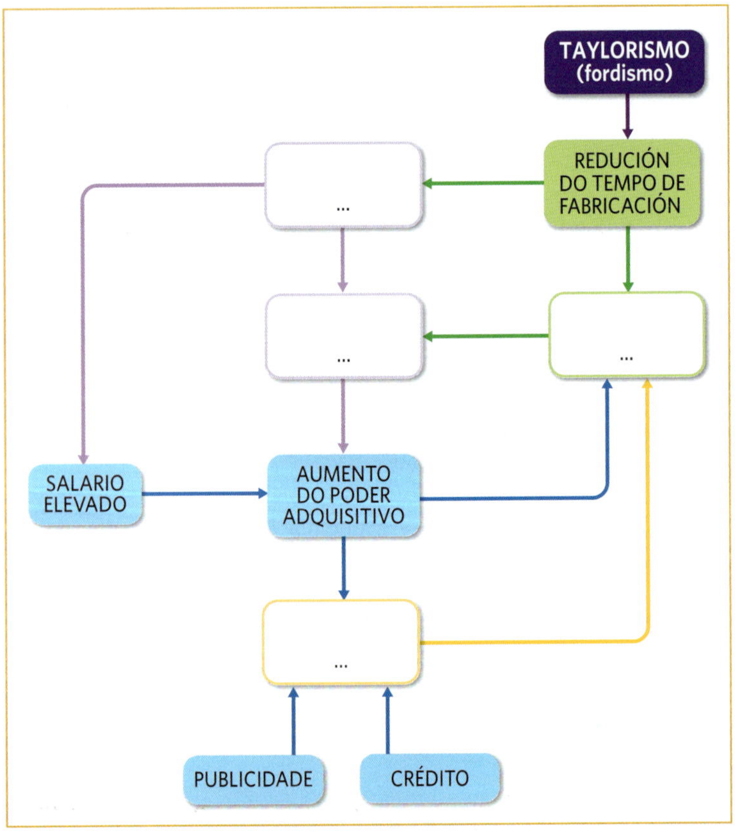

a) Completa o esquema no teu caderno indicando: baixa de prezos, produción en serie, estímulo ao consumo, produción masiva.

b) Redacta unha breve síntese sobre os efectos do taylorismo e a súa aplicación aos sistemas de produción industrial.

3 Fontes gráficas. **O dereito de conquista**

Debuxo alegórico sobre o colonialismo inglés, século XIX.

a) Como está representado o país ocupado? Como podes saber de que territorio se trata?

b) Que actitude presenta o colonizador? Como se amosa o nativo?

c) Relaciona a imaxe coa posición ideolóxica da maioría da opinión pública europea respecto do colonialismo a finais do século XIX.

4 Fontes gráficas. O expansionismo dos EUA

a) Describe a escena e identifica o lugar e o personaxe principal. Que fai? Onde se atopa? Que leva en cada man? Para que? Que simbolizan estes elementos?

b) Enmarca a caricatura no seu contexto histórico e explica os feitos aos que fai referencia.

O Gran Garrote no Caribe, viñeta estadounidense de 1904. Ironiza sobre a política exterior do presidente dos EUA Theodore Roosevelt, resumida no lema "Fala suavemente e leva un gran garrote, así chegarás lonxe".

5 Traballo colaborativo. Consecuencias da colonización

A colonización deixou secuelas ata os nosos días que, malia a descolonización do século XX, seguen a provocar graves problemas. Dividídevos en dous grupos.

a) O primeiro debe consultar en www.tiching.com/749777 o texto sobre os efectos da colonización en África e elaborar un informe que teña en conta:
- Os cambios que introduciron os gobernos coloniais na economía tradicional. Como afectaron a agricultura e as comunidades campesiñas?
- A situación na que se atopaban os países cando lograron a sua independencia e que novos problemas tiveron que afrontar. É razoable afirmar que continuaron dependendo economicamente das antigas metrópoles?

b) O segundo grupo debe buscar na Internet o vídeo *Xa nadu me asombra*, coa canción de Tiken Jah Fakoly. Analizarán a letra da canción e as imaxes, e establecerán conclusións: consecuencias da colonización e a súa relación cos actuais problemas de África.

c) Cada grupo debe expoñer o seu traballo na aula, coas imaxes ou audios que desexe.

d) Elaborade un mural conxunto sobre as repercusións do imperialismo colonial no pasado e no presente.

6 Fontes audiovisuais. Guinea española

Visualiza o vídeo www.tiching.com/749784 sobre a sociedade colonial da Guinea española e responde as seguintes preguntas:

a) Cando e por que se iniciou a colonización de Guinea Ecuatorial? Quen se instalou alí?

b) Que se explotaba principalmente? Que beneficios conseguía a metrópole? Que papel desempeñaba a Igrexa católica?

c) Que imaxe se dá dos nativos africanos na reportaxe? Que lembranzas da súa presenza conservan os colonos brancos? Como vivían?

d) Relacionábanse colonos e nativos entre eles? Como eran tratados os guineanos?

e) Como se gobernaba? Que infraestruturas se realizaron? Con que obxectivo? Cando e por que tiveron que abandonar a colonia os españois?

RETOS NA REDE

MINI UNIDADE VISUAL: O vento do diaño.

ACTIVIDADES DE AUTOCORRECCIÓN: Resolve estas actividades e repasa o que aprendiches.

www.vvd.link/012207/6

7 A Primeira Guerra Mundial e a Revolución rusa

Que acontecementos se produciron en Europa a comezos do século XX? Como afectaron a política mundial?

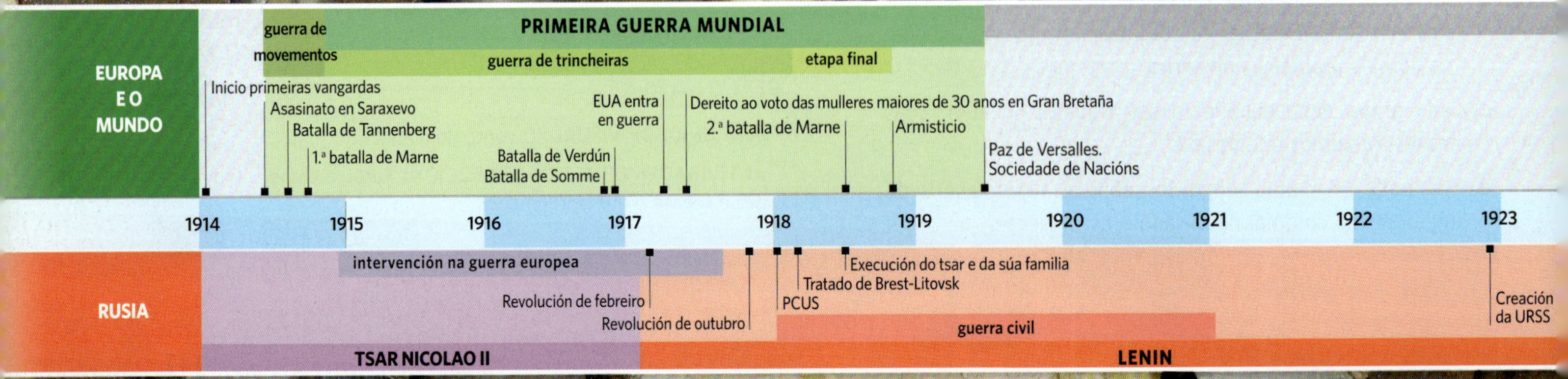

John NASH: *O bosque de Oppy*, 1917.

Nos comezos do século XX, as rivalidades económicas, coloniais e nacionais entre os Estados europeos conduciron a unha escalada de tensións e unha carreira de armamentos que desembocaron na Primeira Guerra Mundial (1914-1918).

Tratouse dun novo tipo de conflito que implicou países de todo o mundo, mobilizou non só os exércitos senón tamén a poboación civil, e deixou un terrible saldo de mortos e destrución.

A participación do Imperio ruso na guerra provocou un gran descontento entre a poboación e, en 1917, unha dupla revolución derrocou o tsarismo e instaurou o primeiro Estado socialista no mundo.

Que sabemos?

- Observa o eixe. Que fases coñeceu o desenvolvemento da Primeira Guerra Mundial? En cal tivo lugar a Revolución rusa? Que sabes do que pretendía esa revolución?
- Describe a ilustración. Que adxectivos lle darías á paisaxe? Que sabes das trincheiras da Primeira Guerra Mundial?

1 PREGUNTA CLAVE

Por que estalou unha guerra en Europa en 1914?

Desde finais do século XIX, e especialmente ao longo da primeira década do século XX, a escalada das tensións internacionais entre as diferentes potencias europeas foi creando un clima de "paz armada" que anunciaba a inminencia dun conflito bélico.

Que rivalidades coloniais, económicas e nacionais provocaron enfrontamentos entre os países? Que hostilidades propiciaron unha carreira de armamentos e a configuración de bloques antagónicos de alianzas? Que intereses conduciron ao estalido da guerra?

A OS ENFRONTAMENTOS COLONIAIS

Alemaña ameaza a Francia en Marrocos e o Reino Unido acode en axuda de Francia. Caricatura, 1908.

A Conferencia de Berlín (1885) intentara establecer medidas de acordo e arbitraxe entre os imperios, pero o ascenso de potencias como **Alemaña**, que chegara con atraso á carreira colonial, volveu reabrir os conflitos entre os países europeos.

A comezos do século XX, **Marrocos** foi o escenario principal de enfrontamentos. Pero a tensión podía estalar en calquera lugar e en calquera momento.

As crises marroquís

En 1905, o goberno alemán ofreceulle o seu apoio ao sultán de Marrocos para que se enfrontase aos franceses, que querían establecer un protectorado na zona. A Conferencia de Alxeciras (1906) frustrou as aspiracións alemás ao establecer un protectorado franco-español sobre Marrocos.

Pero Alemaña, en 1911, co gallo dunha insurrección no sur de Marrocos, enviou barcos de guerra ao porto de Agadir, baixo o pretexto de protexer os súbditos alemáns. Gran Bretaña apoiou incondicionalmente a Francia, pero a presión alemá acabou conseguindo a cambio a ampliación da colonia de Camerún.

B AS RIVALIDADES ENTRE AS POTENCIAS. O NACIONALISMO

As potencias europeas tamén adoptaron posicións nacionalistas, exacerbadas pola defensa dos seus intereses en Europa e nos seus imperios coloniais. Produciuse unha exaltación dos valores e a identidade de cada nación, que xerou un clima de desconfianza mutua.

Dese mesmo xeito, no ascenso dos nacionalismos contribuíron as **aspiracións de independencia** dalgúns pobos europeos que se querían librar canto antes da tutela e do control dos vellos imperios tradicionais.

Como consecuencia disto, a rexión dos **Balcáns**, denominada desde había séculos polo Imperio turco, converteuse nun foco de importantes tensións internacionais.

Así mesmo, **franceses** e **alemáns** enfrontábanse pola ocupación alemá das rexións francesas de **Alsacia** e **Lorena**, a raíz da guerra franco-prusiana. Por último, existía unha forte **rivalidade** entre **Gran Bretaña** e **Alemaña** polo control comercial e económico de Europa e das rutas comerciais.

ALSACIA E LORENA

C OS CONFLITOS BALCÁNICOS

Nos Balcáns, ante a decadencia do Imperio turco, Austria-Hungría aspiraba a expandirse na zona. Pero enfrontábase ás ambicións de Serbia e do Imperio ruso que tamén quixeron aumentar a súa influencia e ocupar os estreitos do Bósforo e dos Dardanelos, que abrían os seus dominios ao mar Mediterráneo.

A anexión de Bosnia-Hercegovina ao Imperio austrohúngaro (1908) agravou as tensións nos Balcáns e orixinou a sucesión en poucos anos de **dúas guerras** (1912 e 1913) que empeoraron a situación. As guerras consolidaron Serbia, co apoio de Rusia, como a potencia da zona. Este liderado alarmou a Austria-Hungría que temía un levantamento xeral dos pobos eslavos baixo o seu dominio. Por iso buscou o apoio de Alemaña fronte a Rusia.

Ilustración editada en *Le Petit Journal*, 1908, que amosa a Rusia e Austria-Hungría disputándose o dominio e a repartición dos Balcáns, ante a impotencia de Turquía.

D ALIANZAS MILITARES E CARREIRA DE ARMAMENTOS

As potencias lanzáronse a un complexo sistema de alianzas militares para prepararse ante un posible enfrontamento. En 1882, Alemaña, Austria-Hungría e Italia asinaron a **Tripla Alianza**.

Francia, temerosa do poderío militar e do expansionismo alemán, aliouse con Rusia e mellorou as súas relacións co Reino Unido, deterioradas polas disputas coloniais. As tres potencias acabaron asinando o **Triplo Acordo** (1907).

O malestar existente entre as grandes potencias orixinou ademais unha **carreira de armamentos**. Os Estados investiron grandes sumas de cartos en fabricar armas (canóns, obuses, metralladoras...), construír barcos de guerra e adestrar as súas tropas. A comezos do século XX, todos se preparaban para a guerra e calquera incidente podía desencadear o conflito.

O asasinato do arquiduque austríaco Francisco Fernando (xuño de 1914) foi a chispa que incendiou Europa, pero as causas fraguáranse durante décadas.

OS SISTEMAS DE ALIANZAS EUROPEOS

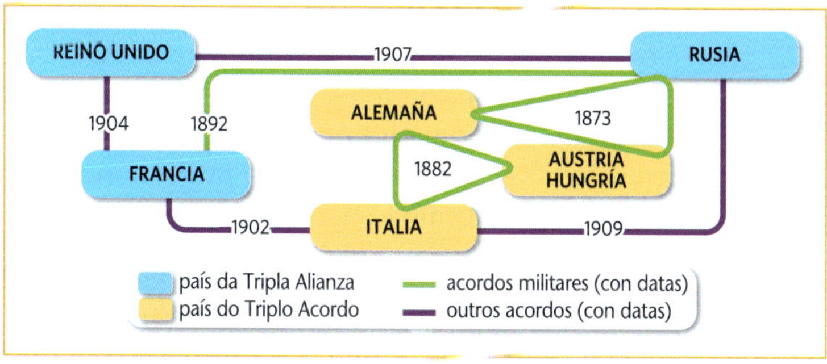

O GASTO EN ARMAMENTO

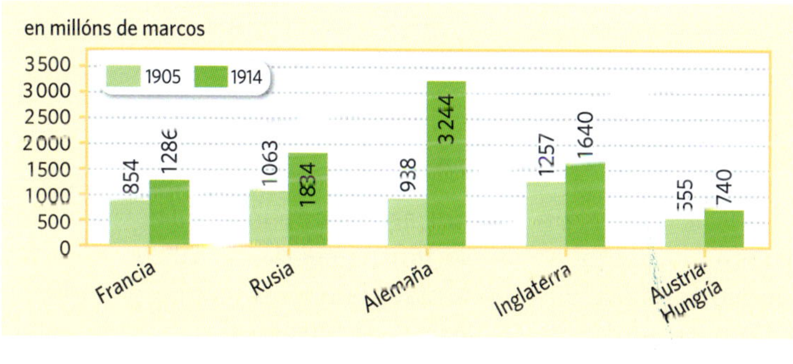

1. Por que se enfrontaban os países europeos nas colonias? Que nova potencia expoñía os maiores problemas? Que foron as crises marroquís?
2. Por que adoptaron posicións nacionalistas moitos países? Cal era o principal conflito entre Francia e Alemaña? Que intereses se enfrontaban nos Balcáns?

Argumenta a resposta

3. Xustifica por que esta época é coñecida como a da "paz armada", e se di que a Primeira Guerra Mundial foi unha "guerra anunciada".
4. Distingue entre as causas profundas e o motivo concreto que fixo estalar a guerra.

2 O desenvolvemento da guerra

O estalido da guerra

O 28 de xuño de 1914 asasinaron o herdeiro do Imperio austrohúngaro, Francisco Fernando, en Saraxevo, capital de Bosnia (ocupada polos austríacos desde 1908). O atentado foi realizado por un estudante bosníaco relacionado coas organizacións nacionalistas serbias.

Austria, animada por Alemaña, acusou a **Serbia** de ter instigado o magnicidio e declaroulle a guerra o 28 de xullo. Rusia interveu para protexer a Serbia e declaroulle a guerra a Austria. Alemaña, aliada de Austria, declaroulles a guerra a **Rusia** e a **Francia**. **Reino Unido** declaroulles a guerra a Alemaña e a Austria cando os exércitos alemáns invadiron **Bélxica**, país aliado de Francia. Só Italia se mantivo neutral nun principio.

O enfrontamento austro-serbio converteuse nunha **guerra europea**.

A EXTENSIÓN DO CONFLITO

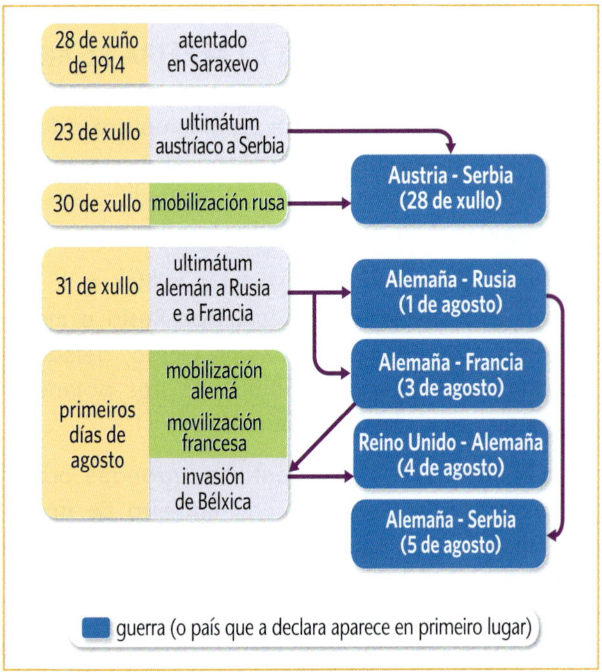

A guerra de movementos

As operacións bélicas iniciáronse na **fronte occidental**, cando nunha rapidísima operación (Plan Schlieffen) os exércitos alemáns atacaron Francia, entrando por Bélxica e Luxemburgo, coa esperanza de vencer rapidamente e poder concentrar todos os seus esforzos na fronte oriental.

A comezos de setembro de 1914, os alemáns atopábanse a 40 quilómetros de París. Así e todo, os exércitos francés e inglés conseguiron reorganizarse e deter o avance do exército alemán na **batalla do Marne**.

Na **fronte oriental**, os alemáns derrotaron os rusos na **batalla de Tannenberg**, pero estes reaccionaron e chegaron ás fronteiras do Imperio austrohúngaro. Nos Balcáns, a ofensiva austríaca contra Serbia foi detida.

A guerra de trincheiras

Tras a batalla do Marne, as frontes inmobilizáronse. Na fronte occidental abríronse trincheiras desde Suíza ata o mar do Norte, e iniciouse unha fase da guerra na que gañarlle un palmo de territorio ao inimigo significaba decenas de milleiros de mortos. Daquela fíxose necesaria a busca de **novos aliados** que achegasen máis soldados á fronte.

A finais de 1914, Turquía entrou na guerra, o ano seguinte fixérono Italia e Bulgaria e, en 1916, incorporouse Romanía. Ese mesmo ano, os alemáns lanzaron unha nova ofensiva na fronte occidental, pero na **batalla de Verdún** os franceses resistiron durante meses. En xullo, británicos e franceses atacaron as liñas alemás (**batalla de Somme**), con escaso éxito.

Milleiros de soldados viviron durante meses nas trincheiras sufrindo unhas condicións de vida miserentas.

O DESENVOLVEMENTO DA GUERRA E AS TRINCHEIRAS

Desde o Mar do Norte ata Suíza caváronse milleiros de quilómetros de trincheiras. Nelas enfrontáronse os exércitos cun elevado custo humano: un millón de baixas entre os aliados e 800 000 entre os alemáns.

@ Amplía na Rede...

Para saberes máis sobre a guerra de movementos en 1914, entra en: www.tiching.com/732796

1917: a entrada dos EUA e a fin da guerra

O ano 1917 foi decisivo para a guerra. Dunha banda, os duros combates da guerra de trincheiras provocaron entre os soldados desercións e producíronse numerosos motíns na fronte. Doutra banda, en Rusia triunfou a Revolución bolxevique e os revolucionarios, ocupados en consolidar o seu goberno, asinaron a paz con Alemaña e retiráronse da guerra (**paz de Brest-Litovsk**).

O abandono de Rusia foi compensado coa **intervención dos Estados Unidos**, que, como consecuencia do afundimento do transatlántico *Lusitania* por un submarino alemán, decidiu entrar no conflito. Aínda que xa se estendera a guerra ás colonias, a presenza dos EUA supuxo a definitiva **mundialización do conflito**.

En 1918, na fronte oriental, británicos, franceses e italianos derrotaron os austríacos e mais os seus aliados. Os imperios austrohúngaro e turco pediron o armisticio*, e os combates cesaron.

Na fronte occidental, os alemáns foron derrotados na segunda batalla do Marne e producíronse revoltas no exército e na mariña, ademais de manifestacións obreiras contra o goberno alemán. O alto mando alemán desmoralizouse ante o fracaso e suxeriulle ao kaiser Guillerme II que pedise a paz. O 11 de novembro de 1918, **Alemaña asinou o armisticio**. A Primeira Guerra Mundial rematara.

Os Estados Unidos entran na guerra

Con absoluta conciencia do carácter solemne da decisión que acabo de tomar e das graves responsabilidades que esta decisión implica, pero obedecendo ao que considero o meu deber constitucional, aconsello que o Congreso declare que a recente conduta do goberno imperial alemán non é senón un cambio de dirección da guerra contra o goberno e o pobo dos EUA. Propoño que o Congreso acepte a posición de belixerante (...).

Mensaxe de guerra do presidente Wilson, 1917.

1. Que feito concreto desencadeou a guerra? Relaciónao co conflito balcánico.
2. Que posición adoptou Alemaña? Por que cres que estaba tan interesada en desencadear un conflito?
3. Que xogo de alianzas provocou que o enfrontamento entre Austria e Serbia se convertese nun conflito mundial?
4. Explica as fases da guerra e os acontecementos e características de cada unha delas.
5. Que feitos provocaron en 1917 unha viraxe na guerra? Por que falamos de "mundialización do conflito"?

Os soldados na fronte

Na guerra, detrás das batallas, dos países contendentes e dos números que amosaron as baixas e as forzas en combate, existiu unha realidade cotiá de sufrimento e destrución.

Centos de homes, polo xeral mozos, foron recrutados e enviados á fronte. Eles foron os verdadeiros protagonistas da guerra. A súa experiencia, sobre todo nas trincheiras, foi terrible e marcou toda a súa xeración.

A O SUFRIMENTO HUMANO

O extraordinario desenvolvemento tecnolóxico do século XIX, e especialmente da Segunda Revolución Industrial, aplicouse á guerra, buscando os medios máis afectivos para destruír e matar.

ARTILLARÍA, BOMBAS E GAS

Fabricáronse canóns máis poderosos, metralladoras..., apareceron os primeiros tanques e avións e utilizáronse gases, que sementaron o terror entre os contendentes. O emprego de **novas armas** cada vez máis mortíferas provocou un número de vítimas moi superior ao de guerras anteriores.

A cantidade de proxectís é incrible, 80 000 obuses nalgunhas horas, sobre un espazo de 1 000 metros de ancho por 400 de profundidade. Un pregúntase como os seres humanos chegan a sobrevivir e combater nun inferno semellante, no que non queda un só metro cadrado que non fose bombardeado polos obuses.

M. Poisot: *Mon journal de guerre: 1914-1918 [O meu diario de guerra]*, 1985.

Batalla de Verdún

- 300 días de combates
- 3 200 canóns alemáns
- 270 canóns franceses
- 30 millóns de obuses (4 toneladas de bombas por m^2)
- 163 000 mortos franceses
- 143 000 mortos alemáns

Os primeiros momentos cunha carauta antigás son decisivos para saberes se vivirás ou morrerás: a cuestión consiste en comprobar que é impermeable e que non está rota (...).

E. M. Remarque: *Sen novidade na fronte*, 1929.

Otto Dix: *Tropas de asalto avanzando baixo un ataque de gas*, 1924.

Fame e sucidade

Dentro deste lameiro, os combatentes teñen o aspecto máis estraño. A sucidade revestiu os soldados dun uniforme no cal a invisibilidade desafía todo recoñecemento. Van vestidos de terra, maquillados de terra. Os pantalóns, a capa, a cara, as armas están cheos de lama. (...) Só a culata dos fusís está cuberta cun trapo para protexela. Non podemos distinguir se os cadáveres que encontramos polo camiño son franceses ou alemáns.

Artigo xornalístico, abril de 1915.

Están esgotados, non poden máis. Non hai café, non protestan. Saben que todo é miseria neste mundo de miseria. Enchen as súas friameiras e comen silenciosamente o guiso frío de boi cocido e patacas avinagradas, buscando preservarse da auga e da terra; pero teñen as mans xeadas e o pan que comen renxe baixo os seus dentes.

Diario dun combatente, 1917.

Atender os feridos

O novo armamento que se empregou na guerra, ademais de ser máis mortífero, provocaba unha enorme cantidade de feridos, especialmente pola metralla e as bombas. Establecíanse hospitais de campaña e neles empezaron a ser habituais non só os médicos senón tamén as enfermeiras.

Na Gran Guerra xa operaba a organización da Cruz Vermella, cuxo cometido era atender feridos e prisioneiros sen distinción de bandos.

Enfermeiras durante a Primeira Guerra Mundial.

UNHA TRINCHEIRA DA PRIMEIRA GUERRA MUNDIAL

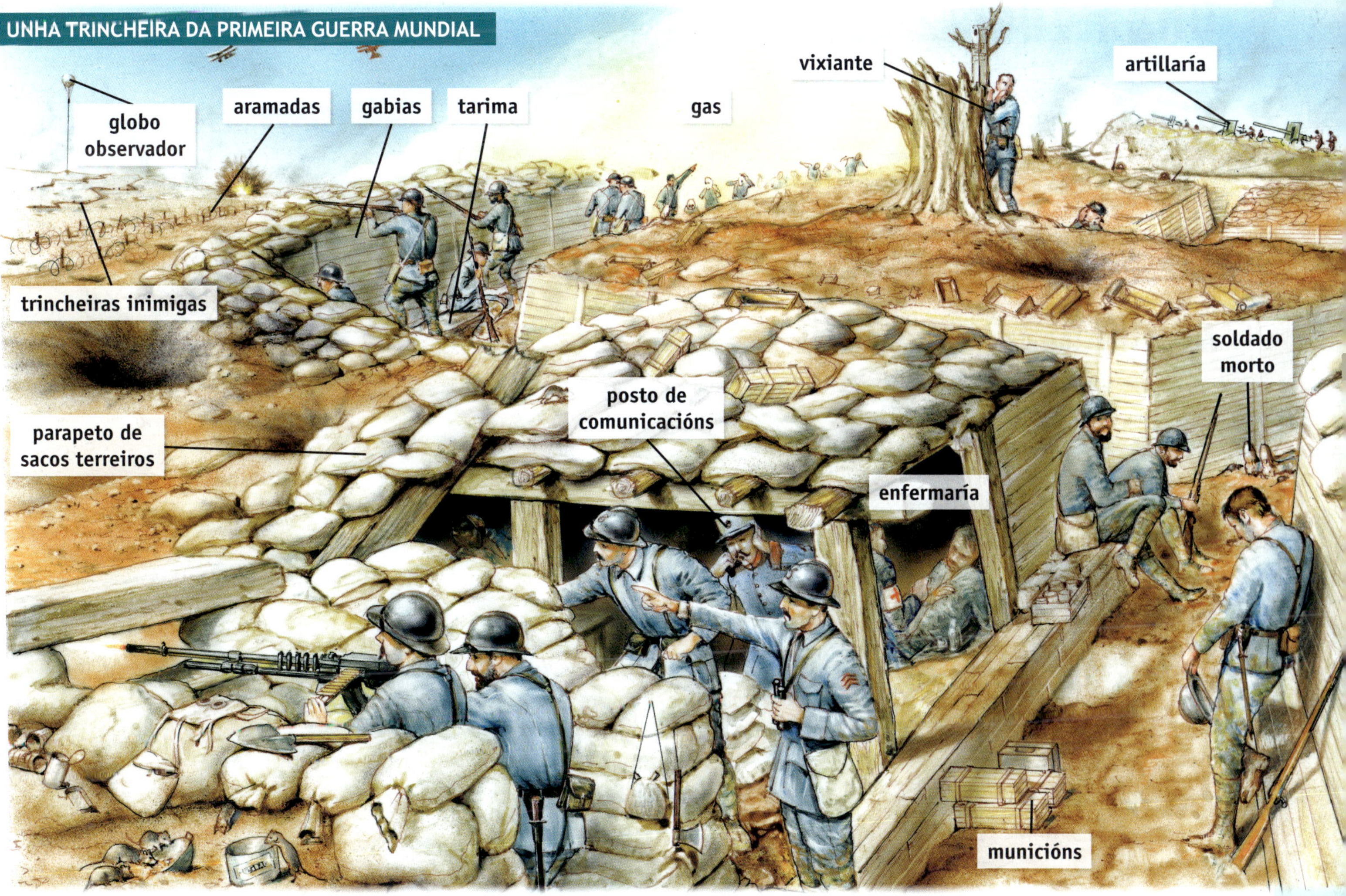

B A VIDA NA TRINCHEIRA: RESISTIR E ATACAR

A rutina diaria dos soldados consistía en resistir os ataques da artillaría inimiga parapetados nas trincheiras tras unha armazón de arames e gabias.

Para debilitar o adversario, periodicamente lanzábanse ofensivas nas cales a infantaría abandonaba a trincheira e intentaba avanzar a campo aberto no medio do fogo inimigo.

Un ataque fóra das trincheiras

Os noiros (das trincheiras) cóbrense de homes que avanzan ao mesmo tempo ca nós. Atravesamos as aramadas polos buratos. Algunhas balas empezan a chegar cara a nós (...). Bruscamente, perante nós, a todo o longo da pendente, álzanse sombras flambeantes. De esquerda a dereita, os obuses caen do ceo, os explosivos saen da terra. É unha espantosa cortina. Paramos estupefactos (...) despois un esforzo simultáneo ergue o noso grupo e lánzao velozmente cara adiante.

H. Barbusse: *O lume,* 1916.

1. Observa o debuxo e describe como era o sistema de trincheiras na Primeira Guerra Mundial. Que instalacións había baixo terra? Que armamento distingues nas trincheiras? E no equipo dos soldados? Por que eran tan importantes as máscaras antigás?

2. Como se intentaba asaltar a posición inimiga? Cal era a maior dificultade? Como se organizaba a defensa dun ataque inimigo?

Ponte no seu lugar

3. Con toda a información destas páxinas, redacta unha breve descrición dun día nas trincheiras:
   - Describe o espazo, a sensación de sucidade (barro, piollos, ratas...) de fame (comida escasa e desaborida...) etc.
   - Intenta relatar un momento de bombardeo nas trincheiras, ou dun asalto con baioneta*, ou a sensación de ser atacado con gas.
   - Explica o medo que deberían sentir os soldados á orde de saír da trincheira e avanzar cara ao inimigo.

4 Unha guerra total

A guerra de 1914-1918 provocou unha conmoción tan fonda nas sociedades europeas que se denominou a **Gran Guerra**. Considerouse o primeiro exemplo dun novo tipo de guerra, a "guerra total", ao non limitarse xa aos campos de batalla, nin aos soldados profesionais senón que implicou a toda a poboación e a todos os recursos das nacións contendentes.

Cartel de recrutamento de 1916 no que se di: "Mozos! Vinde. Necesitámosvos".

A implicación da poboación civil

En primeiro lugar, o novo tipo de **exército nacional**, que xurdiu coas revolucións do século XIX, implicou a participación nos combates, non de mercenarios ou voluntarios, senón do groso da **poboación civil** masculina en idade militar, e, polo tanto, os desastres da guerra golpearon de forma xeneralizada a poboación, cuxos maridos ou fillos participaron na contenda.

Así mesmo, o avance dos exércitos en 1914, podía ser moito máis veloz ao contar con medios como os ferrocarrís ou os vehículos a motor. Como consecuencia disto, tanto en Bélxica e no nordés de Francia, como en Prusia, Rusia ou Serbia, provocou o éxodo de millóns de civís ante o pavor ao saqueo, a destrución ou as represalias, e deu orixe a un dos primeiros grandes **movementos de refuxiados** motivado por un conflito bélico no mundo contemporáneo.

A guerra requiriu unha enorme produción de armamento, municións, avituallamento... Para iso utilizouse masivamente o **traballo de mulleres** e homes en idade non militar, e alongáronse as xornadas laborais.

Ademais, as necesidades de guerra eran prioritarias e a produción de bens de consumo resentiuse. Faltaban víveres e produtos de primeira necesidade. A principios do século XX unha boa parte da poboación xa vivía nas cidades e non tiña recursos, como no campo, para alimentarse: a fame fixo a súa aparición.

A contribución das colonias

Tropas coloniais e de voluntarios participaron nos combates ao carón de cada bando. Ademais, as colonias ofreceron recursos económicos para auxiliar as esnaquizadas economías europeas. A mobilización dos imperios coloniais estendeu o conflito a outros continentes: África (enfrontamentos en Togo e Camerún), Oriente Próximo (posesións británicas) e Extremo Oriente (enfrontamentos entre a China e o Xapón).

Cartel de 1917, exaltando o papel das tropas coloniais.

Propaganda e control da opinión

Para que o conxunto da poboación mantivese a moral e contribuíse ao esforzo bélico, os Estados recorreron por primeira vez á **propaganda**, con métodos modernos ideados coas técnicas de *mercadotecnia*. Esta propaganda permitiu mobilizar a opinión pública de cada bando, utilizando de forma recorrente a exaltación da patria e o odio ao inimigo como forma de comprometer toda a poboación no conflito.

Recorreuse así mesmo á censura de prensa, manipuláronse os comunicados militares para crear un estado de opinión unánime. Os pacifistas ou os socialistas opostos á guerra foron detidos e silenciados.

Cartel americano apelando ao apoio da poboación para o esforzo da guerra.

Cartel británico chamando á axuda a Bélxica, en mans do monstro alemán. "Destruír a besta. Alístate".

A ECONOMÍA AO SERVIZO DA GUERRA

Desde o punto de vista económico, os gobernos instauraron verdadeiras **economías de guerra**, cunha forte intervención do Estado. As factorías debían funcionar con toda a súa capacidade na fabricación de armas, e calquera queixa ou falta de rendemento considerábase unha traizón. A poboación feminina, e a masculina non recrutada, foi incorporada a esa produción.

Ademais a guerra había que pagala, e os gobernos endebedáronse e pediron préstamos. Os aliados fixérono especialmente aos Estados Unidos, a potencia máis rica e á marxe do conflito ata 1917.

Cartel francés demandando a entrega de ouro dos particulares para poderlles facer fronte aos gastos da guerra.

Mulleres traballando nunha fábrica de obuses cara ao ano 1916.

O ESFORZO BÉLICO (1914-1918)

País	Número de soldados	Número de buques de guerra	Produción de ferro (t)
Reino Unido	8 900 000	64	6 900 000
Francia	8 400 000	28	4 300 000
Rusia	12 000 000	16	4 400 000
Alemaña	11 000 000	40	17 000 000
Austria	7 800 000	16	2 700 000
Turquía	2 850 000	sen datos	sen datos

O PAPEL DAS MULLERES NA PRIMEIRA GUERRA MUNDIAL

Para colaborar no esforzo bélico, as mulleres empezaron a traballar nas fábricas de armamento, nos hospitais, nos transportes etc. Ao final do conflito, as mulleres constituían o 35 % da man de obra industrial de Alemaña e do Reino Unido.

As mulleres foron conscientes de que posuían as mesmas capacidades, pero non os mesmos dereitos que os homes, e os **movementos sufraxistas**, en demanda do dereito ao voto, cobraron grande importancia.

Manifestación de sufraxistas que reclamaban o dereito ao voto das mulleres, no Reino Unido en vésperas da Primeira Guerra Mundial.

1. Que tipo de exército se configurou para combater na Primeira Guerra Mundial? Como se implicou ao conxunto da poboación? Que intervención tiveron as colonias na guerra?
2. Que significou para a poboación civil dedicarlle enormes esforzos á guerra? Que padecementos se xeraron?
3. Que papel desempeñaron as técnicas de propaganda? Que buscaba a propaganda?
4. Que significou a guerra para as mulleres? Cal foi o seu papel? Que reivindicaron a partir dese momento?
5. Explica por que se cualifica a Primeira Guerra Mundial como "guerra total".

DESCUBRE

5 Por que se produciu unha revolución en Rusia?

A guerra afectou todos os países contendentes, pero no Imperio ruso tivo fondas consecuencias. Xerou unha revolución, en 1917, sen precedentes, e transformou por completo o sistema económico, político e social. Por que a primeira revolución socialista se produciu no país dos tsares?

Que condicións de miseria e desesperación conduciron a súa poboación á revolta? Por que o sistema político non foi quen de integrar as reivindicacións de reformas moderadas? Que ideas, partidos e líderes puideron acabar co tsarismo?

A UN IMPERIO AUTOCRÁTICO

A comezos do século XX, o Imperio dos tsares era un inmenso territorio onde aínda se mantiña o absolutismo monárquico. Politicamente, o tsarismo era unha autocracia, isto é, o tsar tiña un **poder absoluto**: gobernaba por decreto, non estaba suxeito a ningunha constitución nin respondía ante un Parlamento.

Unha fiel burocracia e un poderoso exército aseguraban o control do Imperio, mentres que a Igrexa ortodoxa constituía un dos grandes piares ideolóxicos do réxime.

O tsar Nicolao II e a tsarina Alexandra Fiódorovna en 1894. Os tsares presentábanse perante o pobo como deuses inalcanzables no seu poder.

Iliá Repin: *Procesión de Pascua na rexión de Kursk*, 1883.

O tsar era a máxima autoridade da Igrexa ortodoxa e esta tiña unha grande influencia sobre unha poboación da cal o 80 % era analfabeta.

B UNHA AGRICULTURA FEUDAL E UNHA INDUSTRIA DEPENDENTE

A economía e as estruturas sociais do Imperio ruso eran das máis atrasadas do continente europeo. A **agricultura** constituía a principal actividade económica e a terra estaba nas mans dunha aristocracia privilexiada, inmensamente poderosa e rica.

Os campesiños, a maioría da poboación, estaban sometidos a un réxime case feudal, desaparecido na meirande parte de Europa, que os condenaba a unhas condicións de vida miserables. A servidume persoal mantívose ata 1865 e, aínda que se aboliu, o poder da nobreza terratenente mantívoa intacta.

Nalgunhas zonas do Imperio (Moscova, San Petersburgo, Urais...) iniciárase un proceso industrial impulsado, en boa parte, por capital estranxeiro. Alí xurdira un numeroso **proletariado industrial** que traballaba en grandes fábricas, case a metade dos obreiros traballaban en empresas de máis de 500 traballadores, por uns salarios miserables.

A POBOACIÓN EN SAN PETERSBURGO

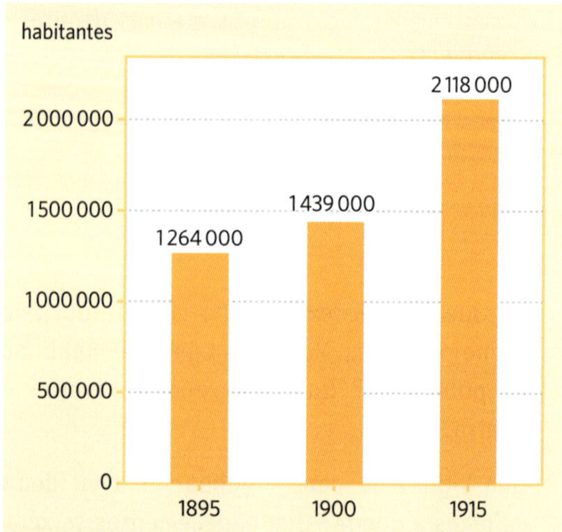

C A OPOSICIÓN AO TSARISMO

As primeiras correntes de oposición, populistas (naródniki) e anarquistas desenvolvéronse entre os campesiños, pero sen establecer alternativas claras. Entre os obreiros industriais difundíronse as ideas marxistas.

En 1898 fundouse o **Partido Obreiro Socialdemócrata Ruso**, que tiña como líder máis destacado a Vladímir Ilich Uliánov, Lenin. Logo, o partido escindiuse en dúas alas, a menxevique (ou minoritarios) e a bolxevique (ou maioritarios), partidaria do **camiño revolucionario**, convencida da incapacidade de reformas do tsarismo.

A comezos do século XX apareceu un partido liberal-burgués, o **Partido Democrático Constitucionalista**, (denominados kadetes), e na esquerda, o **Partido Socialista Revolucionario**, (chamados eseristas) con grande influencia entre os campesiños.

A revolta de 1905

En 1905 estalou unha revolta que esixía a fin da autocracia. Tivo lugar unha **manifestación pacífica** e o tsar respondeu cunha contundente represión (**Domingo Sanguento**). Pero as manifestacións e folgas continuaron e os traballadores crearon uns consellos de obreiros, campesiños e soldados, denominados **soviets**, para organizárense. Ante a situación, o tsar comprometeuse a convocar eleccións por **sufraxio universal** ao Parlamento (Duma) e a propiciar unha **reforma agraria.** No entanto, as promesas non se cumpriron e en poucos anos o tsar clausurou a Duma e gobernou de novo autocraticamente.

León Trotski (1879-1940) foi un dos principais dirixentes bolxeviques. Organizou en 1905 o primeiro soviet en San Petersburgo.

OS GRUPOS POLÍTICOS EN RUSIA

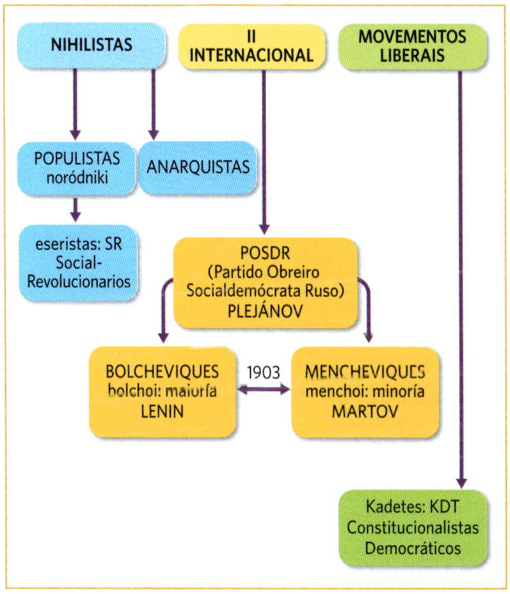

D A CONXUNTURA DA PRIMEIRA GUERRA MUNDIAL

En 1914, cando Rusia entrou na Primeira Guerra Mundial, evidenciouse que non estaba preparada para unha guerra tan longa, dura e cara: o exército ruso non estaba capacitado, nin os sistemas de transporte eran eficaces, nin a industria de armamento resultaba suficiente. Como os medios económicos do país se dedicaron á guerra, a fame apareceu e estendeuse o **malestar** entre obreiros, campesiños e soldados. Todo iso desacreditou o tsar Nicolao II e o seu goberno.

En plena guerra, os que se opoñían ao tsarismo sabían que era a oportunidade de rematar co réxime e facerse co poder.

O IMPERIO RUSO NA PRIMEIRA GUERRA MUNDIAL

1. Que forma de goberno existía en Rusia a comezos do século XX? Quen sustentaba o poder? Que grupo social era o dominante? Que situación económica había? Establece diferenzas co sistema social e político de Europa occidental nesa época.
2. Que oposición existía ao tsarismo? Por que era tan débil o liberalismo burgués? Por que medraban os grupos socialistas? Que sucedeu en 1905? Como afectou a Primeira Guerra Mundial a situación rusa?
3. Observa o esquema que tes á esquerda. Por que se produciu a revolución en Rusia?

Investiga

4. Busca información sobre a orixe do Partido Obreiro Socialdemócrata Ruso. Redacta un breve comentario no que describas a orixe do partido, os seus dirixentes e as diferenzas ideolóxicas entre as dúas correntes: os menxeviques e os bolxeviques.

6 A Revolución rusa

A revolución de febreiro de 1917. Caída do tsarismo

O 23 de febreiro de 1917 produciuse unha gran manifestación en Petrogrado (nome eslavo que adoptara San Petersburgo en 1914), seguida dunha **folga xeral** e de **motíns nos cuarteis**. O tsar abdicou e proclamouse unha república dirixida por un **goberno provisional**, que se comprometeu a convocar eleccións constituíntes para converter a Rusia nunha democracia parlamentaria.

O novo goberno, dominado polos partidos burgueses (kadetes e eseristas), iniciou unha serie de **reformas** políticas e sociais. Pero ao mesmo tempo decidiu **manter** os compromisos cos seus aliados na guerra. Isto impedía mellorar as condicións de vida da poboación e iniciar a esperada reforma agraria.

O **descontento popular** aumentou, e os **soviets**, que pedían a retirada da guerra, empezaron a esixir a destitución do goberno. A unidade de forzas que derrocara o tsar empezou a romper, e xerouse unha dualidade de poderes entre o goberno provisional e os soviets.

Manifestación de mulleres que pedían paz e pan, febreiro de 1917.

A revolución de outubro. Os bolxeviques ao poder

Os **bolxeviques** foron gañando o apoio da maioría dos soviets. O seu líder, **Lenin**, que regresara a Rusia do exilio, propugnou as **Teses de abril**, onde marcaba a ruta para seguir: derrogar o goberno provisional e instaurar un goberno de soviets obreiros e campesiños, asinar a paz con Alemaña, repartir as terras entre os campesiños, cederlles a dirección das fábricas aos obreiros, nacionalizar a banca e recoñecer as nacionalidades do Imperio.

Os bolxeviques, co apoio dos soviets, que crearan as súas propias milicias armadas, a **Garda Vermella**, prepararon unha insurrección para o día **25 de outubro de 1917**. Os sublevados ocuparon a cidade de Petrogrado, tomaron o Palacio de Inverno e destituíron o goberno provisional. A **revolución** estendeuse rapidamente por Moscova e os núcleos industriais do país.

O II Congreso dos Soviets de Rusia, que se atopaba reunido en Petrogrado, proclamou un **goberno obreiro** que foi presidido por Lenin e no que figuraban Trotski e Stalin.

En novembro de 1917 tiveron lugar as eleccións para a **Asemblea Constituínte**, que foran convocadas polo goberno provisional. Os bolxeviques só obtiveron o 25 % dos escanos, aínda que a súa forza era maioritaria nas cidades e mais nas zonas industriais. Ante o temor de que os grupos contrarios á revolución se impuxesen na Duma, Lenin disolveu a Asemblea e púxolle **fin ao pluralismo político** na nova Rusia soviética.

O novo goberno decretou as **primeiras medidas revolucionarias**: expropiáronse as terras para repartilas entre os campesiños, e as fábricas quedaron baixo o control de comités obreiros. Asinouse o Tratado de Brest-Litovsk (1918) con Alemaña, polo que Rusia tivo que aceptar importantes perdas territoriais.

Lenin

Lenin foi o líder bolxevique e principal inspirador da revolución de outubro de 1917.

En 1897 foi encarcerado e deportado a Siberia polas súas actividades contra a autocracia tsarista. Tras a súa liberación, en 1900, exiliouse a Suíza. Ao triunfar a revolución de febreiro, regresou a Rusia para dirixir a toma do poder polos bolxeviques.

As primeiras medidas da revolución

- Expropiación do capital do Estado.
- Expropiación da terra dos propietarios e nacionalización da terra.
- Expropiación do capital financeiro e nacionalización dos bancos.
- Expropiación dos transportes.
- Expropiación dos créditos, principalmente os estranxeiros.
- Expropiación do capital aos campesiños ricos e creación do Comité do Campesiñado Pobre.
- Expropiación do gran capital industrial.

Y. Kukushkin: *Historia da URSS*, 1982.

A GUERRA CIVIL E A FORMACIÓN DA URSS

A comezos de 1918, os partidarios da volta do tsarismo (terratenentes, exército etc.) ou do liberalismo (burguesía) levantáronse en armas contra o goberno dos soviets. O denominado **Exército Branco** contou coa axuda de tropas francesas, británicas, xaponesas e norteamericanas, e enfrontouse ao **Exército Vermello**, organizado polos bolxeviques baixo a dirección de Trotski.

Os tres anos de **guerra civil** foron dunha gran crueldade para a poboación, tanto pola escaseza de alimentos como polos mortos en combate. En 1921, o Exército Vermello logrou impoñerse militarmente pero o conflito contribuíra ao endurecemento do réxime soviético.

No verán de 1918, o tsar e a súa familia foron executados polos bolxeviques.

O poder bolxevique

O partido bolxevique, que desde 1918 tomara o nome de **Partido Comunista da Unión Soviética** (PCUS), fixose co monopolio do poder, reprimiu todos os que se lle opoñían (tsaristas, liberais, menxeviques, anarquistas etc.) e organizou unha policía política (Checa) para perseguir as actividades contrarrevolucionarias.

No ámbito económico, instaurouse o "**comunismo de guerra**", polo que se nacionalizou toda a industria, se colectivizaron as terras e se lles obrigou aos campesiños a entregarlle as súas colleitas ao Estado.

A Constitución da URSS

Art. 2. A base política da URSS son os Soviets de Deputados dos Traballadores, como consecuencia do derrocamento do poder dos terratenentes e capitalistas e da conquista da ditadura do proletariado. (...)

Art. 4. A base económica da URSS é o sistema socialista de economía (...) como resultado da supresión do sistema capitalista e a propiedade privada e da anulación da explotación do home polo home. (...)

Constitución de 1923.

REPÚBLICAS SOVIÉTICAS A PARTIR DE 1922

En 1922, o Congreso dos Soviets ratificou a creación dun Estado Federal, a Unión das Repúblicas Soviéticas.

Cada unha das repúblicas conservaba o seu idioma, e tiña autoridade sobre a xustiza, a educación...; pero non sobre o partido, o exército, a economía, as relacións exteriores...

A URSS era un Estado federal cun Parlamento (Soviet Supremo) e un só partido político, o PCUS (Partido Comunista da Unión Soviética). Tratábase dun sistema totalitario que se xustificaba coa teoría da ditadura do proletariado*.

1. Que sucedeu en febreiro de 1917? Que medidas tomou o novo goberno? Quen estaba en contra? Por que?
2. Que son as Teses de abril? Quen as propuxo?
3. Que ocorreu en outubro de 1917? Quen tomou o poder? Cales foron os primeiros decretos? Que sucedeu en novembro de 1917?
4. Por que se iniciou unha guerra civil? Quen se enfrontaron? Que sucedeu co tsar e a súa familia?
5. Explica a relación entre guerra civil, ataques exteriores e consolidación do poder bolxevique. Como se fixo co control o Partido Comunista? Que significou para o futuro de Rusia?

7 Europa, ao rematar a guerra

O desastre demográfico e económico

A guerra causou ao redor de dez millóns de soldados mortos en combate. A esta cifra hai que lle engadir as vítimas civís, afectadas pola subalimentación e as enfermidades, e a falta de nacementos durante o conflito, o que provocou un **retroceso demográfico** xeneralizado.

Desde o punto de vista económico, a Primeira Guerra Mundial significou a **perda** definitiva da **hexemonía europea**. O conflito empobreceu os países belixerantes. O potencial industrial de Europa reduciuse un 40 %, e o agrícola, un 30 %. Todos os países europeos estaban endebedados tanto no interior (empréstitos* de guerra) como co exterior (préstamos sobre todo cos Estados Unidos).

Pola contra, os **Estados Unidos** foron precisamente uns dos grandes beneficiarios da guerra e a súa economía converteuse en líder das finanzas mundiais. O seu produto nacional bruto duplicouse nos anos da guerra e o dólar substituíu a libra esterlina como a moeda forte e hexemónica nas transaccións internacionais.

VÍTIMAS DA PRIMEIRA GUERRA MUNDIAL

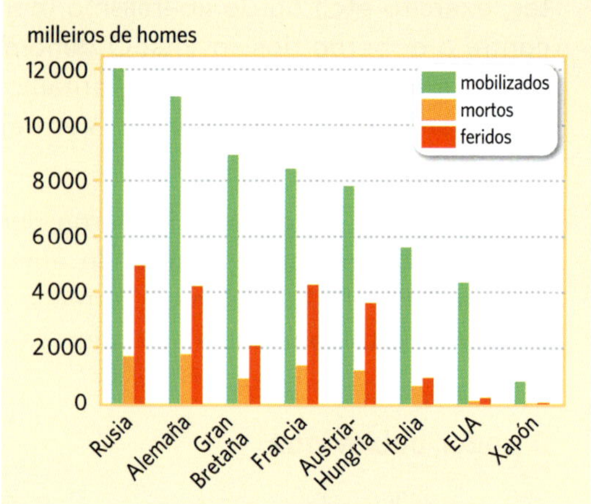

A organización da paz

En xaneiro de 1919 inaugurouse en París unha conferencia para establecer as condicións de paz. O **Tratado de Versalles** foi o máis importante e impúxolle as condicións de paz a Alemaña. Outra serie de tratados foron asinados con Austria, Bulgaria, Hungría e o Imperio turco. En conxunto impúxose a desmembración dos imperios e a **remodelación das fronteiras europeas**.

O presidente estadounidense, Thomas W. Wilson, achegara a súa visión dunha paz fundada na concordia e na ausencia de desquite (**14 puntos de Wilson**). Baixo a súa proposta creouse a **Sociedade de Nacións** (SDN), unha organización internacional que debía garantir a paz e a cooperación entre os Estados. Pero as condicións impostas polos vencedores levaron a que os vencidos non se integrasen na SDN. Tampouco o fixo a URSS nin, ao final, os EUA e a SDN acabou sen ningunha influencia na política internacional.

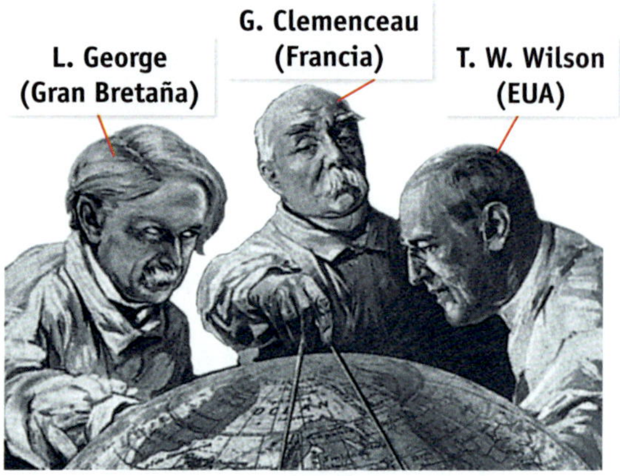

Debuxo da revista *J'ai vu*, febreiro de 1919.

Novos problemas, novos conflitos

As conferencias de paz non cerraron as feridas da guerra, ao contrario, abriron novas rifas. Os **alemáns** consideraron as condicións impostas polo Tratado de Versalles como unha **humillación** que acabaría exacerbando o seu nacionalismo e o desexo de desquite no futuro. Tamén **Italia** formulou a súa frustración por non recibir as reivindicacións territoriais que demandara e medrou un movemento nacionalista.

Doutra banda, a Revolución rusa de 1917 formulara en Europa unha nova situación de tensión. A revolución bolxevique animaba as forzas revolucionarias de toda Europa. Producíronse levantamentos en Alemaña e Hungría que, aínda que foron sufocados, facían evidente a existencia dun novo conflito entre o capitalismo e o comunismo.

A Sociedade de Nacións

Considerando que para fomentar a cooperación entre as nacións e para garantirlles a paz e a seguridade, importa:

Aceptar certos compromisos de non recorrer á guerra.

Manter (...) relacións internacionais fundadas sobre a xustiza e a honra.

Observar rigorosamente as prescricións do Dereito Internacional, recoñecidas de aquí en adiante como regra de conduta efectiva dos gobernos.

Facer que reine a xustiza e respectar escrupulosamente todas as obrigas dos tratados nas relacións mutuas dos pobos organizados.

Pacto de Sociedade de Nacións, 1919.

OS TRATADOS DE PAZ: UN NOVO MAPA DE EUROPA

Os tratados de paz conformaron un novo mapa de Europa. O feito esencial foi a **fin dos grandes imperios** e a formación de **novas nacións**, baixo o principio dun Estado para cada nacionalidade.

Pero a realidade non coincidiu sempre coas ideas e, moitas veces, as fronteiras dos novos Estados non se correspondían coas nacionalidades. Así, algúns Estados como Polonia, Romanía e Iugoslavia incluían fortes minorías doutras nacionalidades, e a creación dunha gran Polonia ou unha gran Romanía só tiña por obxectivo crear Estados tapón contra a URSS.

O Tratado de Versalles

O tratado máis importante foi o da paz con Alemaña, asinado en Versalles. Nel declarábase Alemaña responsable da guerra e obrigábaselle a pagar fortes indemnizacións. Así mesmo, era desposuída do seu imperio colonial, que se repartiu entre Reino Unido e Francia. Por último, reducíanse o seu exército e mais a súa mariña ao mínimo e dividíase parte do seu territorio entre os vencedores.

FRONTEIRAS EUROPEAS DESPOIS DO TRATADO DE VERSALLES

As reparacións de guerra

Art. 231. Os gobernos aliados e asociados declaran, e Alemaña recoñece, que Alemaña e os seus aliados son responsables, por telos causado, de todos os danos sufridos polos gobernos aliados e asociados e os seus habitantes (...).

Art. 232. Os gobernos aliados e asociados esixen, e Alemaña comprométese, que sexan reparados todos os danos causados á poboación civil das potencias aliadas e asociadas e aos seus bens.

Tratado de Versalles: Parte VIII. Reparacións, 1919.

ALEMAÑA CEDE

- Alsacia e Lorena a Francia.
- Schleswig-Holstein a Dinamarca.
- Eupen e Malmedy a Bélxica.
- Posnania a Polonia.
- Niemen a Lituania.

Prusia queda separada polo corredor de Danzig.

URSS

Confírmanse as independencias dos Estados bálticos e a cesión dun gran territorio a Polonia. Romanía anexionou Besarabia.

IMPERIO TURCO

Cédelles territorios a Grecia, Francia e Gran Bretaña en forma de mandatos.

FIN DO IMPERIO AUSTROHÚNGARO

Nacen novos Estados: Austria, Checoslovaquia, Iugoslavia, Hungría e Polonia.

1. Que situación demográfica e económica se produciu en Europa coa guerra? E nos EUA?
2. Como se negociou a paz? Que condicións se lle impuxeron a Alemaña? Con que obxectivo se creou a Sociedade de Nacións? Por que non foi efectiva?
3. Que Estados xurdiron en Europa ao desaparecer o Imperio austrohúngaro? Que sucedeu no Imperio turco?
4. En 1939 estalou unha nova guerra mundial. Intenta atopar tres razóns que expliquen os problemas pendentes que levaron a un novo conflito.

8 As vangardas artísticas

Durante a primeira metade do século XX apareceron en Europa unha serie de movementos, esencialmente pictóricos, que recibiron o nome de Primeiras Vangardas.

Aínda que con distintas formulacións, todas estas correntes cuestionaron a arte do pasado, rexeitaron calquera imitación da realidade, e experimentaron con novos materiais e técnicas.

A O FAUVISMO

Nado en París en 1905, o **fauvismo** caracterizouse pola distorsión da perspectiva e polo uso autónomo da cor respecto da forma e da realidade.

Así, as cores non coinciden necesariamente co obxecto representado, senón que prevalece a visión subxectiva e estética do artista. Os principais artistas fauvistas foron **Henri Matisse**, **André Derain** e **Maurice Vlaminck**.

Henri MATISSE: *O cuarto vermello*, 1908. As vibrantes cores compoñen o espazo e crean a profundidade.

André DERAIN: *A ponte de Westminster*, 1906.

B O EXPRESIONISMO

O **expresionismo** foi un movemento pictórico centrado na expresión dos sentimentos e das emocións humanas. O uso de liñas crebadas, de formas curvas e angulosas, e de cores exaltadas e moi contrastadas permitiulles aos artistas reflectir a angustia existencial do individuo na sociedade do momento.

E. L. KIRCHNER: *Torre vermella en Halle*, 1914. As liñas angulosas provocan unha sensación de inquietude.

MEMOART: As escolas expresionistas

› Dentro do movemento expresionista, de carácter eminentemente xermánico, distínguense dous grupos principais:

- **Die Brücke** (A ponte), representado polos artistas Ernst Ludwig Kirchner e Erick Heckel reflectiu as tensións sociopolíticas que precederon a Primeira Guerra Mundial.
- **Der Blaue Reiter** (O xinete azul), liderado por Vasili Kandinsky, que chegou á abstracción a partir da esquematización das formas.

Vasili KANDINSKY: *Composición IV*, 1911. A obra mantén elementos figurativos, como os tres cabaleiros en primeiro plano, pero o conxunto tende á abstracción.

C O CUBISMO

Caracterízase pola construción xeométrica do espazo e pola sobreposición nun mesmo plano de diferentes visións dun obxecto ou figura. Con iso rompía o punto de vista único, isto é, a perspectiva e a profundidade na pintura que se daba desde o Renacemento. Os principais temas foron os retratos e as naturezas mortas, que se representaron a partir de formas xeométricas (cubos, cilindros...).

Os autores máis representativos deste movemento foron **Pablo Picasso**, **Georges Braque** e **Juan Gris**.

Dentro do **cubismo** diferéncianse dúas etapas:

- **Fase analítica** (1907-1911), caracterizada por unha forte restrición cromática de tonalidades cálidas (ocres, beixe e castaños) e frías (azuis e grises) e a xeometrización compositiva.
- **Fase sintética** (1911-1914), na que aparece a colaxe, técnica na que se utilizan diversos materiais –recortes de xornais, madeiras etc.– pegados á pintura.

Pablo PICASSO: *As señoritas de Aviñón,* 1907.

A aparición do cubismo vincúlase directamente á realización deste cadro, no que aparecen as bases dese movemento artístico.

D O FUTURISMO

Umberto BOCCIONI: *Dinamismo dun ciclista,* 1913.

FICHAART

Busca na Internet unha obra de calquera das correntes artísticas e fai a súa ficha:

a) **Identificación.** Sitúa cronolóxica e xeograficamente o autor e a obra. A que corrente pertence?

b) **Descrición.** Que se representa? Como? Que técnicas utiliza? Que material? Que cores?

c) **Valoración.** Explica por que a elixiches, que destacarías dela e que emocións ou sentimentos che produce.

Este movemento foi fundado en Italia por **Filippo Tommaso Marinetti**, e agrupou artistas como Umberto Boccioni e Giacomo Balla, que proclamaron a morte da arte do pasado e exaltaron o poder da máquina, o movemento e a tecnoloxía, símbolos do mundo moderno.

Os **futuristas** intentaron reproducir nas súas obras a sensación de velocidade, dinamismo e cambio. Por iso inventaron unha nova técnica formal, o simultaneísmo, que consistía en repetir as imaxes sucesivamente e de modo superposto, creando así unha especie de secuencia fílmica.

En 1914, e derivada do futurismo, xurdiu a **pintura metafísica**, que recreaba unha realidade inquietante. **Giorgio de Chirico** foi o seu principal representante.

1. Que achegas presenta o fauvismo? Que pretendía transmitir o expresionismo? Que dous grupos o integraron? Que caracteriza o cubismo? Explica as súas dúas etapas e as particularidades de cada unha. Que caracteriza o futurismo?

Aprecia a arte

2. Cres que no mundo contemporáneo se debía superar a pura reprodución das persoas, as cousas ou as paisaxes na pintura? Que pensas que pretendían os artistas das vangardas? Con que corrente artística te identificas máis? Por que?

COMPLETA O MAPA CONCEPTUAL

Coa información do tema, completa no teu caderno o seguinte esquema:

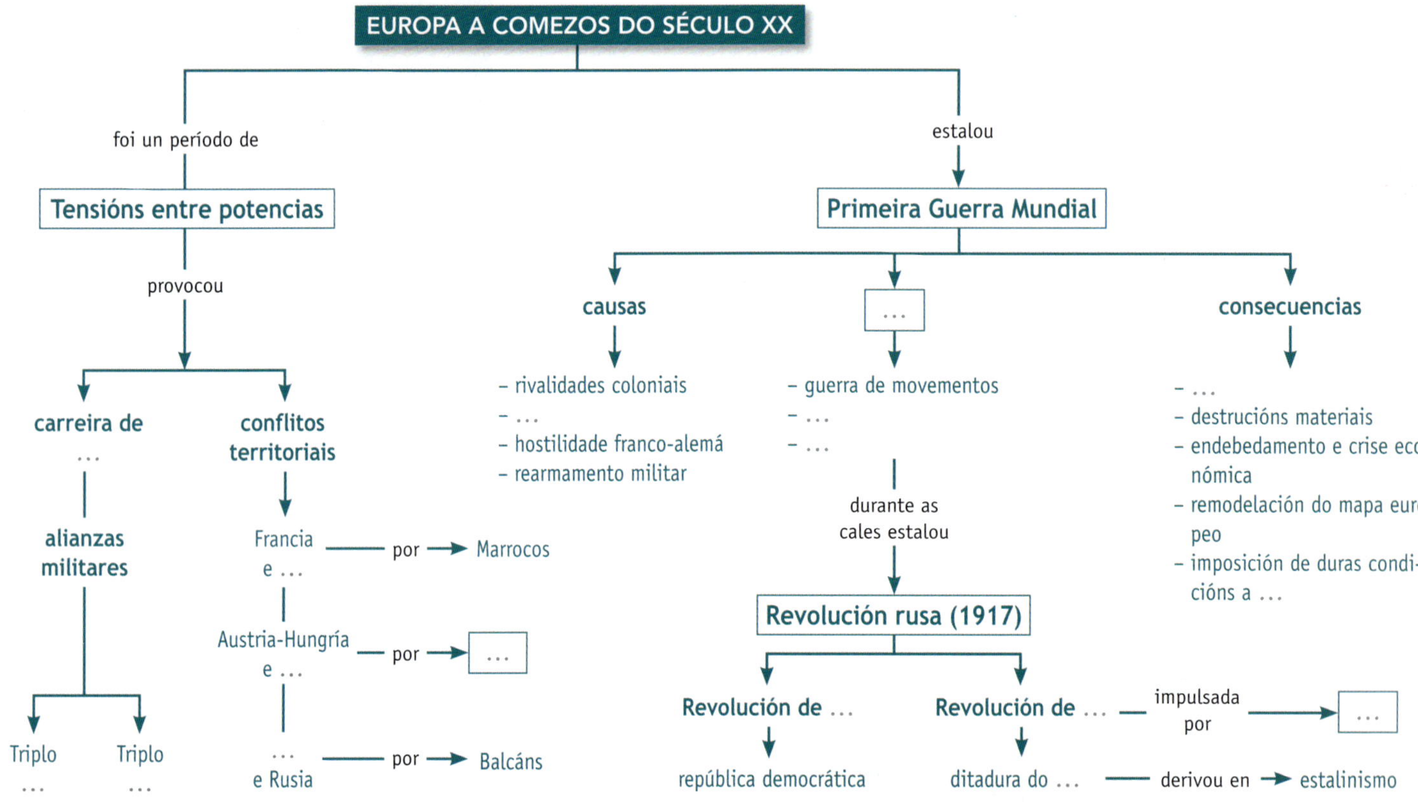

1 CONSOLIDA O APRENDIDO

a) Explica cronoloxicamente as diferentes alianzas que se estableceron entre países antes da Primeira Guerra Mundial. A que intereses respondían? Por que se chegou a un conflito mundial en 1914?

b) Que etapas tivo o conflito e cales foron as súas características e acontecementos máis importantes?

c) Que consecuencias políticas, económicas e sociais se derivaron da Primeira Guerra Mundial?

d) Por que Alemaña interpretou o Tratado de Versalles como unha humillación? Que condicións se lle impuxeron?

e) Que características presentaba a Rusia tsarista? Por que estalou unha revolución en 1905?

f) Cando e como se levou a cabo a caída do tsarismo? Que réxime o substituíu? Que diferenzas presentan a revolución de febreiro e a de outubro?

g) Que importancia tivo a guerra civil rusa para o fortalecemento do bolxevismo?

2 DEFINE CONCEPTOS CLAVE

- paz armada
- carreira de armamentos
- reparacións de guerra
- movimento sufraxista
- Sociedade de Nacións (SDN)
- autocracia tsarista
- soviets
- bolxevismo

3 IDENTIFICA OS PERSONAXES

- Arquiduque Francisco Fernando
- Thomas Wilson
- Nicolao II
- Guillerme II
- Lenin

4 EXPLICA AS DIFERENZAS

- Triplo Acordo/Tripla Alianza
- guerra de movementos/guerra de trincheiras
- Revolución de febreiro/Revolución de outubro
- bolxevique/menxevique

RESPONDE A PREGUNTA INICIAL

Que acontecementos se produciron en Europa a comezos do século XX? Como afectaron a política mundial?

APRENDE A... COMENTAR UN CARTEL DE PROPAGANDA POLÍTICA

Os carteis con representacións (debuxos, fotografías, colaxes) e textos foron un método de difusión de propaganda política moi utilizado durante o século XX.

Pegábanse nas paredes como propaganda a favor ou en contra de determinadas ideas, como convocatorias de actos importantes, ou de difusión de partidos políticos ou institucións.

Cartel bolxevique (1919). Pódese ler: "O camarada Lenin limpa o mundo de lixo".

Algunhas das técnicas máis importantes da cartelaría política desenvolvéronse na Unión Soviética, tras a revolución.

A enorme masa de analfabetos e o apoio de numerosos artistas ás ideas revolucionarias foron os motivos da difusión dos carteis, innovando as súas técnicas que despois se exportarían ao mundo enteiro.

1. Identificación e presentación

- De que tipo de imaxe se trata?
- Cando foi publicada? En que país?
- De que trata? Como se describe no texto e na imaxe?

2. Análise

- Describe a escena representada no cartel. Que é o personaxe principal? Como o identificas? Que utensilio está utilizando? De que cor é? Que simboloxía ten esa cor?
- Quen son os varridos pola vasoira? Identifica a través dos seus símbolos aos tres poderes dominantes de Rusia antes da revolución.
- Que simboloxía se utiliza no cartel, de forma sinxela e clara, para transmitir os obxectivos da revolución bolxevique? Os seus obxectivos limitábanse a Rusia? Por que cres que Lenin está sobre a bóla do mundo?

3. Contexto histórico

- Que momento histórico vivía Rusia no ano 1919? Que sucedera nos dous anos precedentes? Que ideoloxía tomara o poder? Que pretendía transmitirlle este cartel á poboación mundial?

4. Conclusións

- Valora a importancia dos carteis para a propaganda política e analiza se na actualidade continúan tendo unha función similar. Busca un exemplo actual e realiza un breve comentario sobre el.

RAZOA HISTORICAMENTE

Argumenta. Por que os tratados de paz que seguiron á Primeira Guerra Mundial non foron capaces de garantir a paz máis alá de dúas décadas?

Empatía. Sitúate en Rusia en 1917 e defende a posición bolxevique fronte á menxevique para pasar da revolución de febreiro á de outubro.

Causalidade. Determina os acontecementos que influíron na Primeira Guerra Mundial. Organízaos en función de estes tres elementos básicos:

- Nacionalismo.
- Imperialismo.
- Alianzas internacionais.

1 Fontes documentais. Alemaña cara á guerra

"Non creo que esteamos na vixilia dunha nova repartición do mundo, pero, en todo caso, do mesmo xeito que non queremos prexudicar ningunha potencia, tampouco imos permitir que ningunha potencia nos deixe de lado (...)". O ministro de Asuntos Exteriores continuou o seu discurso facendo referencia ao rápido aumento da poboación de Alemaña e ao desenvolvemento da industria e o comercio. "Todo iso", dixo, "obríganos a unha política mundial. Cando os ingleses falan da *Greater Britain*, e os franceses, da *Nouvelle France*, cando os rusos se internan en Asia, tamén nós debemos pretender unha Alemaña máis grande.

Francia aínda non está preparada para o combate. Inglaterra está preocupada polas súas dificultades interiores e coloniais. Rusia ten medo á guerra porque teme unha revolución interior. Acaso temos que esperar a que os nosos adversarios estean preparados, ou debemos aproveitar este momento favorable para provocar a decisión?

Fragmento dun artigo do diario alemán Die Post, *febreiro de 1914.*

a) De que clase de documento se trata? Que tipo de fonte é? A quen pertencen as opinións do artigo? De que data é o artigo? Quen son os destinatarios do texto?

b) Que argumentos se utilizan para defender as posicións probélicas de Alemaña? Que debilidades doutros países se expoñen? Por que se defende ir a un conflito o máis axiña posible?

c) Valora o papel que tivo Alemaña no estalido da Primeira Guerra Mundial e relaciónao coa súa evolución económica e política a partir da súa unificación (1871).

2 A arte no seu contexto. Efectos da guerra

Otto DIX: *Xogadores de cartas*, 1920.

a) Descrición. Observa e describe o aspecto físico dos personaxes. Que relación ten ese aspecto cos feitos sucedidos entre 1914 e 1918? Como reflicte o pintor os horrores da guerra?

b) Contexto histórico. Redacta unha síntese sobre as causas da enorme cantidade de mortos, feridos e mutilados na Gran Guerra e como iso afectou a xeración da posguerra europea.

3 Espazo e tempo. O conflito nos Balcáns

A DISGREGACIÓN DO IMPERIO TURCO

a) ¿Que territorio aparece representado no mapa? A que época corresponde? Que conflito bélico se produciu nesa zona? Que consecuencias tivo para o Imperio turco?

b) Que potencias tiñan intereses na zona? Por que? Que alianzas se fraguaron? Cal foi o resultado da Guerra?

c) Relaciona o conflito balcánico co estalido da Primeira Guerra Mundial.

4 Análise. O sistema de alianzas

a) Identifica as bandeiras. Cales cambiaron respecto da actualidade?

b) Determina que bloque A ou B, representa a tripla Alianza e cal o Triplo Acordo.

BANDOS PARTICIPANTES NA GRAN GUERRA

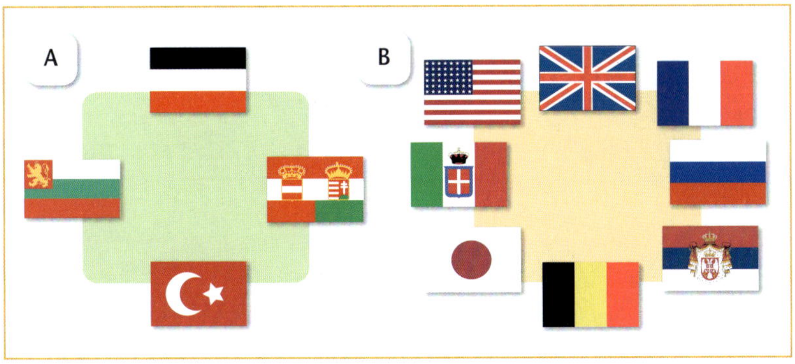

5 Cronoloxía. Rusia (1900-1924)

Debuxa un eixe cronolóxico que abranga o período indicado e sitúa as seguintes etapas e acontecementos:

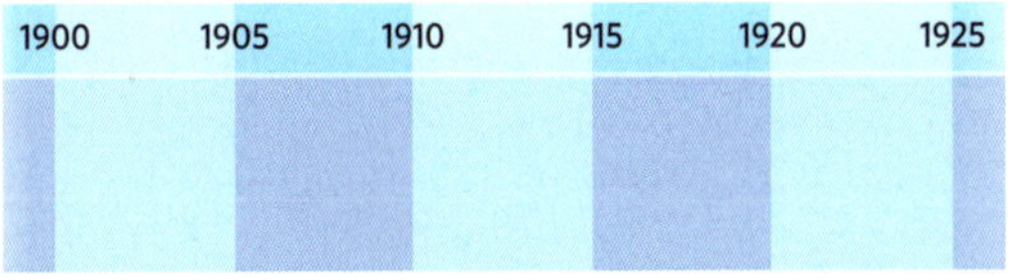

a) Etapas. Imperio tsarista, revolución bolxevique e guerra civil, e formación da URSS.

b) Acontecementos. Revolución de 1905, inicio da Primeira Guerra Mundial, caída do tsarismo, revolución de outubro, asasinato do tsar, morte de Lenin, Constitución soviética e Tratado de Brest-Litovsk.

6 Fontes audiovisuais. SDN

Ao rematar a Primeira Guerra Mundial creouse a Sociedade de Nacións. Consulta en www.tiching.com/749799 a información sobre a SDN e responde:

a) Como xurdiu ese organismo internacional e con que obxectivo?

b) Cales foron os países que o integraron? A cales se lles vetou a entrada? Por que?

c) Na solución de que conflitos interveu? Cales foron os seus maiores logros? En que contextos fallou?

Falouse moito do fracaso da organización porque non foi capaz de impedir o estalido da Segunda Guerra Mundial. Infórmate sobre iso en www.tiching.com/749801 e responde:

d) Que causas motivaron a escasa efectividade da Sociedade de Nacións?

e) Indaga que novo organismo substituíu a SDN ao rematar a Segunda Guerra Mundial. Coinciden nos seus obxectivos?

Debuxo publicado na revista francesa *Le Pèlerin*, 1934.

7 Procura de información. Fotografías

Entra en www.tiching.com/749804 e visualiza o conxunto de fotografías coloreadas sobre a Gran Guerra.

a) Elixe tres imaxes que che amosen a dor ou a traxedia, e a vida cotiá dos soldados e da poboación civil. Xustifica a túa elección.

RETOS NA REDE

MINI UNIDADE VISUAL: Unidade ou morte.

ACTIVIDADES DE AUTOCORRECCIÓN: Resolve estas actividades e repasa o que aprendiches.

www.vvd.link/012207/7

8 O PERÍODO DE ENTREGUERRAS

Por que os anos entre 1918 e 1939 foron tempos de crise económica, social e política?

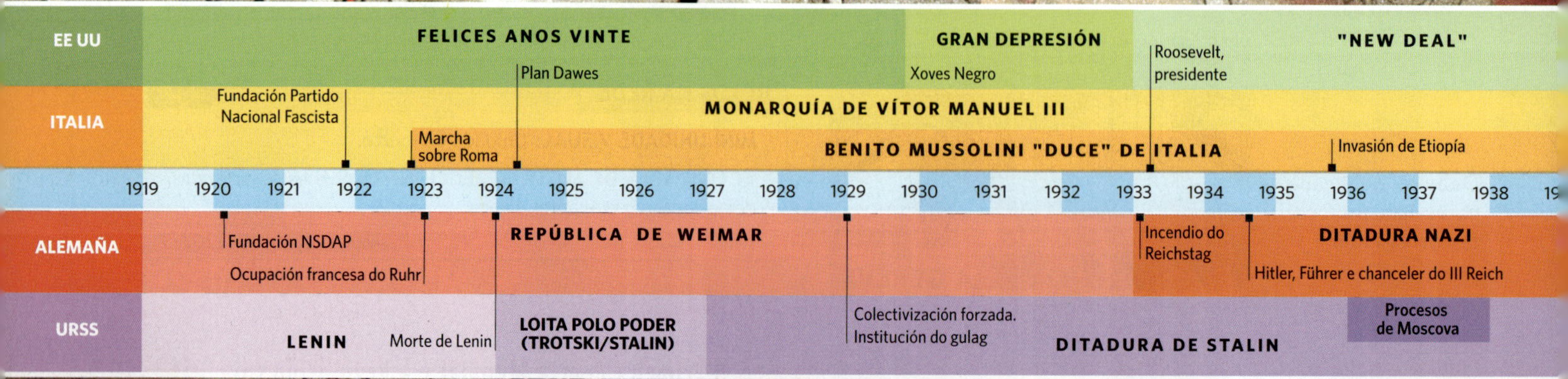

George GROSZ: *O axitador*, 1929. (Fragmento)

O período de entreguerras foi unha época de grave inestabilidade. Como consecuencia da Primeira Guerra Mundial brotaron fortes rancores políticos entre vencedores e vencidos, e graves problemas económicos que se agravaron coa crise de 1929 nos Estados Unidos.

Ademais, o triunfo da Revolución rusa fixo temer, entre as clases conservadoras, a expansión do comunismo.

O resultado foi, en moitos casos, a aparición de réximes autoritarios e o retroceso da democracia.

Neste contexto xurdiron os movementos fascista en Italia e o nazismo en Alemaña. A súa política exterior, de carácter agresivo, conduciu o mundo cara á Segunda Guerra Mundial.

Que sabemos?

- Observa polo miúdo o eixe cronolóxico. Que grandes acontecementos marcaron o período de entreguerras?
- Observa o mapa atentamente. En que país se iniciou a crise económica? Cara a onde se espallou?
- Observa a pintura. Fai referencia a Adolf Hitler. Que cres que quere representar?

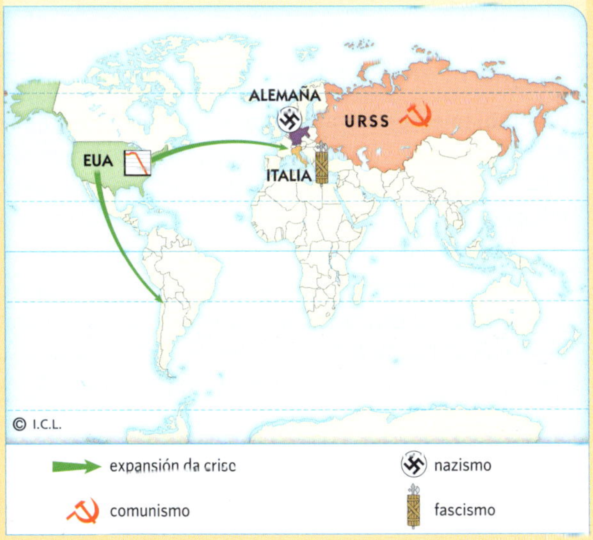

1 Que problemas conduciron a unha nova guerra

PREGUNTA CLAVE

A etapa abranguida entre 1918 e 1939, coñecida como o período de entreguerras, é un dos períodos máis convulsos da historia contemporánea, especialmente en Europa. No escenario posbélico da década de 1920, semellaba que se debía iniciar unha etapa de paz, pero os rancores acumulados na Primeira Guerra Mundial, a gran crise do capitalismo en 1929, as esperanzas revolucionarias que implicara a Revolución rusa e a aparición de sistemas políticos totalitarios fixeron inevitable o estalido dun novo conflito.

A OS DESEQUILIBRIOS ECONÓMICOS MUNDIAIS

Os Estados Unidos saíron moi beneficiados da Primeira Guerra Mundial. Non se producira ningunha destrución nos seus territorios, as súas perdas humanas eran relativamente pequenas e a venda de alimentos, armas e produtos industriais aos aliados reportoulles enormes beneficios.

Ao rematar a guerra, os **Estados Unidos** converteranse na **primeira potencia económica mundial**. A súa produción agrícola era moi elevada e a industrial representaba o 44,8 % da produción mundial. A súa meirande competitividade abriulles os mercados internacionais aos seus produtos e estes invadiron os mercados mundiais, dominados antes polas industrias europeas.

Ademais, moitos países de Europa estaban endebedados cos Estados Unidos, como consecuencia dos préstamos de guerra.

En contraste coa expansión estadounidense, a guerra mundial **empobreceu os países europeos** que, cunha produción agrícola e industrial en retroceso, tiveron que lles facer fronte aos empréstitos de guerra e á depreciación* das súas moedas.

Cando en **1929** unha terrible **crise económica** sacudiu os Estados Unidos, toda a economía mundial, ligada e dependente deste país, a maior potencia económica nesa época, tamén entrou nunha etapa de depresión económica. Os efectos do paro e a pobreza provocaron unha grave crise social.

A posguerra en Alemaña

Os **problemas económicos** foron especialmente graves para Alemaña, que non podía pagar as reparacións de guerra esixidas polo Tratado de Versalles. Esta situación desatou unha grande inflación, a perda de valor do marco, un grande aumento do paro e un vertixinoso descenso do nivel de vida.

Aínda que a mediados da década de 1920 a situación económica europea comezou a mellorar, a crise económica desatada en 1929 volvería a conducir a Alemaña a unha situación de crise económica que alentaría o **auxe do nacionalismo** e a suba ao poder de Hitler.

A PRODUCIÓN INDUSTRIAL MUNDIAL EN 1929

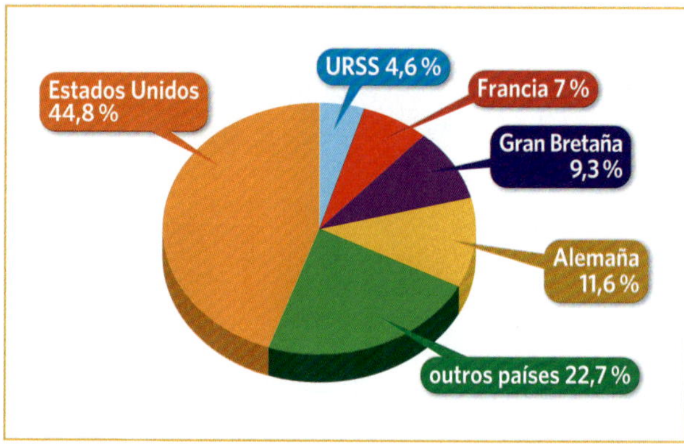

DÉFICIT COMERCIAL[1] DE EUROPA COS ESTADOS UNIDOS

Anos	Millóns de dólares
1901-1905	553
1910-1914	514
1921-1925	1 268
1926-1929	4 195

(1) Exportacións menos importacións.

DÉBEDAS ENTRE PAÍSES ALIADOS (1918)

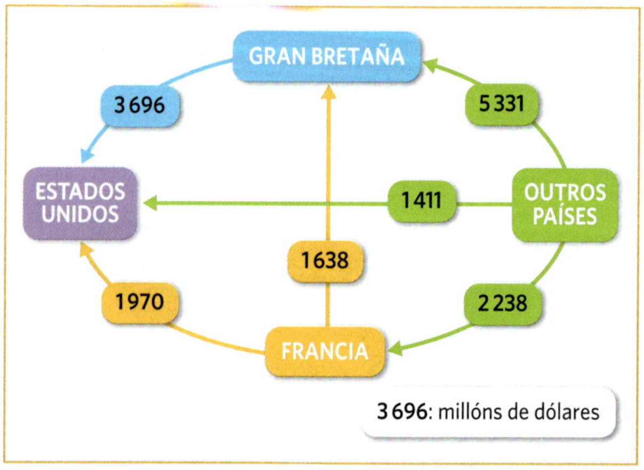

en tan só vinte anos?

B OS EFECTOS DA REVOLUCIÓN RUSA

As dificultades económicas provocaron unha **grave crise social**, que revestiu en ocasións características revolucionarias. Entre 1919 e 1920 producíronse folgas en Gran Bretaña, Francia, Alemaña, Italia... As mobilizacións foron duramente sufocadas pola policía e o exército, e acabouse limitando os dereitos sindicais. Mais os sindicatos e os partidos socialistas e comunistas reforzáronse lembrándolles aos traballadores que a Revolución soviética levara ao poder a clase obreira.

Todo isto conduciu a unha forte oposición ás democracias, tanto por parte do proletariado, insatisfeito pola represión dos seus dereitos, como desde a burguesía, temerosa dunha situación revolucionaria.

En xaneiro de 1919 produciuse en Alemaña o levantamento da Liga espartaquista, os comunistas, que pretendían proclamar un goberno de consellos obreiros segundo o modelo soviético. Foi duramente reprimido, e os seus principais líderes, como Rosa Luxemburgo, asasinados.

Masacre de espartaquistas en Berlín.

C A CRISE DAS DEMOCRACIAS: O ASCENSO DOS TOTALITARISMOS

AVANCE E RETROCESO DA DEMOCRACIA (1914-1939)

Ante a crise económica e a axitación social, os países con forte arraigamento do parlamentarismo e da democracia conseguiron integrar o socialismo emerxente, a través do sufraxio universal e da formación de coalicións políticas. Este foi o caso do Reino Unido, Francia, Bélxica e Holanda, principalmente.

Pero nos países con pouca tradición parlamentaria, os partidos liberais víronse impotentes ante a revolta social e acabáronse impoñendo sistemas políticos autoritarios, que prometían combater o avance das ideas socialistas e comunistas.

Que é o totalitarismo?

Réxime político que rexeitaba os principios da democracia liberal, e pretende **controlar totalmente a sociedade**. Coincide no culto ao xefe, no partido único, no adoutrinamento, no terror e na violencia e na persecución da oposición.

1. Cales eran as potencias industriais na década de 1920? Por que os Estados Unidos se converteron na primeira potencia económica mundial ao rematar a Gran Guerra?
2. Que situación económica se vivía en Europa? Que país tiña a peor conxuntura? Por que?
3. Que consecuencias tivo a Revolución rusa na posguerra europea? Quen eran os espartaquistas?

Argumenta a resposta

4. Que causas económicas e políticas contribuíron á crise e á inestabilidade na Europa da posguerra? Explica como se afrontou esa situación en Europa.
5. Relaciona a aparición dos totalitarismos e a súa defensa da violencia e a guerra co estalido dunha nova guerra mundial en 1939.

2 Os Estados Unidos: da prosperidade á crise

Os "felices anos vinte"

O crecemento económico norteamericano prolongouse durante os dez anos que seguiron á fin da guerra (1918-1929). Foi unha década de prosperidade, os chamados "felices anos vinte", onde o **modelo de vida americano** (*american way of life*) e os valores que o sustentaban (a iniciativa, o esforzo individual e o éxito), que lles prometían enriquecemento e benestar aos seus cidadáns, convertéronse en modelo para todo o mundo.

A expansión dos Estados Unidos baseouse nunha fonda transformación no proceso de produción de bens, dominado pola innovación técnica. Dunha banda, o taylorismo e o fordismo* contribuíron a incrementar a produtividade e a reducir custos.

Doutra, o aumento dos salarios obreiros, as campañas publicitarias, a compra a prazos e os préstamos bancarios abríronlle o camiño á era do **consumo de masas**.

A prosperidade reflectiuse nun **grande auxe da bolsa**. Os bos resultados empresariais fixeron aumentar a demanda de accións, cuxo valor subía de xeito constante.

Na década de 1920 impúxose unha nova concepción do lecer, con modernos espectáculos de masas (cine, deportes, cabarets, teatro...), con innovadoras correntes musicais (jazz, charlestón, blues...) e unha nova forma máis desenfadada de vestir.

As contradicións da prosperidade

A prosperidade non beneficiou a todos por igual e, a partir de 1926-1927, unha serie de elementos anunciaron a crise que se aveciñaba.

A agricultura coñeceu graves dificultades. Os prezos agrícolas non aumentaban tan rápido como os industriais. Moitos campesiños endebedáranse para adquirir novas terras e maquinaria co fin de aumentar a produción. No entanto, o mercado non puido absorber toda esa produción. As existencias (stocks) acumuláronse, os prezos baixaron e moitos campesiños non puideron devolver os seus préstamos e perderon as súas terras, as súas máquinas e as súas casas.

Nas industrias, o aumento dos salarios foi moito menor que o dos beneficios ou o da cantidade dos produtos fabricados. Unha parte dos americanos cada vez tiña menos capacidade adquisitiva e a **sobreprodución** (exceso de produtos para a capacidade de compra) comezou a ser un problema.

A defensa do modelo americano

Somos o pobo máis importante do mundo. O noso goberno é o mellor. (...) Como pobo, somos o máis sabio, politicamente o máis libre, socialmente o máis desenvolvido (...). Fomos escollidos por Deus para salvar e purificar o mundo co noso exemplo. Só se o resto de nacións queren adoptar os nosos principios relixiosos e políticos, a nosa actitude xeral, a nosa visión da vida, sen ningunha dúbida, elas serán tan felices e tan prósperas coma nós.

F. Bonh: *American Journal of Sociology*, 1925.

PREZOS E EXISTENCIAS DOS ALIMENTOS[1]

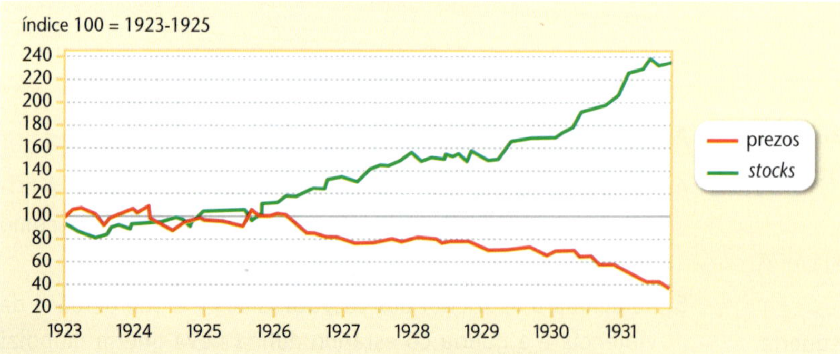

(1) Media mundial dos principais alimentos.

VIVENDAS CON ELECTRODOMÉSTICOS NOS EUA[1]

	1912	1932
Ferro de pasar	0	65
Radio	0	65
Aspiradora	0	30
Lavadora	0	27
Torradora	0	27
Cafeteira	0	19
Neveira	0	12

(1) Sobre o total de vivendas.

O crac bolsista de 1929

Moitos accionistas eran conscientes de que a cotización das accións era moi superior ao seu valor real. A desconfianza propagouse entre os investidores, e o **24 de outubro de 1929** (*Xoves Negro*), unha grande ondada vencedora afectou a Bolsa de Nova York. De súpeto, todo o mundo quería vender as súas accións e ninguén desexaba mercalas. O valor caeu en picado e desencadeou o crac bolsista de 1929.

Milleiros de **investidores arruinéronse** e o pánico espallouse entre os cidadáns, que acudiron aos bancos para retiraren os seus cartos. Estes víronse obrigados a pechar por falta de fondos, xa que non lles puideron cobrar os préstamos a particulares e a empresas arruinadas. O crac da Bolsa precipitou a creba de moitos bancos.

En poucos anos, a crise espallouse a todos os sectores da economía (industria, comercio e agricultura) e provocou unha **recesión económica xeneralizada** (Gran Depresión).

Ante o incremento do paro, o **consumo diminuíu** e moitas fábricas pecharon ao non poderen vender a súa produción. O número de parados aumentou a 13 millóns en 1932, e multitude de familias caeron na miseria e tiveron que recorrer ás axudas públicas.

A loita contra a crise, o *New Deal*

Ante a extensión da crise, tanto os Estados Unidos coma a maioría dos países europeos adoptaron medidas para paliar os seus efectos e propiciar a recuperación da economía.

O presidente **Franklin D. Roosevelt**, escollido en 1932, propuxo o ***New Deal*** (Novo Acordo), un programa baseado nas ideas do economista J. M. Keynes, que defendía a **intervención do Estado** en economía. Os seus principais ámbitos de actuación foron:

- **Económico**. Propúxose axudar as empresas privadas en dificultades, a través de subvencións, crear empresas públicas en sectores sen incentivos para o investimento privado e destruír os stocks agrícolas acumulados. Ademais, o Estado estableceu un **control sobre os bancos**, vixiando os seus depósitos e obrigándoos a facilitar préstamos con baixos xuros.
- **Social**. Para loitar contra o paro, o Estado promoveu un gran plan de **obras públicas** (estradas, encoros...), incentivou o aumento salarial e reduciu a xornada laboral a 40 horas semanais.

COTIZACIÓNS DA BOLSA DE NOVA YORK

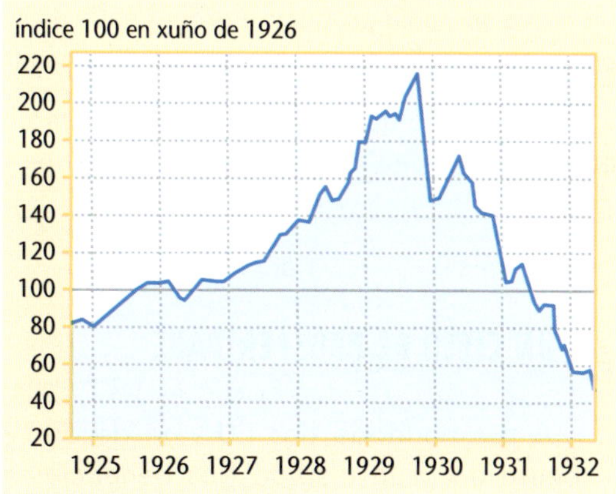

Un home protesta contra o desemprego, 1935.

Os efectos do crac de 1929

Notei que todo mudara cando unha tarde volvín do colexio e a miña nai nos mandou á cola da sopa gratuíta. Se chegabas antes ca ninguén, non che daban máis ca a auga graxenta de arriba. Así que lle pediamos ao que a servía nas cuncas (...) que a remexese e introducise o cullerón ata o fondo para conseguir un pouco de carne e patacas.

Peggy Terry, residente en Oklahoma City entre 1929 e 1936.

1. En que elementos se baseou o crecemento económico estadounidense na década de 1920? Observa os datos da táboa e relaciónaos co sistema de produción en serie e a venda a crédito.
2. Por que cres que falamos dos "felices anos vinte"? Como definirías o "modo de vida americano"? Como valoraban o seu sistema?
3. Que debilidades presentaba a economía dos EUA?
4. Que aconteceu en outubro de 1929? Explica o mecanismo que conduciu do crac bolsista á crise e mais á depresión económica. Le o texto de Peggy Terry e describe as consecuencias para a poboación.
5. Que foi o *New Deal*? Que políticas aplicou e con que obxectivo?

3 1929, exemplo de crise da economía capitalista

DESCUBRE

O sistema económico capitalista caracterizábase, en 1929, pola absoluta liberdade de empresa e de mercado. Isto é, non existía planificación económica que determinase canto ou o que se debía producir e propugnaba a escasa intervención e control dos gobernos nos circuítos económicos.

Demostrouse que as crises cíclicas son circunstanciais ao sistema capitalista: a unha fase de suba de prezos, de beneficios e de produción, adóitase suceder outra de depresión, con saturación do mercado, caída de prezos e de produción e aumento do paro. Pero a crise de 1929 foi tan grave que levou a introducir algúns cambios no sistema económico e a cuestionarse a confianza ilimitada no capitalismo liberal.

Que é o que levou a unha crise tan grave da economía?

A UN CICLO DE PROSPERIDADE

A prosperidade dos EUA na década de 1920 debeuse en gran medida aos beneficios xerados pola venda de produtos durante a Primeira Guerra Mundial, a enorme cantidade de préstamos con altos xuros que lles debían devolver os países europeos. Era lóxico que as accións das empresas, que semellaban ter amplos beneficios, elevaron o seu valor na bolsa.

Mais xa vimos que en pouco tempo nin a agricultura nin a industria podían vender tanta cantidade de produtos, en parte porque os salarios dos traballadores non permitían manter o crecemento constante do consumo, malia o recurso ao crédito.

Que aconteceu daquela? Por que continuaba aumentando o valor das accións?

AS RESERVAS DE OURO

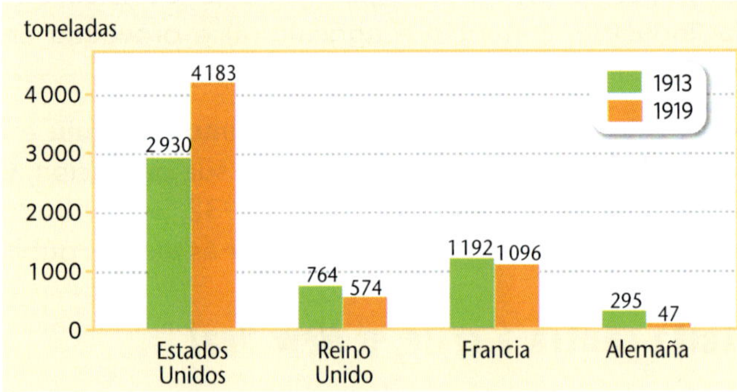

En 1919, os EUA concentraban case a metade das reservas de ouro do mundo, xa que as débedas de guerra debían ser pagadas en ouro ou en mercadorías.

B A ESPECULACIÓN BOLSISTA

O que se produciu foi unha burbulla especulativa. Unha desconexión entre a economía real e a economía produtiva. O aumento do valor das accións producíase polo convencemento entre os investidores de que podían obter grandes beneficios, mentres durase esa época de alza, simplemente comprando e volvendo a vender. Había moito diñeiro interesado en investir, pero tamén de recorrer ao crédito para xogar na bolsa.

É máis, chegábase a crear **empresas ficticias**, e con operacións complexas corríase a voz de que existía unha gran demanda das súas accións e inmediatamente o seu valor subía. Se de alí a uns meses se vendían as accións, gañábanse moitos cartos sen que ninguén tivese en conta que facía, nin que vendía, nin que rendía ese produto.

Xogar á bolsa

Xogar á bolsa converteuse nunha enfermidade nacional que lles afecta a todas as clases sociais. (...) Agora, cando a xente se reúne, xa sexan homes de negocios ou traballadores, mulleres da alta sociedade ou mozas empregadas, a bolsa, cos seus impetuosos caprichos, constitúe o tema de conversa máis agradable.

Discurso pronunciado por W. H. J. King, senador de Utah, 1929.

O AUXE DA BOLSA

C DA CRISE BOLSISTA Á CRISE ECONÓMICA

Cando a partir de outubro de 1929 se produciu o afundimento da bolsa, a primeira consecuencia foi, como vimos, a **crise na banca**. O afundimento do sistema bancario norteamericano produciuse sen que a Reserva Federal (Banco Central de EUA) inxectase liquidez, salvase os depósitos dos contribuíntes ou impedise a súa creba.

O sistema capitalista funciona cos cartos en circulación e co crédito. Os bancos non posúen en metálico o diñeiro que se deposita neles. Invísteno tamén en bolsa ou préstanllelo con xuros a particulares.

Cando os bancos non poden recuperar o diñeiro investido ou prestado, o sistema económico colápsase e prodúcese a crise da industria, do comercio e da agricultura.

EFECTOS ACUMULATIVOS DA CRISE

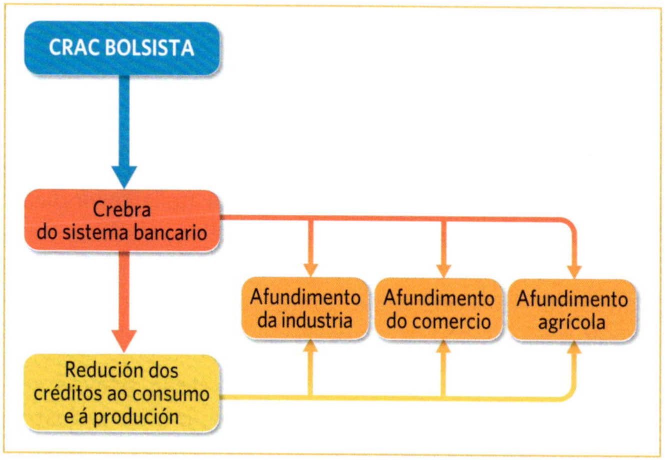

D A MUNDIALIZACIÓN DA CRISE

Desde os Estados Unidos, a crise bancaria espallouse ao resto do mundo. Provocou que inmediatamente o crédito se reducise, os investidores retirasen os capitais depositados nos bancos europeos e as empresas norteamericanas diminuíron os seus investimentos.

Así mesmo, as importacións estadounidenses caeron en picado, co cal o comercio mundial sufriu unha gran recesión.

A crise dos EUA na década de 1930 arrastrou moitos países de Europa e do resto do mundo provocando a creba de bancos, o descenso da produción e do comercio e o aumento do paro.

A CAÍDA DO COMERCIO INTERNACIONAL

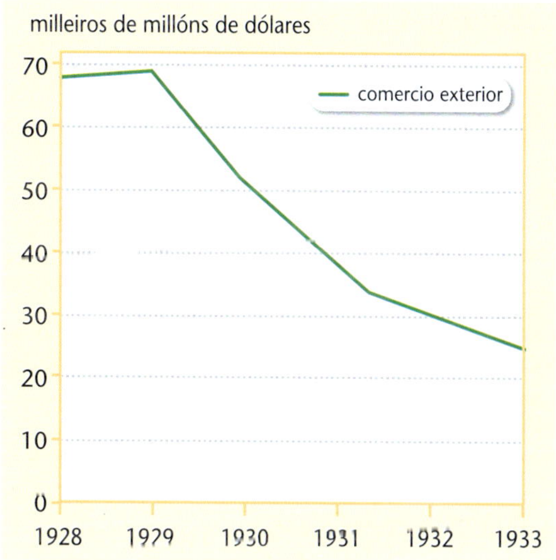

Entrega de comida en Viena (Austria) durante a década de 1930.

1. Que caracteriza o sistema económico capitalista? Por que son, en ocasións, inevitables as crises?
2. Como se pasa da crise bancaria ou bolsista á económica?
3. Como e por que se produciu a mundialización da crise? Que repercusións tivo?

Investiga

4. Coa información destas páxinas e a consulta á Internet elabora un informe sobre a onda de prosperidade dos anos 20 do século pasado nos Estados Unidos, a crise da bolsa e a creba do sistema bancario.

4 A crise da democracia: o fascismo italiano

Italia foi o primeiro exemplo dun país europeo, cun sistema democrático-parlamentario, no que as consecuencias da Gran Guerra provocaron o ascenso de opcións políticas nacionalistas e autoritarias que acabarían impoñendo un sistema antidemocrático e ditatorial.

Italia na posguerra

Os **acordos de paz** supuxeron unha gran decepción xa que os aliados acordaron a entrega a Italia do Trentino, Trieste e Istria, pero non de Dalmacia e Fiume, territorios veciños que Italia reivindicaba como propios e se acordara no Tratado de Londres (1915) a súa entrega. A esta situación sumouse a **inestabilidade política**: os gobernos da monarquía de Víctor Manuel III non conseguían unha maioría suficiente, e entre 1919 e 1922 sucedéronse cinco gobernos diferentes.

Doutra banda, a guerra deixou en Italia **graves secuelas humanas e económicas**: morreron 700 000 homes, moitas industrias quedaron inutilizadas, e a elevada débeda exterior aumentara a inflación. Para moitos italianos, o custo da vida incrementouse, mentres os salarios reais diminuíron e o número de parados non deixaba de medrar.

A crise económica xerou unha forte **tensión social**. No norte de Italia desenvolveuse un movemento de folga que, animado polo exemplo soviético, pretendía obxectivos revolucionarios. Algúns campesiños ocuparon as terras dos grandes propietarios e os obreiros incautáronse de numerosas fábricas. Todos estes movementos foron reprimidos, pero o medo ao estalido dunha revolución social como a acontecida en Rusia comezou a preocupar ás clases máis conservadoras.

O ascenso do fascismo

Nesta situación de crise apareceu a figura de **Benito Mussolini**, quen, en 1919, creou os **Fasci de combate**, grupos paramilitares uniformados con camisas negras, cos que pretendía frear o auxe do movemento obreiro, á conta de atacar violentamente os sindicatos obreiros e os seus líderes.

En 1921, os Fasci transformáronse no **Partido Nacional Fascista**, que se presentaba como o recurso máis eficaz para deter os movementos revolucionarios en Italia. O seu programa estaba baseado na construción dun Estado forte, que garantise a propiedade privada, e unha política exterior expansionista.

O novo partido contou co apoio da pequena burguesía, co financiamento dos grandes propietarios agrícolas e industriais e coa tolerancia da Igrexa católica e do mesmo monarca Víctor Manuel II.

Nas **eleccións de 1922**, o Partido Fascista só conseguiu 22 deputados nun parlamento de 500. Pero ese mesmo ano, denunciando a capacidade do goberno para manter a orde ante a folga xeral dos sindicatos socialistas e anarquistas, Mussolini esixiulle ao rei que lle entregase o goberno. Para amosar a súa forza organizou unha **Marcha sobre Roma** acompañado por 300 000 camisas negras. En outubro, o monarca, presionado polas forzas conservadoras, nomeouno xefe de goberno.

ÍNDICE DE PREZOS DOS ALIMENTOS E DO VESTIDO EN ITALIA (1913 = 100)

Ano	Alimentos	Vestidos
1913	100,0	100,0
1914	96,2	111,1
1915	104,6	118,6
1916	154,6	191,9
1917	221,9	355,5
1918	284,9	500,7
1919	326,6	594,4
1920	443,4	990,0
1921	464,1	671,3

Programa do Partido Fascista

A nación é un organismo que agrupa todas as xeracións pasadas, presentes e futuras, a síntese dos valores materiais e espirituais da raza.

Os poderes do Parlamento deben ser limitados (...).

Italia debe cumprir o seu papel de bastión da civilización latina no Mediterráneo (...).

O fascismo recoñece a propiedade privada, que é un dereito e un deber (...). Prohibirase a folga nos servizos públicos.

Programa do Partido Nacional Fascista, 1921.

Mussolini encabeza a marcha sobre Roma, rodeado dos máximos dirixentes fascistas, en outubro de 1922.

OS PRINCIPIOS IDEOLÓXICOS DO FASCISMO

Entre 1922 e 1924, Benito Mussolini desenvolveu un proceso de restrición das liberdades e de persecución dos seus adversarios (socialistas, comunistas e democristiáns), pero mantivo a ficción dun réxime parlamentario.

Despois das **eleccións de 1924**, gañadas por Mussolini grazas á violencia exercida cara aos seus opoñentes, este anunciou a instauración dun **réxime autoritario**.

O Estado e o Partido Nacional Fascista quedaron totalmente identificados nun réxime no que **Mussolini** se atribuíu **plenos poderes**. Os partidos políticos foron prohibidos, os seus líderes, perseguidos e encarcerados, e o Parlamento, substituído pola Cámara dos Fasci.

Así mesmo, as folgas foron prohibidas, e os sindicatos, substituídos por un **sistema de corporacións** por oficios, que abranguían representantes dos obreiros, dos patróns e do Estado. Tamén controlaba a economía; defendía unha **política económica autárquica** que aspiraba á autosuficiencia económica e apoiaba as empresas privadas, con pedidos militares e fortes subvencións.

O Estado exercía un férreo **control da sociedade** a través do partido, que dirixía a vida social e dominaba os medios de comunicación (radio, prensa e cine). Impúxose unha concepción enormemente conservadora da familia e do papel da muller, e nesa dirección Mussolini asinou un Concordato coa Santa Sé para restaurar en Italia todas as atribucións da Igrexa católica.

Por último, Mussolini prometeu a creación dun Imperio italiano que, a semellanza do antigo Imperio romano, controlaría o Mediterráneo. Con este obxectivo, en 1935 invadiu Etiopía para ampliar as colonias italianas no norte de África.

A simboloxía fascista

O fascismo italiano quixo emular as glorias da Roma imperial. Así, o termo "fascismo" deriva da palabra italiana fascio, que se refire ao símbolo composto por un feixe de varas (bastóns) rodeando un machado. Este emblema xa se utilizaba na Roma antiga, e representaba a autoridade.

Mussolini fíxose denominar *Duce*, que significa "guía", "condutor", e que era a denominación dos caudillos militares romanos. O mesmo saúdo, brazo en alto, tamén se usaba na antiga Roma.

Benito Mussolini

De familia humilde, educado por relixiosos, foi mestre de profesión. Afiliouse ao Partido Socialista Italiano (PSI). En 1914 declarouse favorable á guerra e rompeu cos seus antigos compañeiros socialistas. O seu discurso ideolóxico era unha mestura confusa de radicalismo social e nacionalismo exacerbado.

CARACTERÍSTICAS DO FASCISMO
Exaltación do Estado por riba do individuo.
Nacionalismo agresivo que aspiraba á expansión territorial. Racismo e persecución das minorías.
Rexeitamento do liberalismo e da democracia. Anticomunismo. Estado autoritario.
Intervencionismo do Estado na economía.
Culto ao líder carismático. Obediencia cega.
Lexitimación da violencia e culto ao militarismo.

Contra a democracia

Ademais de combater o socialismo, o fascismo ataca todo o conxunto das ideoloxías democráticas, e rexéitaas (...) afirma a desigualdade irremediable, fecunda e beneficiosa dos homes.

Só a guerra pode elevar todas as enerxías humanas (...). Polo tanto, a nosa é unha doutrina que se basea no postulado previamente establecido de que a paz é allea ao fascismo (...). O fascismo transporta este espírito antipacifista mesmo á vida dos individuos (...), é un novo estilo de vida italiano (...).

B. MUSSOLINI: *A doutrina do fascismo*, 1932.

1. Describe a situación de Italia na posguerra. Cales foron os elementos que favoreceron o ascenso do fascismo?
2. Que era o Partido Nacional Fascista? Quen era o seu líder? Que se propoñía? Que métodos utilizaba?
3. Como alcanzou o poder Mussolini? Con que apoios contou para conseguilo?
4. Cales foron as características máis destacadas do réxime fascista italiano? Que símbolos adoptou? Explica as súas principais actuacións de goberno.
5. Valora o que significou para a democracia a chegada ao poder do fascismo. Contra que principios democráticos se situou?

5 Alemaña, o ascenso do nazismo

A Alemaña da posguerra

En 1918, logo da derrota de Alemaña na Primeira Guerra Mundial, o kaiser Guillerme II, **abdicou** e proclamouse a República, que estableceu a súa capital na cidade de Weimar e se asentou sobre unha constitución democrática. A **República de Weimar**, dirixida por democristiáns e socialistas, tivo que lle facer fronte ao descontento de amplos sectores da poboación.

Nos seus primeiros anos, a nova república viuse ameazada por movementos revolucionarios de esquerda (levantamento da Liga Espartaquista ou comunista) e por varios intentos de golpes de Estado da extrema dereita (Putsch de Múnic* das milicias nazis).

Parte do malestar proviña de que Alemaña tivo que asumir a **derrota militar** e aceptar as duras condicións de paz impostas polos vencedores. O Tratado de Versalles acusaba a Alemaña de ser a causante da guerra, arrebatáballe territorios, reducía o seu exército e impoñíalle fortes **reparacións económicas**.

Ademais, os anos de posguerra foron para Alemaña de **crise económica**, **miseria** e **paro**. As débedas de guerra e as reparacións provocaron unha elevada inflación, que veu acompañada dunha gran depreciación do marco. Ao descontento dos sectores nacionalistas uníuselle o das clases populares, nunha grave situación de pobreza.

Hans GRUNDIG: *A marcha da fame*, 1932.

A CRISE ECONÓMICA EN ALEMAÑA

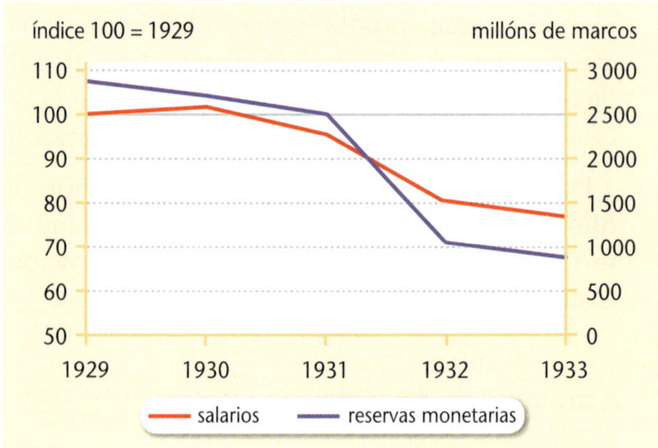

Adolf Hitler e a aparición do Partido Nazi

Adolf Hitler era un soldado desmobilizado da Primeira Guerra Mundial, que non aceptara a derrota alemá e que en 1920 ingresou no **Partido Nacionalsocialista dos Traballadores de Alemaña** (NSDAP), do que se erixiu en líder indiscutible.

A súa ideoloxía foi recollida no libro *A miña loita* (*Mein Kampf*), onde expresou o seu desprezo pola democracia parlamentaria e o seu odio ao bolxevismo. Así mesmo, defendía o antisemitismo, a superioridade da raza aria e a necesidade de forxar un grande Imperio (Reich) que unise todos os pobos de lingua alemá.

Para convencer as clases traballadoras, Hitler utilizou a **demagoxia**: prometeu traballo para todos, reducir os beneficios industriais ou mellorar os salarios. Nos seus discursos, arremeteu fortemente contra os que acusou de seren os **responsables da crise alemá**: xudeus, comunistas e demócratas.

O Partido Nazi escolleu como emblema a bandeira vermella coa cruz gammada e dotouse dunha organización paramilitar: as **Seccións de Asalto** (SA*), e as **Seccións de Protección** (SS*).

Estas milicias opuxéronse violentamente á república e protagonizaron varios intentos insurreccionais; enfrontáronse ás organizacións de esquerda e presentáronse como unha garantía de orde social fronte á axitación revolucionaria.

O programa nazi

1. Esiximos a unión de todos os alemáns para constituíren unha Grande Alemaña (...).
2. Esiximos (...) a abolición dos tratados de Versalles e de Saint-Germain.
3. Esiximos territorios e colonias para a alimentación do noso pobo e para o establecemento do noso exceso de poboación.
4. (...) ninguén, agás aqueles por cuxas veas flúe sangue alemán, sexa cal for o seu credo relixioso, poderá ser membro da nación. Por conseguinte, ningún xudeu será membro da nación.

Os 25 puntos do programa do Partido Nazi, 1920. (Adaptación)

A CHEGADA DE HITLER AO PODER

Alemaña viviu entre 1924 e 1929 un período de relativa mellora económica. Pero a crise de 1929 arrastrou moitos bancos á creba, o que provocou peche de fábricas, paro e descontento social.

Unha boa parte da poboación inclinouse cara ás propostas dos partidos extremistas. Burgueses arruinados, campesiños e obreiros desesperados foron atraídos polas promesas nazis; os intelectuais e a maioría de obreiros inclináronse polo Partido Comunista.

Doutra banda, o **Partido Nazi** comezou a contar co apoio de importantes personalidades da industria e das finanzas e a dispoñer de fortes axudas económicas. Nas **eleccións de 1932**, conseguiu 13 millóns de votos e, en xaneiro de 1933, logrou que o presidente Hindenburg nomease a **Hitler chanceler**.

Para contar cunha maioría parlamentaria, Hitler convocou novas eleccións para marzo de 1933. En plena campaña electoral os escuadróns nazis provocaron un incendio no Reichstag (Parlamento) e acusaron del os comunistas. Este incidente serviulle de pretexto a Hitler para eliminar os seus adversarios e esixir plenos poderes.

En 1934, tras a morte de Hindenburg, Adolf Hitler **proclamouse Führer e Chanceler do III Reich**.

Como conseguiu Hitler chegar ao poder

- Aproveitou os mecanismos da democracia para facerse nomear chanceler.
- Presentouse como alternativa ao descontento social e á crise política e económica.
- Empregou as súas habilidades de liderado.
- Presentou un programa demagóxico e populista.
- As organizacións paramilitares nazis impuxeron o terror.

Cartel nazi reclamando o voto obreiro, 1933.

Destruír a democracia

Presentámonos a deputados para paralizar a democracia de Weimar coa súa propia axuda. Se a democracia é tan estúpida que nos concede dietas e viaxes pagas para a nosa tarefa inclemente, peor para ela (...).

Se nestas eleccións conseguimos introducir de 60 a 70 axitadores do noso partido en diversos Parlamentos, o Estado mesmo financiará o noso equipo de combate (...). Vimos como inimigos! Vimos como o lobo que ataca o rabaño!

Artigo de J. Goebbels en Der Angriff, 1928.

AUMENTO DO PARO E ASCENSO DO NAZISMO

O apoio do gran capital

Os dirixentes da economía desexaban a chegada ao poder dun *führer* forte. (...) O interese común do gran capital era frear o bolxevismo (...). Outro interese común era a vontade de poñer en práctica o programa económico de Hitler (...).

A construción de autoestradas en todo o Reich, a mellora dos medios de transporte (en particular, dos ferrocarrís) e un desenvolvemento de industrias como as do automóbil ou a aviación e os seus sectores anexos.

Declaracións do banqueiro Kurt von Schoder.
Proceso de Núremberg, 1945-1946.

1. Que foi a República de Weimar? Que situación económica e política tivo que afrontar?
2. Que era o NSDAP? Quen era o seu líder? Cal era o seu ideario? Que métodos utilizaron?
3. Que consecuencias tivo a crise de 1929 en Alemaña? Que repercusións políticas se derivaron?
4. Como conseguiu Hitler facerse co poder? Que papel desempeñou no incendio do Reichstag?
5. Con que apoios económicos contou o nazismo? Por que?
6. Explica razoadamente a posición do nazismo respecto da súa participación nas eleccións e para que querían concorrer a elas.

6 O réxime nazi, un sistema totalitario

DESCUBRE

En poucos meses, os nazis transformaron Alemaña nun réxime totalitario, no que Hitler e o Partido Nazi controlaban as institucións, a sociedade e os individuos.

En que principios ideolóxicos se baseaba o nazismo? Como actuou?

Cartel nazi da década de 1930. "Un pobo, un imperio, un führer" foi un dos slogans do nazismo.

A UN SISTEMA TOTALITARIO

A partir do ano 1934 iniciouse a identificación entre o Partido Nazi e o Estado, baixo a única autoridade de Hitler, o Führer. **Suprimíronse as liberdades** e as garantías individuais. Decretouse a **disolución dos partidos** e **sindicatos**. Só foi autorizado o NSDAP, e todos os traballadores foron cominados a afiliarse ao único sindicato, a Fronte Alemá do Traballo.

A Administración Pública foi depurada. A xudicatura quedou sometida á vontade do partido. A policía foi substituída nos seus labores de represión polas formacións paramilitares dos nazis, fundamentalmente pola SS. En 1934 creouse a **Gestapo** (Policía Secreta), dirixida por Himmler, encargada da represión dos opositores ao réxime e do control sobre a opinión pública.

O poder absoluto do Führer

O Estado (...) non posuirá ningún organismo representativo que decida sobre ningún asunto polo voto da maioría, senón só organismos consultivos que se atoparán sempre ao lado do xefe e que recibirán instrucións del.

Adolf HITLER: *Mein Kampf*, 1925.

B A IMPOSICIÓN DA IDEOLOXÍA NAZI

Para o Estado nazi, a sociedade alemá debía ter unha absoluta **unidade ideolóxica**. Creouse o Ministerio de Cultura e Propaganda, que lle foi confiado a Goebbels, para impoñer un pensamento baseado nas **ideas racistas** e **nacionalistas**. A ciencia e a cultura (xornais, libros, radio...) "nazificáronse" e aniquilaron a liberdade intelectual.

Reorganizouse e politizouse o sistema educativo: depuráronse profesores de universidade e escolas, e introduciuse a censura nas aulas e nos libros de texto.

O mantemento da pureza racial da sociedade alemá implicou a persecución e eliminación de toda minoría considerada inferior (xitanos, xudeus etc.) e mesmo dos diminuídos físicos ou psíquicos. Pero especial importancia tivo a **persecución dos xudeus**. En 1933 promulgouse o boicot aos negocios xudeus, en 1935 ditáronse as Leis de Núremberg, que impedían os matrimonios mixtos e excluían os xudeus da cidadanía alemá, e en 1938 obrigóuselles a levar un distintivo.

A partir de 1933 creáronse os **campos de concentración** para recluír os opositores do Reich. Socialistas, comunistas, demócratas de todo tipo e, en especial, os xudeus foron sometidos a traballos forzados e, en parte, exterminados.

A queima de libros considerados perniciosos converteuse nun acto ritual do nazismo.

As Leis de Núremberg

Convencido da conciencia de que a forza do sangue alemán é a premisa da perpetuación do pobo alemán, e inspirado na vontade indomable de asegurar o futuro da nación alemá, o Reichstag adoptou por unanimidade a seguinte lei:

1. Os matrimonios entre xudeus e suxeitos de sangue alemán están prohibidos.
2. A relación extramarital entre xudeus e suxeitos de sangue alemán está prohibida.

Leis de Núremberg, 1935.

C AUTARQUÍA ECONÓMICA E REARMAMENTO

O III Reich propúxose promover un relanzamento que fixese de Alemaña unha potencia económica mundial, preparada para enfrontarse nunha guerra que se cría inevitable. Como consecuencia disto, a política económica nazi respondía fundamentalmente aos **proxectos militaristas** e expansionistas de Hitler.

O Estado nazi exerceu un forte dirixismo económico, que tiña como obxectivo conseguir a **autarquía*** económica para non depender do exterior e converter a Alemaña nun Estado autosuficiente. Déuselle prioridade á industria pesada, sobre todo á de armamento, que acadou un gran desenvolvemento. Para lle facer fronte ao paro, levouse a cabo un ambicioso programa de obras públicas coa construción de numerosas autoestradas e outras infraestruturas.

GASTOS DO ESTADO ALEMÁN

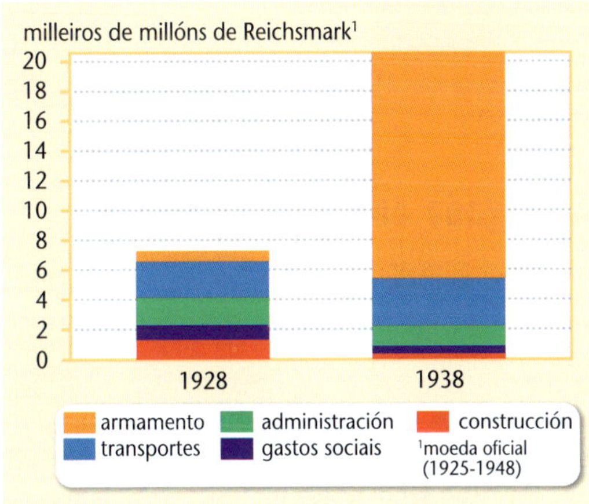

D UNHA POLÍTICA EXPANSIONISTA

Hitler vinculou estreitamente a formulación da superioridade racial coa súa vontade de implantar unha **nova orde en Europa** asentada no dominio xermánico. As ambicións expansionistas necesitaban un exército poderoso e Hitler iniciou unha política militarista: **reforzou o exército** coa institución do servizo militar e a creación dun novo exército, a Wehrmacht, e dunha aviación moderna, a Luftwaffe.

Cun exército poderoso e unha economía orientada cara á guerra, Hitler sentiuse preparado para lanzarse á construción dun grande imperio e á conquista dun "**espazo vital***" ao leste de Europa. O camiño cara á Segunda Guerra Mundial estaba xa preparado.

A defensa da guerra

As fronteiras de 1914 non teñen significado ningún para o noso porvir. (...) Non lle darán á nación alemá solidariedade interna nin lle subministrarán alimentos; desde o punto de vista militar, non son adecuadas, nin tan só satisfactorias (...).

As fronteiras trázanse e modifícanse só de acordo coa vontade humana. O feito de que unha nación consiga adxudicarse un territorio que non lle pertencía (...) proba, sinxelamente, o poder do vencedor e a debilidade dos vencidos. Este poder é a única cousa que dá dereito á posesión (...).

Adolf HITLER, 1927.

E O ADOUTRINAMENTO DA POBOACIÓN

G. GROSZ: *A sociedade alemá*, 1933.

O nazismo dedicou grandes esforzos a encadrar e adoutrinar a poboación, especialmente a xuventude, organizada nas **Xuventudes Hitlerianas**.

A propaganda e o medo, pero tamén o atractivo do proxecto hitleriano, que exaltaba a grandeza de Alemaña, o orgullo da raza e un futuro de progreso, produciu a adhesión da poboación e un desentendemento respecto dos métodos empregados polos nazis. Todo iso permitiulle ao nazismo presentarse ante o mundo como un réxime incontestado que contaba co apoio masivo da poboación.

1. Explica as principais características do réxime nazi e por que o definimos como un réxime totalitario.
2. Como pretendía cohesionar o Estado nazi a sociedade alemá e impoñer a súa ideoloxía?
3. Como se perseguía calquera oposición? Como consegue o nazismo a adhesión da poboación?
4. Indica a relación entre o expansionismo militar do réxime nazi e a súa política económica.

Investiga

5. Busca información sobre a persecución dos xudeus e explica as medidas represivas que sufriron ata 1939 na Alemaña nazi.

7 A Unión Soviética, a ditadura stalinista

En Rusia producírase unha revolución en 1917 e constituírase un réxime socialista e un novo Estado, a URSS (Unión de Repúblicas Socialistas Soviéticas). Pero, de xeito paradoxal, na década de 1920 o novo dirixente da URSS construíu un réxime político totalitario.

A chegada ao poder de Stalin

Lenin, o indiscutible líder da revolución morreu, en 1924, nun momento no que se debatía cal era o mellor camiño para consolidar a revolución.

Diferentes propostas enfrontaron os dirixentes do partido, en especial a Trotski e Stalin. O primeiro mantiña que era necesario exportar a revolución, provocándoa noutros países. O segundo propoñía a "construción do socialismo nun só país", mediante a transformación da URSS nunha gran potencia que fose o berce das futuras revolucións.

Stalin, que se convertera en **Secretario Xeral do PCUS**, fíxose dono da situación a partir de 1927 e converteuse no principal dirixente da URSS. Trotski, o seu rival, exiliouse e en 1940 foi asasinado por orde do mesmo Stalin.

O socialismo nun só país

A política stalinista impuxo unha **economía** e unha **sociedade colectivistas**, co obxectivo de provocar un crecemento que fixese da URSS unha gran potencia industrial. Para iso seguíronse estas directrices:

- Instituíuse unha **economía planificada** e **dirixida polo Estado**, que elaboraba plans quinquenais para organizar a produción agrícola e industrial. Un organismo oficial, o Gosplán, sinalaba os obxectivos que había que acadar e avaliaba os resultados.
- Prohibiuse a propiedade privada e deste xeito, as terras, fábricas, bancos e transportes convertéronse en propiedade estatal.

  En 1929 iniciouse un programa de **colectivización forzosa** da agricultura que xerou grandes tensións no campo. As propiedades colectivas organizáronse en dous tipos de explotacións: o **kokhzós**, que funcionaba como unha cooperativa xestionada polos campesiños, e o **sovkhós**, que constituía unha granxa propiedade do Estado.
- Déuselle prioridade ao **desenvolvemento industrial** baseado na industria pesada co obxectivo de construír as infraestruturas necesarias. O resultado foi unha rápida industrialización pero a agricultura sufriu un atraso considerable. Ademais, a prioridade da industria pesada descoidou a produción de bens de consumo e boa parte das necesidades da poboación ficaron desatendidas.

Cartel propagandístico no que se le "Stalin conduce os pobos cara ao socialismo".

A SOCIALIZACIÓN FORZOSA DA URSS (%)

	1924	1928	1937
Na renda nacional	35	44	99,1
Na produción bruta da industria	76,3	82,4	99,8
Na produción bruta da agricultura	1,6	3,3	98,5
Na cifra de negocios do comercio retallista	47,3	76,4	100

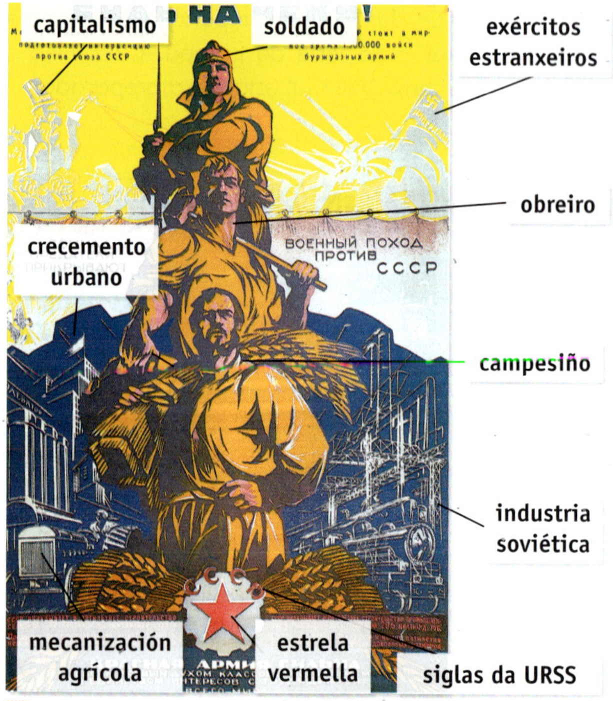

Cartel de propaganda soviético: *O campesiño, o obreiro e o soldado do Exército Vermello desafían os imperialistas*, 1932.

COMO IMPUXO STALIN O SEU PODER ABSOLUTO NA URSS?

Stalin exerceu o poder na URSS mediante unha **ditadura persoal** (stalinismo) afastada dos principios que inspiraran a revolución bolxevique.

O Partido Comunista consolidouse como eixe vertebrador que dirixía e controlaba todos os órganos do Estado. Quedou sometido á vontade de Stalin.

A **pertenza ao partido** converteuse en imprescindible para ocupar calquera cargo de responsabilidade, e a ideoloxía comunista impúxoselle a toda a sociedade.

Para consolidar o seu poder persoal, Stalin sementou o terror en todo o país e exerceu unha **dura represión**, que afectou tanto o conxunto da sociedade como os membros do Partido Comunista. Todo sospeitoso de oporse a Stalin foi acusado de "inimigo do socialismo".

A represión afectou o conxunto da sociedade. Foron especialmente castigados os campesiños propietarios (kulaks) que se opoñían á colectivización forzosa, pero tamén os disidentes políticos e moitos membros do Partido Comunista.

En 1929 instituíuse o **gulag***, unha rede de **campos de prisioneiros** onde se recluía os opositores ao réxime e se lles obrigaba a realizar traballos forzados.

As purgas de Stalin

A maior persecución tivo lugar durante os **procesos de Moscova** (1936-1938), nos que se depurou a maioría dos antigos dirixentes bolxeviques que lle podían disputar o liderado a Stalin, e a parte da oficialidade do exército.

Moitos deles foron executados, encarcerados ou deportados aos campos de traballos forzados.

O culto a Stalin

O liderado de Stalin reforzouse mediante o **culto á súa personalidade***, enxalzada en todas as súas actuacións e nos medios de propaganda do réxime.

Propaganda soviética que nos amosa nenos loando a Stalin.

A represión aos kulaks

Meu pai non quería formar parte do kolkhós; daquela viñeron á nosa casa persoas que discutiron con el e o levaron para pegarlle. Tiñamos un cabalo, unha vaca (...) cinco años e algúns porcos. Unha mañá uns descoñecidos viñeron á nosa casa e levaron todos os nosos trebellos e animais (...).

Leváronnos a toda a familia á igrexa da aldea. Pola mañá fixéronnos poñer en camiño, escoltados por milicianos. Leváronnos a uns vagóns de tren e cando o noso vagón estivo cheo cerrárono con cadeado desde o exterior. Despois o tren púxose en marcha. Ninguén sabía cara onde iamos.

Testemuño dun neno deportado ao gulag.

REPRESIÓN POLÍTICA

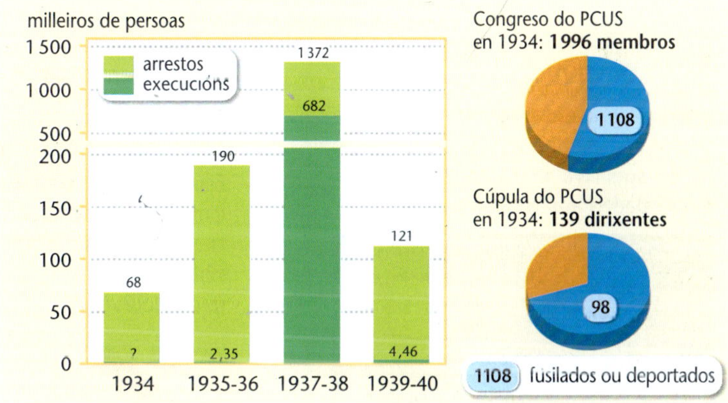

1. Que propoñía Stalin fronte a Trotski? Quen se fixo co poder?
2. Sintetiza as medidas adoptadas por Stalin para transformar a URSS nunha potencia industrial. Que transformacións experimentou a agricultura e que consecuencias se derivaron?
3. Explica por que o Estado soviético era un réxime totalitario. Que diferenzas cres que tiña respecto de Alemaña ou de Italia?
4. Como impuxo o seu poder Stalin? Como tratou os que se opoñían ás colectivizacións? Que se decidiu nos procesos de Moscova?

8 A arte do período de entreguerras

A Primeira Guerra Mundial tivo un grande impacto na conciencia das persoas. Unha sensación de fastío e amargura, como resultado dos grandes desastres ocasionados polo conflito bélico, invadiu os representantes do mundo da cultura e da arte.

Ese descontento orixinou numerosas correntes de protesta que desexaban romper coa arte antiga, símbolo dunha sociedade que levara a humanidade a unha confrontación sen precedentes.

Entre os artistas xurdiu un gran desexo de denuncia social, e de buscar novas dimensións da imaxinación e da creatividade artística. Ademais, os avances técnicos (fotografía, cinema...) levaron os artistas a formularen a función e o sentido da arte.

A O DADAÍSMO

O dadaísmo iniciouse, en 1916, coa intención de destruír todas as convencións establecidas na arte.

A súa proposta reflectía unha arte ilóxica e absurda, como reflexo da loucura autodestrutiva do ser humano durante a Primeira Guerra Mundial.

Os artistas dadá, como **Marcel Duchamp**, defenderon o caos fronte a orde e a imperfección da súa arte, tomando unha actitude antirracional e provocativa como ferramenta creadora.

Marcel DUCHAMP: *Roda de bicicleta*, 1913. Duchamp demostrou que unha obra de arte se pode realizar a partir de calquera obxecto cotián.

B AS CORRENTES DA ABSTRACCIÓN

A abstracción foi a corrente máis innovadora do século XX. Rexeitaba a pintura figurativa e a representación da realidade. Iniciouna **Vasili Kandinsky** en 1910, e durante a posguerra desenvolveríanse diferentes movementos abstractos, de tendencia xeométrica.

O CONSTRUTIVISMO (1913)

Quería representar a maquinaria e a tecnoloxía modernas. O rexeitamento da perspectiva e o uso da bidimensionalidade caracterizan a obra.

Torres GARCÍA: *Construtivismo con campá*, 1932.

O SUPREMATISMO (1913-1923)

Utilizaba as formas xeométricas básicas e unha gama reducida de cores.

Esta corrente rexeitaba a arte convencional buscando a pura sensibilidade a través da abstracción xeométrica. A súa primeira manifestación foi a pintura de **Malévich**.

Kasimir MALÉVICH: *Suprematismo I*, 1915.

O NEOPLASTICISMO (1917)

Buscaba a depuración formal a partir da intersección das liñas e das cores.

Esta formulación artística, proposta por **Mondrian**, busca a depuración absoluta das formas.

Piet MONDRIAN: *Composición en vermello, amarelo e negro*, 1921.

C O SURREALISMO

O **surrealismo** naceu en 1924, en París, influenciado polas teorías da psicanálise de Sigmund Freud. Caracterizouse por intentar plasmar, por medio de formas abstractas ou figuras simbólicas, a realidade máis profunda do ser humano: o subconsciente.

Dentro do surrealismo distínguense dúas correntes: a **automatista**, que reproduce un universo de símbolos, ás veces abstractos, xurdidos do inconsciente e do azar (**André Masson** i **Joan Miró**) e a **onírica**, que recrea figurativamente asociacións estrañas propias do mundo dos soños (**René Magritte** i **Salvador Dalí**).

Joan MIRÓ: *Muller con paxaro á luz da lúa,* 1949.

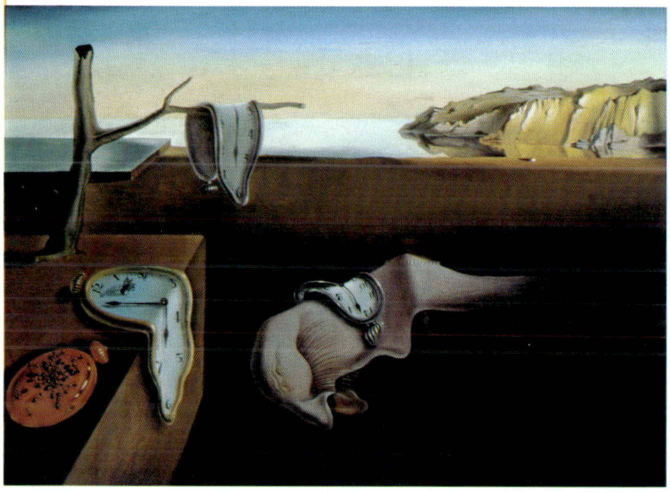

Salvador DALÍ: *O mantemento da memoria*, 1931.

FICHAART

Busca na Internet información sobre esta obra.

a) **Identificación.** Sitúa cronolóxica e xeograficamente o autor e a obra. A que corrente pertence?

b) **Descrición.** Que se representa? Como o simboliza? Que técnicas emprega?

c) **Valoración.** Explica que destacarías desta obra e que emocións ou sentimentos che produce.

D A NOVA OBXECTIVIDADE

A terrible situación de Alemaña tras a Primeira Guerra Mundial tivo o seu impacto no mundo da cultura e da arte, e os artistas da década de 1920 propuxeron unha arte tremendamente agresiva e cargada dunha **crítica feroz** contra a sociedade e as institucións do poder.

Esta tendencia retomou a estética expresionista, utilizando un detallismo meticuloso e desgarrado para amosar e denunciar as atrocidades causadas pola Primeira Guerra Mundial. Os principais representantes desta corrente foron os alemáns **Georg Grosz** e **Otto Dix**.

Otto DIX: *O vendedor de mistos*, 1920.

1. Que é o dadaísmo? En que sentido ataca a obra de Duchamp as convencións artísticas?
2. En que consiste a arte abstracta? Que correntes existen? Cales son as súas características?
3. Que é o surrealismo? Pode ser abstracto o surrealismo?

Aprecia a arte

4. Como influíu a Gran Guerra nas correntes artísticas? Que sentimentos e sensacións xerou nos artistas?
5. Observa a pintura de Otto Dix. Descríbea e explica que mensaxe quere transmitir o seu autor.
6. Identifica neste tema e no anterior cadros da corrente Nova Obxectividade e analiza a mensaxe que transmiten.

COMPLETA O MAPA CONCEPTUAL

Coa información do tema, completa no teu caderno o seguinte esquema:

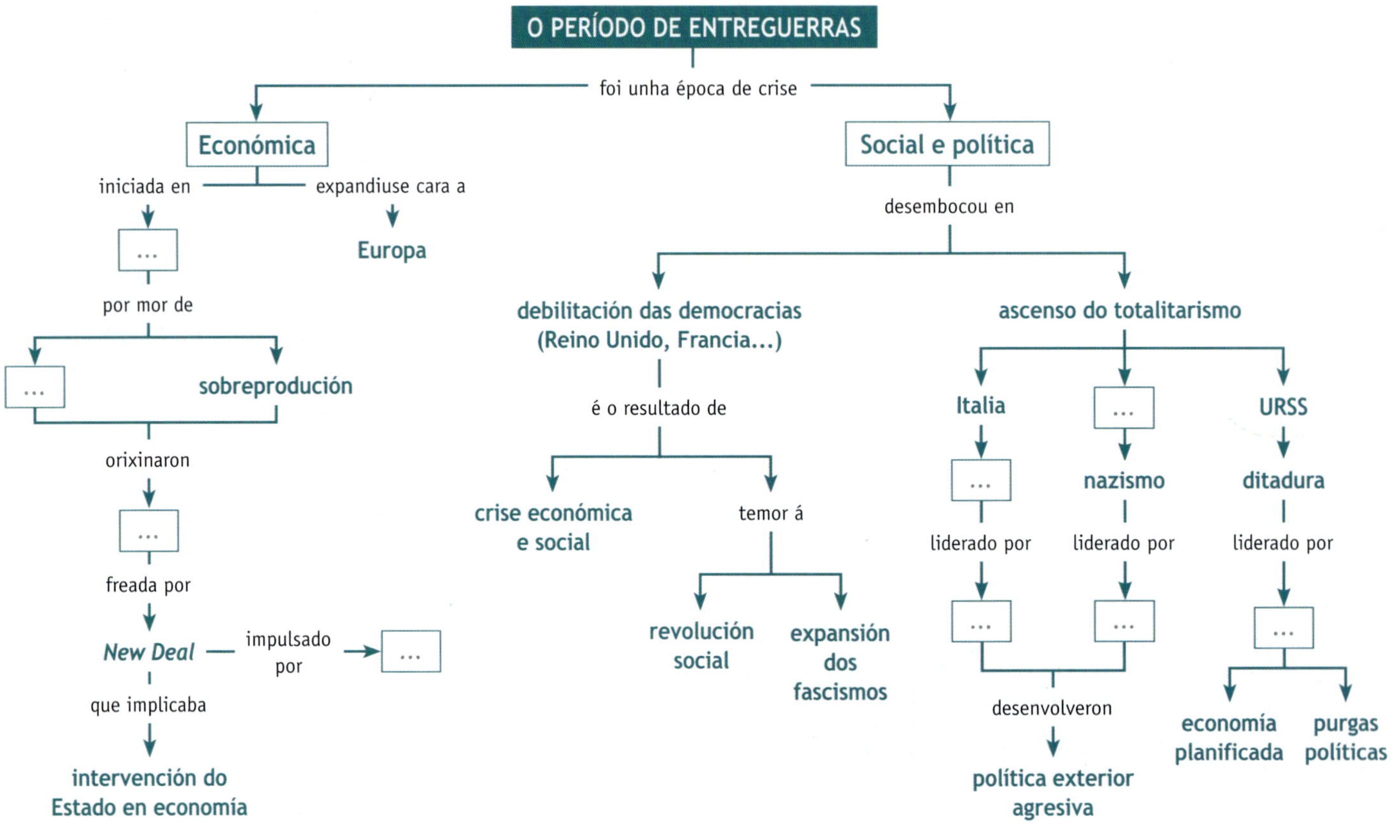

1 CONSOLIDA O APRENDIDO

a) Que entendemos polos "felices anos vinte"? Que acontecemento lle puxo fin a esa década de prosperidade? Que foi a Gran Depresión? Como se intentou acabar con ela?

b) Que é o fascismo? Que características presenta? Como conseguiu Benito Mussolini facerse con todo o poder?

c) Que circunstancias propiciaron en Alemaña o ascenso de Adolf Hitler ao poder? Cales son as ideas fundamentais do nazismo?

d) Que aspectos ideolóxicos do nazismo e da súa política económica prepararon o camiño cara á Segunda Guerra Mundial?

e) Como conseguiu Stalin facerse co poder na URSS? Que características tivo o réxime stalinista?

2 DEFINE CONCEPTOS CLAVE

- nacionalismo
- totalitarismo
- "espazo vital"
- ditadura
- sobreprodución
- nazismo
- fascismo
- especulación bolsista
- depresión económica
- burbulla especulativa

3 IDENTIFICA OS PERSONAXES

- Franklin D. Roosevelt
- John M. Keynes
- Benito Mussolini
- Adolf Hitler
- Paul von Hindenburg
- Iósif Stalin

4 ESTABLECE AS DIFERENZAS

- duce / führer
- propaganda / adoutrinamento
- Partido Nazi / SS
- colectivización / kulaks

RESPONDE A PREGUNTA INICIAL

Por que os anos entre 1918 e 1939 foron tempos de crise económica, social e política?

APRENDE A... COMENTAR UNHA PELÍCULA

Título: *A onda (Die Welle)*.

Guión e dirección: Dennis GANSEL.

Elenco: Jürgen Vogel, Max Riemelt, Jennifer Ulrich, Jacob Matschenz, Frederick Lau.

País: Alemaña.

Ano: 2008.

Xénero: Drama.

Duración: 107 minutos.

O argumento da película

A trama baséase na novela de Morton Rhue, fundamentada nun caso real. Sitúase nun instituto de ensinanza media dunha cidade alemá. O profesor Rainer Wenger proponlles aos estudantes da súa clase o desenvolvemento dunha actividade sobre o totalitarismo como forma de goberno.

Os estudantes están fartos de discutir sobre o nazismo, un tema perenne nas escolas alemás. Ante a pregunta do profesor: "así que non credes que outra ditadura sexa posible en Alemaña?", os estudantes amósanse escépticos e non cren que a volta do nacionalsocialismo sexa un perigo real.

Daquela, o profesor decide comezar un experimento cos seus alumnos e alumnas co que pretende demostrar o doado que é manipular as masas.

1. Presentación

- Xustifica por que a película está encadrada dentro do xénero dramático.
- Que sabes sobre o director desta película? Accede á seguinte páxina web www.tiching.com/749805 e le a entrevista que lle realizan a Dennis Gansel, o seu director. Explica que razóns o moveron para interesarse polo tema do nazismo e que obxectivo se propuxo ao rodar esta película.

2. Análise

- Elabora unha sinopse sobre o argumento da película.
  - Escribe un subtítulo para a película que sexa revelador da mensaxe que contén.
  - Escolle algunhas escenas significativas e explica a intención do director.
  - Describe polo miúdo a personalidade, as razóns que os moven a adherírense a *A Onda* e a súa evolución ao longo da película dos seguintes personaxes: o profesor Wenger, Tim, Marco, Lisa, Karo, Sinan e Bomber.
  - Que razóns argumentan as mozas (Mona e Karo) para non participaren no experimento do profesor?
  - Que opinas da uniformidade no vestir? Reflexiona sobre a escena na que Tim queima a súa roupa anterior.
  - En que momento o profesor se decata de que o experimento se lle foi das mans? Como intenta resolver o problema? Cres que o consegue? Por que Tim acaba suicidándose cando remata o experimento?

3. Contexto histórico

- Explica, a través das escenas da película, os elementos que facilitan a implantación dunha ditadura.
  - Que mensaxe educativa lles quería transmitir o profesor aos seus alumnos e alumnas co experimento? Coidas que o conseguiu? Razoa a túa resposta.

4. Conclusións

- Que terías feito ti para freares *A Onda*?
  - Recomendaríaslle esta película a un amigo? Por que?

RAZOA HISTORICAMENTE

Argumento. Que principios do nazismo expresa o slogan "Un pobo, un imperio, un führer"? E o lema do fascismo: "Mussolini sempre ten razón"?

Empatía. Sitúate na época e pensa que razóns te poderían levar a apoiares a política expansionista de Hitler e cales a opoñéreste.

Causalidade. Determina a situación de Europa despois da Gran Guerra e os problemas (non resoltos) que incidiron nun novo conflito bélico. Organízate en función destes dous elementos:

- Ideoloxía: crise das democracias.
- Desequilibrios económicos.

1 Fontes documentais. A política do *New Deal* nos Estados Unidos

(...) A nosa tarefa prioritaria é facer que a xente volva traballar. Isto pódese conseguir mediante un recrutamento directo por parte do goberno. (...) Nós podemos facilitar a realización deste obxectivo aumentando o prezo dos produtos agrícolas e, con eles, a capacidade adquisitiva dos agricultores. (...) Podemos facilitalo unificando as axudas ás vítimas da crise. (...) Podemos facilitalo planificando e supervisando a nivel nacional todas as formas de transporte, de comunicacións e de servizos que teñen claramente un carácter de interese público (...).

Finalmente, no noso camiño cara á plena ocupación, necesitaremos levar a cabo tres medidas destinadas a previr o retorno aos malos tempos pasados: terá que haber unha estrita vixilancia de todas as actividades bancarias, financeiras e de investimentos; haberá que limitar as actividades dos que especulan cos cartos dos demais; será necesario asegurarse de que a nosa divisa sexa a un tempo axeitada e saneada. (...)

Primeiro discurso de Franklin D. Roosevelt como presidente, 1933.

a) Identifica o autor deste discurso. Cando o realizou?

b) Que política económica e social propón? En que teorías económicas se inspira?

c) Identifica no texto algúns dos trazos esenciais da devandita política económica.

d) A que situación pretendía facerlle fronte Roosevelt? Cales foron as causas que orixinaron a situación de crise da década de 1930?

e) Valora se as medidas levadas a cabo por Roosevelt che parecen axeitadas en caso de crise económica. Xustifica a túa resposta.

2 Análise. O crac de 1929

AS CAUSAS DA CRISE DE 1929

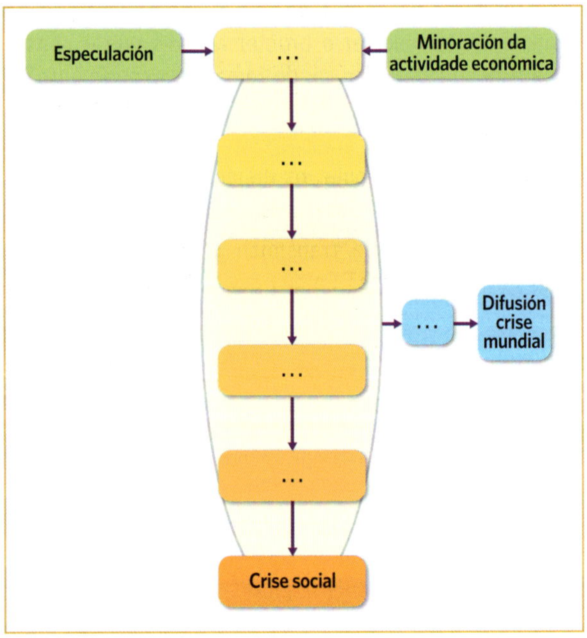

a) Completa o organigrama cos seguintes conceptos: crise de liquidez, aumento do paro, crise económica, redución das importacións, afundimento da bolsa, crebas bancarias.

b) Explica como rematou desencadeando esta crise unha recesión xeneralizada na economía mundial.

3 Espazo e tempo. Industria e traballos forzados

A INDUSTRIALIZACIÓN SOVIÉTICA (1928-1939)

a) Cales eran as rexións industriais do Imperio ruso antes de 1928? Que novas zonas se desenvolveron na etapa stalinista? Que sectores industriais se potenciaron?

b) Que eran os campos de traballo ou gulag? Onde se instalaron? Que función tiñan?

c) Que traballos se lles confiaron aos presos políticos? Elabora unha síntese do proceso de industrialización ruso na primeira metade do século XX.

4 Fontes primarias. A educación nazi

Faremos medrar unha mocidade ante a cal o mundo tremerá. Unha mocidade violenta, orgullosa, intrépida, cruel. É así como a quero. Saberá aturar a dor. Non terá nada de debilidade ou tenrura. Quero que teña a forza e a beleza das feras novas (...).

A. HITLER: *Mein Kampf*, 1924.

Ilustración dun libro escolar alemán de 1936.

a) **Descrición.** Como amosa o debuxo os arios e os xudeus? Cal é a actitude dos arios? E a dos xudeus? Como describe Hitler a xuventude ou mocidade?

b) **Análise.** A que forma de comportamento cos xudeus incita o debuxo? Como o reflicte? Que obxectivos pretendía esta propaganda antisemita e racista? Que consecuencias terá na forma de pensar da poboación?

5 Fontes iconográficas. O fascismo italiano

Italia durante os anos 30.

a) **Descrición.** Describe os personaxes da fotografía: como van vestidos? Que cres que están a facer? Traduce a pintada da parede.

b) **Análise.** Relaciona eses elementos co fascismo italiano e a súa ideoloxía.

WWW. ESPAZO WEB

6 Traballo en valores. Racismo

Ao longo da historia existiron numerosas mostras de racismo que defenden actitudes de intolerancia, separación, segregación, discriminación e odio.

A miúdo, o racismo susténtase sobre falsas teorías científicas que pretenden demostrar a superioridade dunhas razas sobre as outras.

Consulta a páxina web sobre o memorial do Holocausto en www.tiching.com/750027 e responde:

a) Como definirías o racismo? E o antisemitismo? Que experimentos pseudocientíficos desenvolveu o nacionalsocialismo alemán para xustificar a teoría da superioridade da raza aria?

b) Que métodos de propaganda utilizaron os nazis para difundiren as súas teorías raciais entre a poboación?

c) Algunhas persoas axudaron os xudeus a acocharse e a escapar da persecución. Busca na páxina web o caso do cidadán Georges Mandel e explica cal foi a súa actuación. Coñeces algún outro caso de axuda aos xudeus perseguidos?

A continuación imos reflexionar sobre o racismo e a xenofobia na nosa sociedade actual:

a) Que entendes por xenofobia? Cres que hai actitudes racistas ou xenófobas na nosa sociedade actual? Pon algún exemplo.

b) Busca na prensa ou na Internet algún suceso que amose actitudes racistas ou xenófobas. A que cres que son debidas?

c) Como se poderían erradicar estas actitudes? Como pode contribuír a educación a unha maior tolerancia? Que poderiamos facer desde o noso centro escolar?

RETOS NA REDE

MINI UNIDADE VISUAL: Un percorrido pola historia do Partido Nazi.

ACTIVIDADES DE AUTOCORRECCIÓN: Resolve estas actividades e repasa o que aprendiches.

www.vvd.link/012207/8

CÓDIGO DE LICENZA*
USBPFC7WMCT

edubook

— activa a aprendizaxe —

1. Entra na web: **activa.vicensvives.com**
2. Introduce o **código de licenza** do teu libro

   Introduce a túa licenza

3. **Sigue os pasos** e accede á túa conta de Edubook

* Licenza gratuíta válida por un ano desde a súa activación

En caso de que a dispoñibilidade e a activación da licenza non sexa posible por calquera causa, o usuario non poderá reclamar a EDUBOOK por ningún concepto relacionado con ela.

XUNTA DE GALICIA

"Subvencionado pola Consellería de Cultura, Educación e Ordenación Universitaria. Secretaría Xeral de Política Lingüística".

Agradecemos a utilización do seguinte material fotográfico a:
© Nick Stone Original Image MM (Foto trincheira, páx. 146).
© Canadians War Museum. Musée Canadien de la Guerre (Foto enfermeiras, páx. 148).

Ilustrado por: Josep Niubó, Carles Salom e Marcel Socias.

Este libro está impreso en papel ecolóxico reciclable e con tintas exentas de elementos pesados solubles. Directiva Europea 88/378/UE, norma revisada EN/71.

Os editores fixeron todos os esforzos posibles para aseguraren que os enderezos web son os correctos no momento da impresión deste libro e non serán responsables de calquera variación ou imprecisión nas páxinas web citadas no presente libro. Os titulares do © e mais a editorial non serán responsables do contido de ningún sitio web mencionado neste libro.

Primeira edición, 2016

5 6 7 8

Depósito Legal: B. 12.500-2016/ ISBN: 978-84-682-3634-6/ Nº de Orde V.V.: PO52.

IMPRESO EN ESPAÑA. PRINTED IN SPAIN.